2020 年度国家社科基金项目"东北振兴中企业家精神状况评价与激发路径研究"（20BJY107）

嵌入式企业集群成长演化研究

The Research on Embedded Enterprise Cluster's Formation and Evolution

高 勇◎著

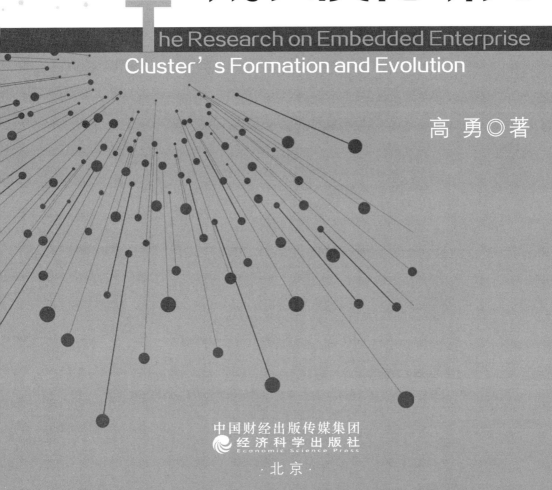

中国财经出版传媒集团

经济科学出版社
Economic Science Press

·北京·

图书在版编目（CIP）数据

嵌入式企业集群成长演化研究／高勇著． -- 北京：
经济科学出版社，2024.11
ISBN 978 - 7 - 5218 - 5203 - 5

Ⅰ．①嵌… Ⅱ．①高… Ⅲ．①企业集群－研究－中国
Ⅳ．①F276.4

中国国家版本馆 CIP 数据核字（2023）第188488号

责任编辑：杨　洋　赵　岩
责任校对：蒋子明
责任印制：范　艳

嵌入式企业集群成长演化研究
高　勇　著

经济科学出版社出版、发行　新华书店经销
社址：北京市海淀区阜成路甲 28 号　邮编：100142
总编部电话：010 - 88191217　发行部电话：010 - 88191522
网址：www. esp. com. cn
电子邮箱：esp@ esp. com. cn
天猫网店：经济科学出版社旗舰店
网址：http：//jjkxcbs. tmall. com
北京季蜂印刷有限公司印装
710 × 1000　16 开　16. 25 印张　250000 字
2024 年 11 月第 1 版　2024 年 11 月第 1 次印刷
ISBN 978 - 7 - 5218 - 5203 - 5　定价：97. 00 元
（图书出现印装问题，本社负责调换。电话：010 - 88191545）
（版权所有　侵权必究　打击盗版　举报热线：010 - 88191661
QQ：2242791300　营销中心电话：010 - 88191537
电子邮箱：dbts@ esp. com. cn）

前言
PREFACE

　　企业的集群化发展现象由来已久，特别是在经济全球化、竞争国际化的今天，企业集群正发挥着越来越重要的作用。我国的高新技术开发区、产业园区、国家级新区等区域经济体是伴随着我国经济转型出现的国家和地方政府促进经济社会发展的区域经济组织形式。作为国家"火炬计划"的重要组成部分，高新技术开发区正逐步成为我国高新技术产业集聚发展的基地，而开发区及其企业应该如何发展，怎样才能避免出现有名无实的情况发生，怎样才能走出一条集群化发展的道路——本书正是针对上述问题的研究而展开的。

　　本书是对嵌入式企业集群——即开发区企业集群的探索性综合研究。以往的研究重心侧重于对自发形成的集群的研究。一般意义上来看，企业集群的形成发展固然有赖于内生和外生两个方面。其中内生因素是决定性因素，例如，区位因素、规模因素、龙头企业的作用等内生因素。外生因素是影响因素，现有文献研究表明，经济转型、政策、开发区寿命周期等都会对嵌入式企业集群的成长造成影响。特别是随着近二三十年来高新技术产业区的飞速发展，越来越多的学者开始关注嵌入式企业集群发展的影响因素问题。与其他经济组织一样，企业集群也有产生、发展和衰落的过程。对于企业集群的这种"生命周期"，可以从两个方面进行研究：一是从集群的整体角度来探讨企业集群的演化过程；二是从构成集群的企业和其他机构个体角度，通过考察企业等组织的进入或新建、发展，衰亡或迁出来研究集群的产生、发展和衰落的过程。以上研究成果为我们的研究奠定了良好的基础。

　　企业集群就是在特定的领域中，一群地理上集中，而且有相互关联的企业、专业化供应商、服务供应商、相关产业的厂商，以及相关机构构成的产业空间组织。根据地方政府与企业集群形成的关系，企业集群可以分为原生型企业集群和嵌入式企业集群。原生型企业集群主要由区域内部力量或者说区域内部资源、技术、市场等因素驱动而发展起来的企业集群，政府与有关单位只是被动地发挥作用。嵌入式企业集群主要是由外部力量或者要素驱动发展起来的企业集群，是以政府政策为依托，以不同企业在一定地理规划区域的集合为前提，靠政策支持和产业关联建立起来的高新技术企业集聚有机体，这种有机体一般存在于高新技术开发区、经济开发区、产业园区等政策规划区域内，并且表现出明显的特征。一个典型的嵌入式企业集群，通常包括成品商、供应商、客商、中介服务和规制管理五大相互作用的基本机构，并且根植于一定的区域经济社会文化环境中。其生存的主要载体是开发区，因此与开发区生命周期密切相关；其集聚存在着空间上的脆弱性。嵌入式企业集群是在一定的背景和动力机制作用下得以产生和发展的，其制度背景是我国改革开放以及开发区建设；中间组织的经济性、地方政府发展经济的动力都为其形成提供了动力支持。集群的稳定成长则依托于包括管控机制、分工协作机制、融资机制、官产研学协力机制等运行机制。

　　嵌入式企业集群的发展演化具有生命周期特征，并且与其生存其中的开发区生命周期有密切的关联。嵌入式企业集群的生命周期可以分为企业集聚、集群萌芽阶段、结网与植根阶段以及衰退或更生四个阶段，集群成长的不同阶段有不同的特征和发展要求。嵌入式企业集群作为一个经济有机体，其均衡态势需要在一定的条件作用下才能得以维持。社会资本、合作竞争、集群治理机制等在保持集群稳定性，从而形成并维系集群的竞争优势方面具有重要作用。此外，嵌入式企业集群的成长可以分为外部扩张和内部衍生两种形式。企业迁移的成本收益预期影响着外部企业的迁入和集群企业员工的创业行为；集群的规模扩张行为可以降低交易成本，提高集群效应，促进集群知识流动，促进集群竞争力不断提高。

　　持续不断的创新是企业集群提升竞争优势、保持集群活力和规模扩张的核心动力。嵌入式企业集群的形成和演化固然是多方面力量共同作用的结果，而创新在其中的作用不可忽视。集群创新的有效实施需要一定的内外环境，集群内部组织结构、创新模式和创新系统等内部制度因素是影响集群创新效应的关键性因素；制度创新为技术创新提供了制度基础，集群创新的实现，首先有赖于一个合理的制度安排。地方政府是企业集群创新系统的重要组成部分，是制度创新的主体，为整个集群的创新活动提供政策保障。政府政策、中介机构、文化等外部环境因素也关系着集群创新实施的效果。在此基础上的集群创新的发生是在创新动力和创新资源共同构成的创新势能作用下的结果。集群创新势能是创新动力与创新资源的乘积，从技术创新的角度看，影响企业技术创新动力最基本的因素可以分为产权和市场两项因素。具体看来，嵌入式企业集群的创新动力包括外溢效应、竞争挤压效应、市场需求、集群发展惯性、植根性等。创新资源包括企业资源积累和外部可利用资源两个方面，企业资源积累又可以分为物质积累和技术积累，企业外部可利用资源包括外部可利用物质资源和外部可利用的知识资源。知识溢出对集群创新具有重要影响，知识溢出效应的发生可以提升集群创新能力，降低创新成本；提高知识累积水平；提高效率和整体竞争力。嵌入式企业集群知识溢出机制是一个动态演化的复杂过程，其中既有知识的转化过程，又包括集群成员间的相互作用过程。而嵌入式企业集群作为一种特殊的集群存在形式，其知识溢出机制更进一步受到环境、文化、技术等因素影响。

　　嵌入式企业集群的成长状况可以从多个角度展开，集群竞争力评价是其中一个被普遍认可的视角。在总结前人研究经验的基础上，本书从基础、企业与集群三个层面构建了嵌入式企业集群竞争力评价指标体系，由数据统计分析得出基础、企业、集群三大类因素对嵌入式企业集群发展都有重要影响，具体包括人力资源、资本资源、基础设施、中介机构、开发区管理、集群政策、品牌等因素。在第一类因素中，资源是影响嵌入式企业集群竞争力的主要因素，政府因素居其次；集群因素作为另一个主要影响因素，特别是其中的品牌因素，由此可见，无形资产对企业集群及其成员的贡献正变得越来越重要，也是今后嵌入式企业集群发展过程中特别要重视的因素。因此，从宏观上看，开发区应注重完善配套设施建设，改善服务质量，科学地制定集群政策；从微观上看，集群企业要注重研发投入，提高生产效率；特别是在无形资产价值日益受到重视竞争形势下，品牌建设是集群发展不可忽视的主题，甚至已经成为影响集群竞争力的重要因素。品牌的建设需要当地管理部门、集群企业共同努力，才能有效提升集群竞争力，促进集群产业升级，从而避免集群走向衰落。

在以上理论与实证分析的基础上，本书最后回顾了我国高新产业开发区发展的历史、现状及集群化发展中存在的问题，并对比分析了英国剑桥工业园和印度班加罗尔软件业集群的发展历史和成功经验，指明了我国高新技术园区集群化发展的可行方案，包括通过政策引导高科技中小企业的衍生和集聚、加快知识创造与扩散、完善区域创新体系、健全风险投资机制、培育社会资本以及加强知识产权保护等。

本书的创新主要集中在以下三个方面：（1）对企业集群和嵌入式企业集群的概念进行重新定义，并进一步明晰了企业集群与产业集群的概念范畴；（2）分析了嵌入式企业集群的成长机理，建立了嵌入式企业集群竞争力的评价指标体系并进行了基于蛛网模型的实证分析；（3）运用企业演化的观点对嵌入式企业集群的生命周期进行分析，结合高新开发区生命周期，将嵌入式企业集群的演化路径纳入系统分析框架中。为嵌入式企业集群理论的深入研究打下了一定的理论基础，也为今后的企业集群实践的发展提供了理论指导和帮助。

目录

CONTENTS

第1章

导　论

1.1　问题的提出

从 1978 年改革开放开始，到 2001 年中国成功加入世界贸易组织，2003 年党的十六届三中全会宣布社会主义市场经济体制已经基本确立。中国经济转型进入以体制完善和改革深化为重点的崭新阶段。回顾中国经济转型的历史进程，有两个鲜明的主题始终凸显于整个中国经济的转型过程：寻求经济增长的主题和探索可行的社会经济体制的主题。

寻求经济增长的主题，是以解放和发展社会生产力作为社会主义社会的本质特征，保持较高的增长速度仍然是国民经济规划的重要指标，也成为贯穿整个改革开放过程的一条改革主线，高的增长速度成为衡量改革措施可行性的尺度。

经济全球化背景下，世界不同地区仍表现出不同形式和程度的竞争优势，国家之间的竞争日益转向区域之间的竞争。区域竞争力成为国家竞争力的基础。从 20 世纪 90 年代起，企业集群成为经济增长和发展的中心和学术界研究的焦点。企业集群表现为地理区位和产业集合（industrial concentration）的双重特征，产生人力资源、设备、技术和管理的正外部规模经济。企业集群是美国经济增长和创造就业的核心推动力，美国绩效良好的企业集群呈现较强的区域技术创新能力，促进了区域产业的升级。

区域环境是区域竞争力的重要来源。传统区域经济发展理论主要有梯度推移理论、增长极理论和地域生产综合体理论等。梯度推移理论把工业的生命循环周期理论引用到区域经济开发中，认为产业结构、新技术与生产力等遵循由高到低梯度转移的规律，其认为，大城市是高区位区，它可以依靠集聚经济来推动与加速发明创造、研究与开发工作的进程，节约所需投资。增长极理论认为，经济增长在空间上并非均匀分布，而是以不同强度首先出现在一些增长点或增长极上，然后通过不同渠道向外扩散，并对整个经济空间产生不同的影响，当然，增长极可以由大至小逐级传递。它强调在经济总量有差异化的同时，还必须关注结构性的差异化：并不是所有产业都具有相同的发展速度，而是在不同时期，快速增长往往相对集中在主导产业和创新企业上，然后波及其他产业和企业，集中快速增长的工业中心，就是区域的增长极。总之，增长极理论强调城市体系中城市等级结构的差异，即城市集聚经济能力。地域生产综合体理论是苏联在经济建设中为解决重大国民经济任务而采用的一种地域生产组织形式，一般由国家一次性大规模投资而形成，是跃进而不是渐进式发展模式。它大致由核心类（生产综合体主导专业化部门中大型联合企业）、主体类（与核心企业具有密切经济联系的各种企业）、生产性与非生产性基础设施构成。

20世纪80年代以来，我国及时抓住全球产业转移的机遇，设立了大量的工业园区。到了21世纪初叶，经过20多年的发展，取得了较好的成绩。同时我国的工业园区也还存在不少问题，最突出的是很多园区内企业仅限于简单的"扎堆"，缺乏良好的规划协调，没有形成聚集经济效应。而近年来，无论是在实践还是理论领域，企业集群作为一种新的区域经济组织形式，因其能产生积聚经济效应，明显地促进区域经济发展而被大家所关注。企业集群是同一产业领域内相互联系的众多企业因空间集聚而形成的一种产业组织形式，因其培育了大量的优势产业和优势企业而在全球经济中具有不同寻常的竞争能力。建立科技园区是世界许多国家用于发展高技术及其产业的普遍做法，科技园区成为科技第一生产力在地理空间存在的有效形式和重要载体。企业集群是硅谷等科技园区成功的首要原因，科技园区是人们主动促进企业集群的重要实践，深入研究二者有机结合的规律将会对我国科技园区的发展提出新的思路和对策，而其中集群发展政策又起着重要作用。集群政策不同于传统的产业政策，后者只关注于国民经济的重要部门或企业，而集群政策的目标则是从一般的产业部门升级到集群所包含的更广泛的网络价值链，其作用方式也与传统产业政策"由上而下"的强迫执行不同，而是"由下而上"的主动接受。由于集群的众多好处，西方国家政府都把集群当作一种政策工具，取代传统产业政策来刺激集群所在地区的技术创新和提升区域竞争力，使之成为繁荣区域乃至国家经济的新动力。意大利的集群政策产生于 20 世纪 70 年代，到 80 年代中期已成为闻名的"产业区"。丹麦也是集群政策的发展先驱，它在 1989 年就创立了促进企业聚集的"产业网络协作项目"，该项目为 300 多个带有集聚特征的企业网络提供金融服务，缔造集群的作用曾轰动一时。美国也创立了多个类似项目。从欧美等集群发达国家近几年所实施的政策来看，集群政策有了更高层次的飞跃，更加系统化和制度化。如在美国硅谷的计算机、通信、生物技术等集群中，政府定位于服务者角色，它们与教育机构和工业界长期互动与融合的积极政策，如军用品公共采购政策、国防高新技术转为民用技术的政策、移民政策、就业政策、国际贸易自由化政策、环境政策等，已成为世界各国纷纷效仿的典型集群政策模式。

因此，基于以上分析，笔者提出了本书的研究主题：转型经济背景下嵌入式企业集群形成演化研究。本书将以我国经济转型为背景，深入探讨产业园区等主要靠外部环境条件形成的企业聚集区域的集群化发展的形成因素及其演化路径，为企业集群理论和产业园区建设理论的发展做出一些贡献。

1.2 本书研究的意义

1.2.1 理论意义

迄今为止，国内外的学者对企业集群进行了不少的深入研究，但由于各个学者的研究背景不同，再加上企业集群现象本身的复杂性，目前的相关研究还比较薄弱，并存在一定程度的混乱，缺乏系统的理论分析框架。尤其是在嵌入式企业集群的形成和演化问题上，缺乏系统的深入研究。纵观企业集群的相关文献，涉及形成和演化论题比较少，更多的是谈到可能诱导集群形成的一些因素，比如，马歇尔（1920）从劳动力市场共享、中间产品投入和新思想和新主意的传播来谈聚集的原因，克鲁格曼（1991）从规模报酬递增来解释产业的集聚现象，还有的学者从创新体系、学习型组织、社会网络和交易费用等方面来解释产业的集聚。而嵌入式企业集群理论尚处于发展阶段，相对研究较少，无法全面地揭示嵌入式企业集群的成长演化机制，制约了理论对实践的指导能力。本书试图从微观层面，基于转型经济视角，系统研究嵌入式企业集群的成长演化规律，具有以下理论意义。

（1）对企业集群概念范畴的理论贡献。

明确企业集群的概念和类型可以更好地帮助我们从理论上深化对集群的研究以及更有力地指导实践的发展。传统的企业集群分类从产业性质、集群发展的驱动力、集群形成方式等角度划分。对于在特定背景下产生和发展起来的我国高新开发区企业集群的特殊性缺乏相应的研究。以往对于嵌入式企业集群的界定与外生型企业集群作为同义词使用，主要指靠外部投资发展起来的企业集群，而本书研究认为，外生型企业集群是一个内涵外延更广泛的概念，其强调的是集群企业的来源；而嵌入式企业集群更强调集群产生的动机，更强调人为因素和政策因素的影响。明确这一范畴，可以使我们更深入地研究高新开发区、产业园区等区域经济体中的集群现象，这是对目前企业集群理论和产业集群理论的有效补充。

（2）对企业集群发展演化理论的贡献。

企业集群发展演化理论关于集群的形成的观点有三种：第一种观点卡尔多（Kaldor，1989）、斯科特（Scott，1992）等学者认为，企业集群是由地区特殊的比较优势、供给和需求结构、文化氛围，甚至是政府政策所引致的；第二种观点（Young，1928；Krugman，1991）则认为，企业集群完全是市场自发形成的，而且集群的空间结构的形成有很大的偶然性，即在哪里形成什么样的产业集群都是偶然的，很少受非市场因素的影响；第三种观点则是比较折中的看法，例如，波特既认为产业集群的产生过程必须有市场竞争的参与，但他同时又强调地区禀赋的作用和地区政府战略的影响。魏后凯认为虽然产业集群大都是在市场机制的作用下自发形成的，但是，在引导产业集群合理有序发展，创造一个有利于创新的良好外部环境，以及防止产业集群退化甚至走向衰退等方面，政府政策的作用都是十分重要的（魏后凯，2003）。而对于嵌入式企业集群的成长演化，相关的研究比较少。本书基于集群演化视角，从集群生命周期的角度研究嵌入式企业集群生成演化规律，并把政策、文化、合作竞争、创新等影响因素以及开发区生命周期纳入一个框架内，研究各要素对集群发展演化的影响，力图比较全面、系统地揭示嵌入式企业集群成长演化的规律，这是对集群成长演化理论的有效扩展和补充。

1.2.2 现实意义

目前，企业集群已经成为世界各国的一个重要经济增长点，例如，美国硅谷和"128公路"的高科技集群、英国剑桥的生物技术集群、瑞士的钟表业集群等，它们在各国经济中占有举足轻重的地位。不仅是发达国家拥有这样的集群，很多发展中国家也存在着这样的集群，例如，印度班加罗尔的软件业集群、中国义乌的小五金集群等，它们也在各国经济发展中起着积极的作用。加入世界贸易组织（WTO）以后，我国经济进一步融入整个世界经济体系之中。改革开放以来，我国的高新技术产业区取得了辉煌的成绩，但面对世界经济一体化的潮流，未来的道路选择成为摆在我们面前的问题。经过20多年的超常规快速增长，我国几乎所有的开发区都已完成了工业化。而且，伴随着工业化的脚步，城市化率也快速提升，多数开发区的人均GDP都已经达到或超过中等发达国家水平，开发区目前的发展已经到了一个新的阶段，其发展战略需要进行新的调整以促进其继续快节奏地向前，集群化发展是我国开发区二次创业过程中一个重要的战略方向。虽然从国家到很多地方政府都认识到了这一点，积极培育本地企业集群，但实际效果并不令人满意，很多开发区也都从当初的辉煌一时变得萧条冷落，其根本原因是没有弄清嵌入式企业集群的特殊成长演化规律。应该看到，嵌入式企业集群的产生固然受外部因素影响很大，但不顾其产生发展规律盲目人工"建设"也是不可能形成的。另外，对于已经形成集群的区域，如何让集群保持长久的生命力，持续健康发展从而避免衰落，通过对嵌入式企业集群的成长演化规律的研究同样能告诉我们答案。

1.3 研究内容与创新

1.3.1 研究内容

本书将嵌入式企业集群的成长演化路径作为一个独立的主题展开系统研究，经过文献阅读、理论分析与实地调研，确定如下的研究思路：嵌入式企业集群的形成和发展中，政府政策等外部因素起着重要的作用，在地方发展经济及企业家追求利润等内外的共同作用下，企业集群得以产生；经济转型的特殊背景通过作用于影响嵌入式企业集群形成发展的外部因素而对嵌入式企业集群的成长演化发生作用。因此本书将对政府政策、价值观念、社会资本等外部因素纳入嵌入式企业集群的分析框架中，研究其作用关系。

本书共分导论、文献综述、成长机理、演化路径、集群创新、成长测评与实证、发展现状与启示、结论与展望八个章节。

第1章，导论。主要内容是提出论题，说明本研究的理论和现实意义，阐述研究内容、方法与逻辑架构。

第2章，企业集群研究的理论基础。论述了目前企业集群理论研究的现状和最新进展，并在对大量相关文献分析的基础上，根据本书的研究主题按一定标准对研究情况进行了划分，从不同角度对嵌入式企业集群理论进行综述，总结其不足，并归纳出本书研究的基本假设。

第 3 章，转型经济中嵌入式企业集群成长研究。在明确嵌入式企业集群的概念特征的基础上，分析了嵌入式企业集群的形成动因、运行机制以及影响因素。

第 4 章，嵌入式企业集群的演化路径。在深入分析集群生命周期及开发区生命周期的基础上，对嵌入式企业集群的演进路径进行了系统研究，并对嵌入式企业集群的共生机制、扩散机制进行了分析和探讨。

第 5 章，嵌入式企业集群的集群创新。分析了嵌入式企业集群创新的一般制度，建立了嵌入式企业集群创新的新模型，并深入阐述了集群创新的动力机制和资源保证；最后对集群创新的重要因素——知识溢出的机制和效应进行了论述。

第 6 章，嵌入式企业集群的成长测评与实证研究。首先通过调查问卷和结构访谈构建了嵌入式企业集群竞争力评价指标体系和模型，其次应用该模型对长春高新开发区医药集群的竞争力进行了评价，最后提出了提升其集群竞争力的政策建议。

第 7 章，中外嵌入式企业集群的发展现状与启示。回顾了我国高新技术开发区的发展历程、集群化现状，分析了国际发达国家和发展中国家嵌入式企业集群发展的经验，并对我国嵌入式企业集群的形成和发展提出了政策建议。

第 8 章，结论与展望。对全书进行总结，提出本书的研究结论及进一步的研究方向。

1.3.2 创新点

本书试图通过吸收一些理论学派的思想，对企业集群和嵌入式企业集群的概念进行进一步明晰。通过研究转型经济下嵌入式企业集群的发展演化问题，对完善企业集群理论、企业集群概念以及集群发展理论作出一定贡献。

总体来看，具体的创新点如下。

（1）对产业集群与企业集群、嵌入式企业集群进行分析。本书对企业集群和嵌入式企业集群的概念进行重新定义，并进一步明晰了企业集群与产业集群的概念范畴，认为企业集群既强调产业联系，也强调企业间的经济技术关联性、企业间的竞争和合作关系，并且对企业地理空间集中性有着严格的要求；另外，企业集群不像产业集群那样只强调规模，而是既强调数量，又强调规模。企业集群与产业集群是既相互联系又相互区别的概念。

（2）提出并实证分析了嵌入式企业集群的成长机理。在对企业集群研究对象规范的基础上，本书根据对企业集群的案例研究以及对个别集群的调研资料的分析，并结合其他文献的分析结果，总结分析了嵌入式企业集群形成发展的机理，包括发展动力、集群吸收能力、政府规制等因素的影响，并分别对这些影响因素的作用机理进行了分析研究。外部因素对嵌入式企业集群的成长有显著的影响作用；建立了嵌入式企业集群竞争力的评价指标体系并进行了基于蛛网模型的实证分析。

（3）运用企业演化的观点对嵌入式企业集群的生命周期进行分析。嵌入式企业集群与其他经济有机体一样，同样存在着一个产生、发展到变化的过程。现有研究已经有学者将生命周期理论用于企业集群分析，但还没有针对性地专门对嵌入式企业集群的分析。通过引入社会资本、合作竞争、文化及文化转型等概念，结合嵌入式企业集群生存的土壤——高新开发区生命周期，将嵌入式企业集群的演化路径纳入系统分析框架中，为嵌入式企业集群理论的深入研究打下了一定的理论基础，也为今后的企业集群实践的发展提供理论指导和帮助。

（4）根据本书的研究成果，对我国嵌入式企业集群的发展提出了相应的发展策略。

1.4 研究方法与逻辑架构

1.4.1 研究方法

（1）理论与实践相结合的方法。本书借鉴了产业经济理论、新经济社会学、制度经济学、企业成长等理论和方法，吸收相关学科的国内外研究成果，一方面注重理论研究，另一方面充分考虑嵌入式企业集群发展实践，来充实和完善企业集群发展理论。

（2）定性分析与定量分析相结合的方法。集群发展演化同其他事物一样，是量变与质变的统一。对于企业集群的研究，定性分析法主要包括类型分析法、质化分析法、专家意见法等；定量分析方法主要包括投入产出法、主成分分析法、网络分析法等。本书在分析上采取两者结合的方式，在定量分析的基础上进行规范化分析。

（3）系统研究方法。嵌入式企业集群发展演化涉及到集群产生、演化路径、发展条件等方面，构成一个嵌入式企业集群演化系统，具有内在相关性；集群创新作为企业集群发展的关键支撑作用也不可忽视。嵌入式企业集群本身又是一个由众多企业构成的组织系统，存在复杂的内部结构，在一定的环境中生存和发展。因而分析嵌入式企业集群发展演化问题需要系统研究方法的支撑。

1.4.2　逻 辑 架 构

本书在文献整理的基础上，结合研究的理论基础与实地调研，确定研究拟解决的主要问题，建立起研究框架，明确了嵌入式企业集群的概念内涵与特征，并在此基础上对其形成发展的动力机制、运行机制及制约因素进行了研究；对集群形成后的生命周期演化规律进行理论分析；指出创新是集群持续成长的关键；构建嵌入式企业集群成长质量评价的竞争力模型，并进行实证分析；对国内外嵌入式企业集群发展情况的实证研究；总结本书的结论、创新点、局限，进行展望。本书研究的逻辑架构如图1.1所示。

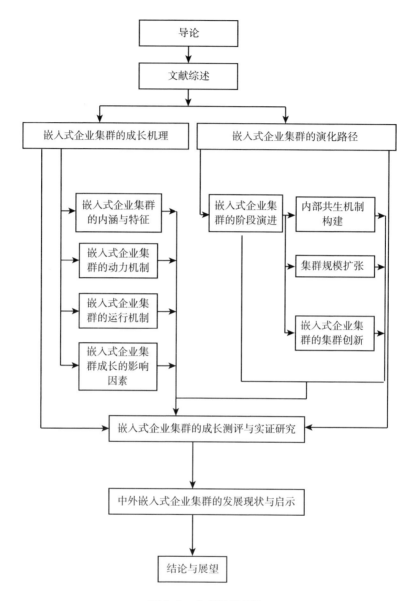

图 1.1　本书逻辑架构

第 **2** 章

企业集群研究的理论基础

　　提到经济转型和企业集群，人们很自然地就会联想到我国 20 世纪 70 年代末 80 年代初开始的经济体制改革以及各地随之而蓬勃兴起的产业开发区、工业园区等。其中关于政府在经济发展中的作用以及产业开发区的发展方向问题一直是理论界以及实业界讨论的核心问题之一。当企业集群的概念进入我们的视野并广为人知的时候，我们发现，也许这正是解决区域经济发展和提高区域乃至国家竞争力的有力手段。当今时代，企业集群已经成为引人注目的区域发展趋势，无论在发达国家还是在发展中国家，都对经济发展作出了巨大的贡献。随着改革的推进和经济的发展，集群现象也成为我国经济发展中的重要内容，东南沿海不少地区依靠企业集群取得了显著的经济绩效。而各种开发区、高新技术产业园区的集群化发展在很大程度上依赖于园区外部制度环境的建设和发展以及内部联系机制的形成。自 18 世纪末企业集群出现以来，许多经济学家和经济地理学家乃至社会学家，都从不同角度对企业集群理论进行了研究。由于嵌入式企业集群只是作为集群的一种，大量关于普遍意义上的企业集群的论述，同样可以作为嵌入式集群研究的理论依据。

2.1　基本概念解析

　　现实中的经济活力和理论上的多学科交叉性已经使企业集群成为当前

的一个研究热点，来自经济学、经济地理、产业组织、技术创新、生态学以及社会学等诸多研究领域的学者都对这种独特的组织现象进行了深入的研究。本节主要阐述本书研究涉及的几个基本概念、转型经济理论等基本问题，以此作为本书的理论基础。

2.1.1　企业集群与产业集群

"集群（cluster）"的概念最初是生物学用语，按《简明不列颠百科全书》的解释，它是指个体可能因为环境因素或行为的相互作用引起集聚而形成的群落。集群概念用于经济研究领域源于 20 世纪 80 年代，随着经济全球化的加速，新兴工业城市、新的工业区和边缘区的兴起，人们认识到地理空间在影响经济发展过程中的重要作用，由此引起许多学者，特别是经济地理学家和区域经济学家的关注，并从自己的专业领域出发提出了新产业区、新产业空间、地域生产综合体、网络化区域、学习型区域等一些概念，着重探讨新兴区域的形成和发展、新产业区发展的共性特征。由于这些经济地理学家对于新兴区域的研究只局限于理论或学术研究的层面，而且研究范围比较窄，并没有把这种现象和国际竞争力的成长联系在一起，也没有提出一些让管理部门的决策者所接受的政策或建议，所以一直没有得到决策者的重视。与此不同的是，美国的战略管理学者波特却提出了产业集群（industrial cluster）的概念。他认为，一个国家竞争力的关键是产业，而产业又集中在几个有限的区域范围内，即形成产业集群。他是在对美国、英国等 10 个国家中具有国际竞争力的产业进行研究时，引入了"集群"的概念，"集群即指在某一特定区域下的一个特别领域存在着一群相互关联的公司、供应商、关联产业和专门化的制度和协会"。波特明确提出了产业集群与国际竞争力之间的内在联系，并把产业成功集聚所具备的共同要素整合成著名的"钻石模型"（Diamond Mode；Poter，1990）。自此以后，产业集群作为经济、管理学名词开始得到普遍认同和广泛使用。

国内经济、管理学者对集群的研究始于对国外相关文献的翻译和介绍，同时也产生了与产业集群相近的概念——企业集群。根据笔者对中国期刊全文数据库《经济政治与法律缉专栏目录》用"产业集群"和"企业集群"分别作为篇名进行搜索发现，自 1998 年到 2022 年 11 月，篇名中含有"产业集群"的文章共 18011 篇（首篇出现在 2001 年），篇名中含有"企业集群"的文章 2255 篇（首篇出现在 1998 年）。这些文章中，以"企业集群"为篇名的文章一般对企业集群地理空间限制严格；而以"产业集群"为篇名的文章出现分化趋势：相当一部分文章对地理空间存在自觉或不自觉的限制，不过也有部分文章地理空间上相当模糊；还有部分作者把产业集群和企业集群当成等同概念。对此，国内学者的看法也不统一。顾强和王缉慈（2003）认为，产业集群和企业集群是一回事，只是观察分析方法和角度不同，产业集群侧重于观察分析集群中的纵横交织的行业联系，企业集群侧重于观察分析集群中企业地理集聚特征。中山大学教授符正平（2002）认为，产业集群与企业集群含义是有差异的，企业集群有地理接近的要求，而产业集群可以是地理接近型的，也可以是地理分散型的，甚至允许跨越国界。施米茨（Schmitz，1997）认为，企业集群是部门和地理集中的企业集合，而波特的产业集群在波特的大部分著作中是一个存在很强的垂直关联、位于一国的大量的产业集合，对地理接近性并没有严格要求。

本书认为，产业集群与企业集群两个概念是有差异的。产业集群比较公认的定义是"在某一特定领域内相互联系的，在地理位置上集中的公司和机构的集合"（波特，1998）。它包括一批对竞争起重要作用的、相互联系的产业和其他实体。例如，它们包括零部件、机器和服务等专业化投入的供应商和专业化设施的提供者。集群还经常向下延伸至销售渠道和客户，并从侧面扩展到辅助性产品的制造商，以及与技能技术或投入相关的产业公司。最后许多集群还包括提供专业化培训、教育、信息研究和技术支持的政府和其他机构，如大学、标准制定机构、智囊团、职业培训提供者和贸易联盟等。由以上定义可见，产业集群更多强调的是企业间的产业联系，对地理空间集中性的要求比较模糊。首先，从某种意义上说，地理范围界定可大可小。例如，通常人们所说的荷兰花卉产业集群、智利的葡萄酒产业集群，这里的地理空间范围就是以国家为单位的；甚至有些产业集群是跨国的。如考察加拿大汽车产业集群就需要和美国相联系。但有时产业集群地理范围又比较集中。如波特研究的意大利萨梭罗镇的瓷砖产业集群。其次，产业集群概念中的产业范围界定比较模糊。例如，波特所讲的加利福尼亚酒业产业集群就横跨了三次产业，包括葡萄种植业、为葡萄种植服务的产业、机械制造业、酿酒业、为酿酒服务的产业、酒类销售业等；而他所讲的萨梭罗镇的瓷砖产业集群产业跨度范围要小得多，主要是瓷砖制造企业和服务企业。再次，产业集群概念中的集群主体还包括非营利性的大学、科研机构等组织，构成主体呈现多元化特征。最后，产业集群概念并没有强调企业数量和企业规模。一国（地区）某一产业内企业数量虽然不多，但如果企业规模很大，那么该国（地区）这一产业生产规模就可能很高，根据波特产业集群的界定办法，该国（地区）这一产业就存在显著集群现象①。

而关于企业集群，刘春芝（2005）认为，它是指众多独立自主的企业，在某一特定领域内和一定地理位置上，依据某种内在关联因素和外在环境条件，通过集聚过程形成的具有相互依存性的有机整体②。王缉慈（2001）认为，企业集群是在地理上靠近的相互联系的公司和机构，它们处于一个特定的产业领域，由于具有共性和互补性联系在一起，企业集群具有地理积聚和产业关联特征③。李亦亮（2006）认为，企业集群是大量具有经济技术和产业上关联的企业，为了获得单个企业在分立状况下孤立发展难以获得的利益，在某一较小地理空间聚集形成的具有自组织性质的复合中间组织。仇保兴是我国内地最早系统研究企业集群问题的经济学家，他在 1999 年出版的《小企业集群研究》一书中把企业集群定义为由一组自主独立又相互关联的企业依据专业化分工和协作建立起来的组织，并认为这种组织介于纯市场和层级组织之间，比市场稳定，比层级组织灵

① 李亦亮. 企业集群发展的框架分析 [M]. 北京：中国经济出版社，2006：31 - 33.
② 刘春芝. 集群式创新——以辽宁装备制造业发展为例 [M]. 北京：中国社会科学出版社，2005：18.
③ 王缉慈. 创新的空间——企业集群与区域发展 [M]. 北京：北京大学出版社，2001：2.

活，借助这种特殊的组织结构，小企业之间建立长久的交易关系而且不一定需要用契约来维持，而主要通过信任和承诺来进行协作。

由以上论述可见，目前对企业集群的概念的认识虽然有不一致之处，但有三个基本相同纬度的特征：第一，空间纬度。企业集群是大量企业集中在一个较小的地理空间上，或者说在一定的地理空间上存在很高的企业分布密度。第二，关系纬度。企业集群内不同企业存在一定技术经济联系，它们生产的产品在行业上具有同一性或关联性，它们之间存在并不主要基于股权纽带的分工和合作关系。第三，利益纬度。企业集群内企业能够获得单个企业在分立状态下孤立发展难以获得的利益。由此可见，与产业集群相比较，企业集群既强调产业联系，也强调企业间的经济技术关联性、企业间的竞争和合作关系，并且对企业地理空间集中性有着严格的要求；另外，既然是企业集群，固然不能包括大学等机构和组织；再有，企业集群不像产业集群那样只强调规模，而是既强调数量，又强调规模，即只有达到一定数量的企业聚集在一起才能叫企业集群。

本书认为，产业集群与企业集群是既相关联又有差别的概念。产业集群强调的是产业，更偏重宏观层次的经济学研究范畴；企业集群强调的是企业，更强调它的管理学属性；产业集群更看重规模，企业集群同时也重视数量；产业集群从产业范畴上强调规模性，企业集群则从地域范围上规范它的空间聚集性。

2.1.2　集群类型与嵌入式企业集群

由于企业集群形成发展过程中的社会历史背景不同，产业布局的范围不同、区域创新网络形态差异以及区域内专业化产业的结构与产业类型不同，企业集群也表现出不同的特征和种类。对此，中外学者都给出了他们的看法。

美国区域学者马库森（Markusen，1996）对企业集群分类最具代表性，她通过对美国、日本、韩国、巴西四个国家高增长区域的研究将企业集群分为三种类型：（1）马歇尔式企业集群，意大利式企业集群为其变体形式。（2）轮轴式企业集群，其地域结构围绕一种或几种工业的一个或多个主要企业。（3）卫星平台式企业集群，主要由跨国公司的分支工厂组成（见图2.1）。

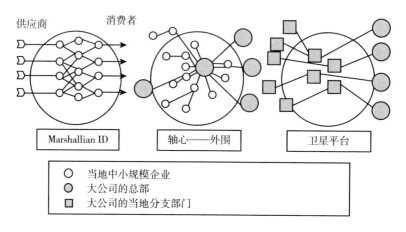

图 2.1　马库森的企业集群类型

皮特·科林伽和乔治·迈耶 – 施塔默（Peter Knorringa & Jorg Meyer – Stamer，1998）在对发展中国家的企业集群研究中，对马库森（1996）的分类方法进行了深入研究，分析不同类型企业集群的特征、发展轨迹及政府干预政策（见表2.1）。

表2.1　　　　　　　　　以马库森理论为基础的产业集群分类

项目	意大利式产业集群	卫星式产业集群	轮轴式产业集群
主要特征	以中小企业居多； 专业化性强； 地方竞争激烈，合作网络； 基于信任的关系	以中小企业居多； 依赖外部企业； 基于低廉的劳动成本	大规模地方企业和中小企业； 明显的等级制度
主要优点	柔性专业化； 产品质量高； 创新潜力大	成本优势； 技能/隐性知识	成本优势； 柔性； 大企业作用重要
主要弱点	路径依赖； 面临经济环境和技术突变适应缓慢	销售和投入依赖外部参与者； 有限的诀窍影响了竞争优势	整个集群依赖少数大企业的绩效

续表

项目	意大利式产业集群	卫星式产业集群	轮轴式产业集群
典型发展轨迹	停滞/衰退； 内部劳动分工的变迁； 部分活动外包给其他区域； 轮轴式结构的出现	升级； 前向和后向工序的整合， 提供客户全套产品或服务	停滞/衰退（如果大企业衰退/停滞）； 升级，内部分工变化
政策干预	集体行动形成区域优势； 公共部门和私营部门合营	中小企业升级的典型工具 （培训和技术扩散）	大企业/协会和中小企业支持机构的合作，从而增强了中小企业的实力

资料来源：陈剑锋. 国外产业集群理论研究综述［J］. 外国经济与管理，2002（8）.

　　菲利普·麦卡恩，杉田有田和伊恩·戈登（Philip McCann, Tomokazu Arita & Ian R. Gordon，2002）运用交易成本理论将企业集群分为纯集聚体、产业综合体和社会关系网络三类，并对不同种类企业集群的特点、入群条件、空间分布等进行了深入研究（见表 2.2）。

表 2.2　　　　　　　　　　基于交易成本观点的产业集群分类

特征	纯集聚体	产业综合体	社会关系网络
公司规模	小	部分企业较大	变化
企业间关系的特点	无法确认、不稳定	可确认、稳定的贸易关系	信任、忠诚、合作、共同承担风险、机会主义行为少
成员资格	开放	封闭	部分开放
入群条件	土地租金	内部投资	历史传统、风俗、经历
空间结果	偏好租金	对租金无影响	
空间分布	城镇	非城镇	非城镇
案例	竞争性城市经济	钢铁或化工产业综合体	新产业区
分析方法	纯集聚模型	投入产出分析	社会关系网络理论

资料来源：Philip McCann, Tomokazu Arita, Ian R. Gordon. Industrial clusters, transactions costs and the institutional determinants of MNE location behaviour ［J］. International Business Review, 2002 (11): 647 – 663.

　　根据地方政府与企业集群形成的关系，企业集群可以分为原生型企业集群和嵌入式企业集群（冯德显，2003）。原生型企业集群主要由区域内部力量或者说区域内部资源、技术、市场等因素驱动而发展起来的企业集群，政府与有关单位只是被动地发挥作用。如浙江温州鹿城的鞋业企业集群、宁波的服装企业集群、永康五金的机械企业集群等。嵌入式企业集群主要是由外部力量或者要素驱动发展起来的企业集群也称为"外生型企业集群"。如改革开放后在我国广东东莞形成的电子信息企业集群、北京中关村 IT 企业集群，等等。国内学者的研究一般认为，外生型企业集群主要指由于国际产业转移而形成的外资移植型或者跨国公司主导型企业集群。本书认为，嵌入式企业集群与外生型企业集群的概念是有区别的。外生对应于内生，即自发形成的、原生型企业集群，外生更强调企业集群中企业的来源；而嵌入更强调的是人为因素的作用而形成的企业集群，其对应于内生，强调的是集群形成的原因和机制。

所以，本书中嵌入式企业集群的定义是：以政府政策为依托，以不同企业在一定地理区域的集合为前提，靠政策支持和产业关联建立起来的企业集聚有机体，这种有机体一般存在于高新技术开发区、经济开发区、产业园区等政策规划区域内。所以，本书的研究对象也主要是开发区内的企业集群现象。

2.1.3　集群成长

成长（growth）概念最初是用来表示生物有机体从小到大、由弱变强，直至成熟的过程，主要属于生物学范畴。马歇尔（1890）开始用它来描述企业的发展演化过程。由此，成长的内涵不断扩展，逐渐被用来泛指各种事物，包括各种组织，与外界发生物质、能量、信息的交换，从低级走向高级的发展演化过程，也是事物与外部各种因素互动的过程。在管理学领域，彭罗斯（Penrose，1959）是现代企业成长理论的奠基人，在其重要著作《企业成长理论》中，对企业成长问题进行了严密、全面的系统性理论分析，第一次将企业成长作为分析的对象，以"管理能力"的供给为分析框架系统地阐述了企业成长的理论，开创了在管理学领域研究企业成长问题的先河。虽然不同学者对企业成长的概念还存在差别，但其共同特点都认为，企业成长是量的成长和质的成长相结合的一个过程（邬爱其，2003）。其中，量的增长主要包括企业资源的增加、销售额与盈利的增长以及企业员工的规模扩张等；而质的成长则一般是指企业经营资源的性质、自身各种结构和支配主体的革新，也有学者将企业质的成长看成是企业内部经营结构、技术结构、组织结构和空间结构的发展和创新，以及企业法律制度的变化（林润辉，2004）。企业集群作为社会经济生活中的一种客观事物，和其他客观事物一样具有运动变化的属性，企业集群存在成长问题，而且企业集群的成长也是量变和质变的统一过程。嵌入式企业集群的量变过程表现为集群从形成到发展的规模扩张，资本总额的增加，企业集群销售额的提高等；集群成长的质变是嵌入式企业集群素质的提高过程，包括集群竞争力的提高、技术进步、技术创新能力提高。目前，关于嵌入式企业集群成长的研究较少，本书将主要讨论其成长动因和机理等问题。

2.1.4　集群演化

演化一词亦源于生物学领域，指生物在不同世代之间具有差异的现象，以及解释这些现象的各种理论。演化的主要机制是生物的可遗传变异，以及生物对环境的适应和物种间的竞争。"演化"用于经济领域源于演化经济学者对西方古典经济学静态分析方法的对应。演化经济学注重对"变化"的研究，强调时间与历史在经济演化中的重要地位，强调制度变迁。其主要特征是用动态的、演化的方法看待经济发展过程，看待经济变迁和技术变迁；强调惯例、新奇创新和对创新的模仿在经济演化中的作用，其中，创新是核心；以达尔文主义为理论基础，以达尔文进化论的三种机制（遗传、变异和选择）为演化经济学的基本分析框架；强调时间、历史等在经济演化中的地位，认为经济演化是一个不可逆转的过程；强调经济变迁的路径依赖，制度的演化遵循路径依赖的规律，今天的制度是昨天的制度甚至一个世纪前的制度的沿革；强调经济变迁过程中偶然性和不确定性因素的影响。对于企业演化的揭示，新古典经济学、新制度经济学、演化经济学及马克思经济学分别用不同的分析工具、概念范式、逻辑架构分析了企业演化。新古典经济学用理性、均衡构筑其"企业理论"的大厦；新制度经济学用新古典经济学的分析框架把制度变量作为内生变量纳入分析之中，创造了交易成本的概念工具，揭示企业内部的制度结构及其制度结构变化的机理。而演化经济学把类比的对象从新古典经济学和新制度经济学所使用的经典力学的类比向生物学类比转化，把企业研究对象从研究演化结果转变到对演化生成过程及其机制的研究上，其在研究方法及研究对象上有了较大幅度的创新。马克思运用生产力—生产关系的基本分析框架，使用商品、价值、剩余价值等概念工具分析了英国自由资本主义早期的企业演化。

企业集群的演化也经历着产生、发展、壮大、转变或者消亡的过程，同样有着动力和阻力。对于企业集群的外部动力系统而言，生存竞争的压力是推动企业集群演化最为重要的外部动力。企业生产所不同于以往其他社会形态的生产方式的一个重要特征就是其强大的生产能力，市场约束总是表现为强有力的阻碍因素。企业为了获得正的利润，从而获得生存的机会，从而必须和其他企业进行生存竞争，这种竞争主要体现在技术、成本、规模、文化等几个方面。

企业集群所面临的生存竞争迫使企业进行技术创新，通过把技术优势变成竞争优势来获得存活的机会；竞争的压力迫使企业开辟新的商品销售市场、寻找新的原料市场和加强管理来降低企业的成本等方法获得竞争的优势；反过来，市场扩大本身也会诱使企业集群通过技术进步或扩大规模来消除市场的不均衡，间接地推动了企业集群的演化。此外，规模优势本身就是一种竞争优势，它既可以分摊各种公共成本和增强在经济世界的话语权而获利，又能通过规模的扩张减少与之相竞争的企业的数量以舒缓竞争的压力。

企业集群演化过程也同企业演化的规律一样存在着路径依赖。按照其性质可以分为技术上、制度上和文化上的路径依赖。企业集群所处的不同技术环境、制度环境、文化环境产生了企业集群演化中的路径依赖。技术上的路径依赖表现为该技术的学习效应、规模效应及进一步流行的预期所产生的对该技术的依赖；制度上的路径依赖表现为制度后面所掩盖着的日益增强的某种利益结构打破的困难；文化上的路径依赖是技术的和制度的路径依赖上升到意识形态方面的结果，它是一个企业集群内所有成员共同认知的心理结构和价值标准。企业集群演化中所面临的技术、制度、文化环境构成了单个企业集群演化的外部环境，其影响了企业集群演化的方向及其速度。

本书认为，集群演化是企业集群作为一个系统的变化过程，作为一个有机体的自组织过程。而嵌入式企业集群由于其特殊的形成原因和成长背景，其演化过程中除了有自组织的特征外，更明显地受到外部因素的影响。如政策的连续性、系统性，开发区生命周期，地区文化和亚文化的变迁，人们对合作与竞争的态度，等等。

2.1.5　转型经济理论

转型经济理论最初的思想来源于东欧的经济学家布鲁斯、兰格、锡克、科尔奈等对社会主义计划经济体制的反思。20 世纪 80 年代在世界范围内掀起了全面的经济转型浪潮，而转型国家的实践所证明其改革的绩效是千差万别的。对此，转型经济理论认为，一是改革的总和是具有不确定性的，二是改革具有互补性，三是政治约束。

对于政府与经济发展的关系问题，当代西方主流经济学强调市场自由竞争机制的美好以及对政府作用的限制。处理政府与市场关系的过程，就是人们不断的试错过程：当政府干预经济失灵时，人们就想到运用市场机制的力量；而当市场在运行过程中失灵时，人们又寻求政府的干预力量插手其中。

政府行为规则可以被视为政府在经济领域活动的准则。政府是一个排他性、独占性的科层组织结构，但政府权力具有强制性或暴力潜能。在一国经济增长中，无论是将政府看作是一个外生变量，还是将其看作一个内生变量，政府的行为规则都不是一成不变的。政府是一个组织或规则系统，当然这种规则也是受到约束的，更进一步说，国家也不仅是一种政府组织或它所制定的规则系统，而且也是约束政府本身的秩序。经济转型时期，一方面迫使政府不断地改变其行为规则，另一方面政府自身也主动而适时地改变行为规则来适应经济转型的要求。政府行为规则不同于个人行为规则，但共同点是它们都遵循利益最大化的原则。

　　政府行为规则可以被看作是两层博弈均衡稳定的结果。第一层的博弈是政府内部不同利益主体之间的博弈。政府实行什么样的行为规则，直接与政府自身利益相关，而政府内部也存在不同利益主体的差异，这个层次的博弈往往与政府自身的利益动机有关。第二层的博弈是政府与私人之间的博弈，这个层次的博弈直接决定政府的行为规则。政府行为规则可以被视作博弈均衡制度，而这种博弈均衡制度可以看作是博弈过程内生稳定的结果。

　　温加斯特（1995）和青木昌彦（2001）认为，在博弈论的分析结构中，政府只是一个追求自身目标但又受到私人策略行为制约的策略参与人。政府规则的改变与否取决于政府与其他策略参与人的目标与行动。如果政府出于自身利益考虑主动改变行为规则，而这种行为规则的改变也恰恰符合私人的利益。这就是在历史上出现的统治集团主动变法的行为。这种政府行为规则的改变即使符合政府自身和私人的预期利益，但不一定符合某些中间利益集团或某些既得利益集团的利益，所以，不同利益集团之间的斗争成为政府行为规则能否改变的关键。另外，政府在各种约束条件下被迫进行政府行为规则的变革，这种政府行为规则的改变既可能是政府在约束条件下理性的选择，也可能是公众或私人选择的结果，因为政府选择只有服从公众选择才可能继续维持其统治地位。青木昌彦并提出了市场增进论主张，强调应在政府和市场之间引入了第三个制度性变量——政府与市场之外的中介组织机构。在此基础上，充分发挥它们三方相互合作相互增进以推动经济增长的重要作用（新三角结构）。"市场增进论"认为，民间组织在激励机制、信任机制方面具有比较优势，因而在政府与民间组织的关系方面，政府的经济职能首先在于促进民间领域的制度发展，造就能够增进民间组织协调能力的制度环境，让民间组织间的合作去解决经济发展中的诸多协调问题（而不是由政府直接替代民间协调过程）；市场增进论同时强调，民间领域的制度安排不能解决所有的重大市场缺陷，尤其在发展水平低的经济中更是如此。因为在政府与市场的关系方面，民间组织难以克服的市场失灵问题终将由政府加以解决。可见，市场增进论所强调的是一种三角增进机制，通过这种机制，政府经济职能被定位于增进民间组织解决协调问题的能力以及克服其他市场缺陷的能力。它视政府为经济体系的一个内在参与者，代表了一整套协调连贯的机制，而不是一个附着于经济体系之外的、负责解决市场失灵问题的中立的全能机构。另外一种观点是"国家推动发展论"（developmental state view）。这种观点认为，为了弥补发展时期大量存在的与协调资源动员、投资分配和促进技术追赶相关的市场失灵缺陷，政府干预是必要的。这一观点的拥护者们认为，东亚经济中的强政府"正是通过故意将价格弄错"的方式成功地实现了这些目标，促进了特定产业的繁荣。离开了政府的干预，这些都将难以实现。著名经济学家罗伯特·韦德（Robert Wade）则更直接地提出了"驾驭市场理论"（governing market theory）。该理论认为东亚的成功主要是由于政府不仅外在地追随或管理市场，而且政府自己就置身于市场运作之中。作为市场中的一个枢纽，一个不可或缺的要素，参与、组织并最终驾驭市场的运行。

美国经济学家约瑟夫·斯蒂格利茨的新市场失效论认为，现实中所有的市场都是不完备的，信息总是不完全的。在此情况下，个人行为对于其他人来说有外部效应，该效应是其他人所无法预料的。基于此，政府干预市场并把干预范围集中在较大、较严重的市场失效是合理的。斯蒂格利茨根据其总结出一套关于政府与市场关系的理论，其关于经济转型理论的核心思想是"向市场经济过渡并不是要弱化而是要重新界定政府的作用"。他认为，政府必须履行的重要职能是确立"游戏规则"，这些规则既决定私营部门之间的相应关系，同时也规范私营部门与政府之间的关系。宏观稳定与微观转型有机结合。政府保持宏观经济稳定、控制通货膨胀是合理的、必需的，但这种政策必须同微观转型结合起来，即注意经济结构调整的时滞。同时由于转型经济中市场发育不足，宏观经济政策不应只注意以紧缩政策控制有效要求，更应强调供给的重要性。政府要注重增量改革，即创立新制度和新企业。

罗纳德—麦金农的经济转型理论认为，发展中国家制约经济发展的重要因素是金融压制，金融压制的主要表现为金融体系发展不均衡，金融市场落后，货币化程度低，政府对金融机构和金融市场干预过多。为此，为了促进经济发展，发展中国家要进行金融深化改革。麦金农的理论脉络是：以金融为主线研究经济领域的全面市场化问题。经济市场化、经济自由化是转型国家改革的目标，但是向经济市场化过渡有一个经济领域中的最优次序问题。那么应如何推动经济市场化的次序呢？这就涉及政府的作用，政府应以保持宏观经济稳定为己任，同时逐步放松对经济活动的控制。在详细对比俄罗斯和中国的改革经验时提出：在经济过渡的初期，政府应对传统部门和自由时代的部门实行有差异的二元金融、财政和价格控制。为此，麦金农提出了一个精细的二元机制控制模型。麦金农特别说明在转型初期，政府保持对国有企业、财政、金融、价格、外贸等方面的控制是必要的，并且，一旦受现金约束的非国有部门发展到足以与旧的国有部门在产品市场上进行有力竞争的时候，政府就能放松对国有部门的价格控制了。这就是政府控制市场化次序的真正含义。

伍装（2005）认为，政府的两种制度变迁模式——强制型制度变迁和需求诱致型制度变迁，其影响源于不同利益主体之间的预期一致性。不同利益主体之间预期一致时，制度变迁或政府行为规则的变革成本最低。在我国经济体制改革初期，基于高度集中的计划经济体制的存在，不同利益主体的共同预期是收益大于成本的，即便可能或者肯定存在利益分配的不一致性问题，政府采用强制型制度变迁模式仍会得到其他利益集团的支持；而到了经济转型的中后期，利益分配的不一致性并没有得到解决，甚至还可能加剧了这种不一致性。随着不同利益主体预期不一致性的累积，我国经济改革进入步履艰难阶段。从政府行为规则的改变来说，随着这种不一致性的增强，政府行为规则的转变方式也进入第二阶段：从主动改变规则进入被迫改变规则阶段，并且这种改变具有不可逆性的"棘轮效应"[①]特征。

---

① 所谓棘轮效应，又称制轮作用，现代宏观经济学中用来说明人的消费习惯形成之后有不可逆性，即易于向上调整，而难于向下调整。尤其是在短期内消费是不可逆的，其习惯效应较大。这种习惯效应，使消费取决于相对收入，即相对于自己过去的高峰收入。这一效应是经济学家杜森贝提出的。古典经济学家凯恩斯主张消费是可逆的，即绝对收入水平变动必然立即引起消费水平的变化。针对这一观点，杜森贝认为这实际上是不可能的，因为消费决策不可能是一种理想的计划，它还取决于消费习惯。这种消费习惯受许多因素影响，如生理和社会需要、个人的经历、个人经历的后果等。特别是个人在收入最高期所达到的消费标准对消费习惯的形成有很重要的作用。

转型经济理论对于本书研究的贡献在于为嵌入式企业集群领域的研究打开了全新的视角与空间。任何经济的发展都不是在制度的真空中进行的。市场本身就是一种与计划经济相区别的经济制度。虽然它以"看不见的手"而著称，但它也仍然离不开政府这只"看得见的手"在旁相辅助。因此，一个国家或地区的宏观经济政策和具体的产业政策，构成了产业发展和企业发展的制度空间。嵌入式企业集群的产生在我国本身就是改革开放的结果，其发展在很大程度上依赖于政府规则的调整与改变。此外，经济转型不可避免地带来人们价值观念和行为方式的改变，而这种改变又影响着政府官员、企业管理层以及社会公众对企业集群的认识及其发展。

2.2　企业集群形成因素研究

2.2.1　国外学者的相关研究

在经济学发展之初，就包含着对企业集群的萌芽性研究。亚当·斯密（Adam Smith，1776）在《国富论》中谈到的分工与市场范围的关系，行业发展与市场竞争环境的关系等都包含着与企业集群有关的一些经济思想，只是由于当时企业集群现象在经济中还没有凸显出来，没有成为当时经济学家研究的主要对象。一般认为，经济学史上第一个阐述企业集群理论的经济学家是马歇尔（Alfred Marshall，1890）。他从"外部经济"的角度对这个问题进行了探讨，他认为其是由专门人才、专门机械、原材料提供、运输便利以及技术扩散等"一般发达的经济"所造成的"外部经济"促使形成企业的地理集中和相互依赖。工业区位经济学家韦伯（Alfred Weber，1909）最早提出集聚经济的概念。韦伯提出的工业区位论把集聚作为区位因子之一，纳入对单个厂商的选址决策的分析框架之中。影响工业区位的经济因素又可以分为区域因素和位置因素，实际对区位起作用的区域因素包括集聚因素（agglomerative factors）和分散因素（deglomerative factors）。这些因素都可能使在特定地点进行一种经济活动比其他地区进行同种活动获得更大利益。在集聚因素中，韦伯又探讨了特殊集聚因素和一般集聚因素。韦伯重视研究影响工业集聚的一般因素，而认为特殊集聚因素不具备普遍意义。一个工厂规模的增大，能给工厂带来利益或者节约成本，而若干个工厂集聚在一个地点，能给各个工厂带来更多的收益或者节省成本，所以工厂都有集聚的愿望。在众多的因素中，韦伯认为起决定作用的只有运输费用、劳动力费用和聚集费用。韦伯分析了运输费用、劳动力费用、集聚作用对工业区位的影响，提出了著名的"区位三角形"模型（见图2.2）。

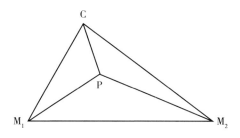

图 2.2　韦伯的区位三角形

韦伯认为，所谓集聚效应是某些工业部门向某地域集中所产生的一种大于所追加的运费或劳动力费用，从而使产品成本降低的效果。集聚效应可通过两种方式产生：一是由于工业聚集的内部原因而产生的集聚效应。它包括生产规模的扩大和生产企业之间的分工协作。二是由于工业聚集的外部原因而产生的集聚效应。通常由聚集地域内基础结构的改进而获得的便利条件，使生产企业经营成本降低，从而得到经济利益。总体而言，以韦伯为代表的古典的区位理论着眼于成本和运费最低的逻辑分析，注重原料地、消费地等外生因素对企业选址地的影响，并将其作为工业化地理形态形成和演化的动力来源，强调经济环境对工业区位的影响。

摩西（Moses，1958）在20世纪50年代将区位问题引入了新古典体系，指出由于每一区位都有不同的要素和产品运费，相当于厂商在每一区位有不同的投入和产出价格，因而厂商将在不同区位采用不同的投入要素比例生产不同的产量。最佳的区位是利润最大的区位，而一旦最佳区位确定了，投入和产出也就随之决定。当投入要素比例不变，且投入品和产品价格由完全竞争市场给定时，企业利润最大化问题转化为成本最小化问题。阿朗索（Alonso，1964）认为，由于地租和其他生产要素在空间各处的相对价格不同，形成了地区之间资源禀赋特点的差异和比较利益，土地和其他生产要素发生替代，从而影响生产者的技术选择，如地租便宜的区位将导致土地的粗放利用，反之则导致土地的集约利用，并最终成为贸易交换的动力。相对于局部均衡分析，新古典的一般均衡分析以价格机制充分作用，各资源充分流动为出发点，讨论空间经济格局的形成。市场通过价格配置自然资源、劳动力和资本，凸显空间经济系统的最大效率。

　　20 世纪 50 年代以来，经济学家从研究东西方发展差距日益扩大的角度提出了一些区域经济不平衡增长理论。缪尔达尔（Myrdal，1957）认为，市场力作用倾向于扩大区域差距而不是缩小区域差距，一旦差距出现，则发达区域会获得累积的竞争优势，从而遏制欠发达区域的经济发展，使欠发达区域不利于经济发展的因素越积越多。赫希曼（1958）认为，增长在区际间不均衡现象是不可避免的，核心区的发展会通过涓滴效应在某种程度上带动外围区发展，但同时，劳动力和资本从外围区流入核心区，加强核心区的发展，又起着扩大区域差距的作用，极化效应起支配作用。要缩小区域差距，必须加强政府干预，加强对欠发达区域的援助和扶持。20 世纪 60 年代，美国发展经济学家弗里德曼从国家角度提出"中心边缘理论"对赫希曼的"核心—边缘区理论"进行了补充。作为对上述区域经济不平衡增长理论的综合，"增长极理论"集中分析了有支配效果发生的经济非均衡增长。佩鲁（Francois Perroux，1950）最早提出增长极的概念。他认为：在地理空间上增长不是均匀地发生的，它以不同的强度呈点状分布，通过各种渠道影响区域经济。为了分析有支配效果发生的经济的非均衡增长，佩鲁引入了"推动性单位"（propulsive unit）及"增长极"（growth pole）概念。所谓推动性单位是指一种起支配作用的经济增长单位，推动性单位可能是一个工厂，或是同部门内的一组工厂，或是有共同合同关系的某个工厂的集合。在佩鲁看来，"如果有一个有支配效应发生的经济空间被定义为力场，那么这个力场中的推动单位就被描述为增长极""增长极是在特定环境中的推动性单位""它是和周围相联系的推动性单位"。作为一个地理空间术语，增长极实际上就是相关产业的空间聚集，只要把推动性工业嵌入某地区，将形成集聚经济，产生增长中心，推动整个区域经济的增长。相应地，根据增长极理论制定政策的关键是在地区内建立推动性工业，并同时考虑这些工业与当地经济的拟合性。

根据增长极理论，一个地区要想获得经济增长，关键是本地区内建立起一系列的推动性产业，通过产业的集聚，推动经济增长，这种推动性产业的建立可以依靠国家政策或者地区政策自上而下完成。克拉基奥（Cor-aggio，1974）认为，如何保证推动性工业的地方化以及防止其变成飞地，造成贫富两极分化的问题对地区经济发展非常重要。在新的研究科学园政策理论中，将研究与开发活动，而不是推动性工业作为增长极。这种新的解释更加强调了增长极的创新扩散作用；政府需要培育研究与开发活动，特别是促进大学或者研究机构的科研成果商品化，以此带动整个地区经济的发展。增长极理论则侧重于推动性产业—集聚—经济增长的研究，而这种研究又是与部门经济的研究交织在一起的。增长极理论框架下的推动性产业的建立以及产业集聚的形成是国家政策或地区政策自上而下进行推动的结果，近年来更加强调增长极的创新扩散作用，并将研究和开发活动而不是推动性工业作为增长极，进而提出政府应该培育研究与开发活动，特别是促进大学和科研机构的科研成果商品化，以此带动整个地区经济的发展。

美国经济学家克鲁格曼在20世纪90年代从空间经济的角度对企业集群理论作了深入的研究。他认为，企业和产业一般倾向于在特定区位空间的集中，当企业和劳动力集聚在一起以获得更高的要素回报时，存在本地化的规模报酬递增，为产业集群的形成提供了理论基础。具有规模报酬递增的工业生产活动的空间格局演化，最终结果将会是集聚（Krugman，1991b）；不过，这种递增的要素回报只在集聚发生的有限空间领域中表现出来。产业政策有可能成为地方产业集聚诞生和不断自我强化的促成因素，包括贸易壁垒也可以改变产业分布的现实格局。一方面技术创新为本地经济发展提供了新的经济增长点，另一方面制度创新提供了良好的发展环境，这两者的结合将使区域经济享有技术溢出和知识溢出等好处，从而使这个增长点由于规模报酬递增而发展为一个产业，进而产业聚集将表现为技术创新和制度创新互动的结果。

克洛斯·施泰因勒和霍尔格·席勒（Claus Steinle & Holger Schiele，2002）认为，成功企业集群的生成和发展需要满足一定的条件。企业集群产生的必要条件包括：（1）过程的可分性（divisibility of process）。只有生产过程可划分为不同的阶段，才有可能在分工基础上形成专业化的生产能力，进而建立有效的分工合作关系，而过程的可分性最终有赖于技术的可分性。（2）产品的可运输性（transportability of product）。只有产品的可运输性才能保证最终产品的可贸易性，运输成本越低，产品的可贸易性就越强，企业集群辐射的市场半径就越大。集群产生的充分条件包括：（1）较长的产品价值链（long value - chain）。产品价值链越长，集群内部企业分工越细，企业专业化程度越深，从而为企业间合作和企业创新能力提升提供更大的空间。（2）多样化、差别化以及互补性的竞争力（multiple dis-similar，but complementary competencies）。价值链不同阶段的竞争力差别越大，单个企业完全掌握此种技术的可能性就越小，从而对企业间的专业化分工与合作的需求就越强。（3）技术创新的网络性与知识的缄默性（tech-nology of network - innovation and tacit knowledge）。创新网络的目标是利用不同组织的资源和差异化的技术能力，在产品生命周期早期阶段，技术知识、产品生产的诀窍往往是缄默型的，这也要求企业聚集在一起，便于近距离模仿和学习，获取知识外溢效果。如果产品走向成熟和标准化，技术知识被编码化成可以远距离传递的信息，则企业地理聚集的动力将大大减弱。（4）市场的多变性和灵活的生产方式（volatility of market and flexible adaptation）。企业所处的竞争环境对时间和空间的控制特征将决定产业组织和生产组织的形式。时间和空间的控制是与企业所处竞争环境的稳定性密切相关。如果竞争环境相对稳定，则企业可通过控制产品开发和生产组织的时间来换取企业在空间扩张上的灵活性，即企业对产品生产的组织在空间上可以分散进行。

斯多普（Storper，1989）为代表的"新产业空间学派"认为，在一个高度变动的市场环境下，本地化的生产协作网络存在降低社会交易成本和保护合作的因素，因此有利于提高企业的创新能力和灵活适应性。为了使交易费用最小化，企业需要聚集。新产业空间学派通过区位规格和区位能力两个概念来讨论产业的聚集问题。区位规格是厂商根据其生产特点和投入生产要素所提出的区位要求；区位能力是厂商在给定区位满足其要求的能力。各个厂商都具有一定的区位规格和区位能力，因而并不像古典工业区位理论所分析的那样，被动地适应区位条件。从静止的观点看，区位能力是购买原材料和保证市场占有率的能力，取决于生产成本、劳动力供应和产品质量等；从动态看，区位能力是由技术创新、组织变革、劳动力优化、技能训练以及投资增加等力量合成的创造区位的能力。因此，可以推断，传统产业的区位能力较弱，需要通过技术和组织方面的改造来增强区位能力，而高新技术产业的区位能力较强，因而区位远比传统产业的区位灵活和自由。这一理论不是特别强调历史方面的背景，而是建立新的产业空间概念，因此可以用来解释美国硅谷的产生——研究和开发活动的成功达成了新产业的区位能力，创造了老产业区域之外的新产业区域，新产业区域在竞争中向老产业区域挑战，很快使老产业区域相形见绌。

熊彼特（1934）提出"企业家是创造新的产品与服务结合体的关键"。对熊彼特理论的现代应用，则是把企业家密度和企业家网络的扩展程度与经济增长率联系起来。从这个观点出发，可以认为产业园区（嵌入式企业集群形成的经常区域）由于创造了环境，培育了新的公司，涌现出创新企业家，因此获得社会和经济效益。产业园区的发展分为机构阶段和企业家阶段。在机构阶段，开发区吸引主要的研究设施，增加服务和支撑工业，集聚大量科学家和工程师，他们开始相互联系并相互影响。在企业家阶段，科学家和工程师以个人名义或集体名义组建新的公司，这些公司通常位于同一地区内。企业家能力理论十分强调高新技术开发区发展的"企业家阶段"。增加企业家密度的政策重点在于向有潜力的创新者提供技术援助、地位、特殊培训以及启动资本，同时还强调改善整个文化和经济环境。根据产品生命周期理论，在产品生命的早期阶段，要有大量的研究与开发公司和优秀的企业家。增加企业家密度的政策与产品生命周期理论是一致的。

孵化器（incubater）理论是关于在新生产部门发生和发展的最初阶段所需要的地理条件的假说，又称作苗床理论。过去对这个假说的一种解释认为，大城市中心是雏形生产部门的最好的孵化器，因为这些部门需要多种多样的集聚经济，使它们在激烈的经济竞争中也能幸存下来。现在对孵化器理论的最新解释提出，孵化器本身的区位可能有周期性的变化，例如，当前的苗床选择在阳光地带，实现"国土创新综合体"的功能。这两种说法都指出，苗床现象的动态特征是从原有公司中衍生出新的子公司。表面看来，孵化器理论在纯描述方面相当合理，但是正如下面所分析的，它掩盖了一些更深刻的问题。高新技术开发区是以高技能的劳动力和大量研究与开发活动的集聚为特点的，按照苗床理论，高新技术开发区中包含为新生企业提供的孵化空间（创业中心），这些孵化器设施与成熟公司或新建分厂的永久性设施不同，美国亚特兰大先进技术开发中心和康涅狄格新港科学园就是这样的孵化设施。有孵化设施的高新技术开发区在欧洲更加普遍。它们一般提供 3～5 年固定期限的孵化场所，租金较低，应用建立孵化器的方法大大减少了新公司的破产率。在以色列的韦兹曼研究所、英国的帕拉塞技术园和瑞典的查尔摩斯园等有孵化设施的园区附近，又生出新的科学园区来。

由此可见，高新技术开发区为代表的产业园区是创新企业家活动的苗床。其条件是要有足够的地方企业家存在以及地方条件的支持。这些地方最好吸引那些原有大型公司的分厂，至少在高新技术开发区初建阶段这样做，才能保证基本的基础设施的建设。北卡罗来纳研究三角园的开发特点可以说明这一点。20 世纪 60 年代刚刚开发时，罗利—达勒姆的基础工业——制烟和棉纺织工业正在衰退，而且越来越多地受地区外部的控制，那时完全没有地方风险资本，交通和通信网络不发达，企业家成功的历史很短。现在情况已经有了很大的变化，其原因主要是由于大型成功公司分厂设置在这里，促进研究三角园很多大型设施的建设，使企业家有很大的成功机会。

2.2.2 国内学者的相关研究

中国学者开始对企业集群的关注主要源于经济相对发达的浙江与广东等东南沿海地区企业集聚现象。浙江中小企业企业集群的迅速发展首先引起浙江学者的关注，并对企业集群的形成原因作了多角度的探讨。如万民生和张仁寿（1999）从区域经济发展和企业制度变迁角度对浙江专业化企业集群出现的原因进行了分析。另一些学者则从历史文化学和企业生态学角度解释中小企业企业集群的出现①。仇保兴（1999）认为，历史上的工商业传统是该地区专业化企业集群形成的历史基因。李永刚和祝青（2000）认为，以血缘、亲缘、地缘为纽带的人文网络和传统心态是中小企业集群文化因素，这一点同我国台湾学者陈介玄（1983）很相似，后者认为我国台湾乡村地区血缘、宗亲、好友和同乡关系促进了我国台湾乡村中小企业之间建立弹性与效率兼备的生产网络组织模式。朱康对等（1999）从内生和外生两个角度解析企业集群的形成因素。内生因素主要包括区域地理环境、资源禀赋和历史文化传统，尤其是当地政府、企业和居民的崇尚文化和创新精神；外生因素主要是指外在制度条件、经济机遇和外商投资。

李新春（2000）认为，企业家人际网络与企业集群是不同但是密切相关的两个概念，在一定意义上，企业集群是以关系网络，尤其是企业家个人的关系网络为基础的地区性企业群体。企业家的协调作用，尤其是领头企业家的带动作用非常重要，不仅因为这些领头企业家所在企业实力雄厚、规模较大，更重要的是，这些企业家具有远见卓识和较高的声望，能够以自己的企业为龙头，带动一大批相关企业共同发展。王缉慈（2001）认为，企业集群是在经济、技术、组织、社会等一系列结构变化的国际背景下应运而生，企业集群发展的基础是社会资本充足、人际相互信任以及区域创新环境。储小平（2002）则从企业之间利益的兼容与共生性，说明

---

① 转引自：李永刚. 中小企业群落式生成演化研究的文献综述 [J]. 工业经济，2004（12）.

企业集群的形成的基础。

　　李海婴（2004）等学者认为，企业集群的形成是动力机制和引力机制两方面作用的结果，通过各要素（见图 2.3 和图 2.4）作用力的耦合，各要素系统及系统内诸要素通过直接和间接两种途径影响企业集群的形成，决定产业产出水平和产业竞争力。符正平（2004）通过对移植性型集群的研究，提出这种嵌入式集群的形成与当地特定的投资环境有着密切的关系，包括土地价格、税收优惠政策、基础设施条件以及海关服务质量等。而且，集群形成本身也构成了吸引外资的一个重要条件。更明确地说，这种嵌入式集群形成的两个重要机制是：一是外资的进入条件，二是联系机制，包括前向联系机制与后向联系机制，本地企业不断加入外资企业的供应网络。这两个机制相互促进，在正反馈效应的作用下，集群得以产生。

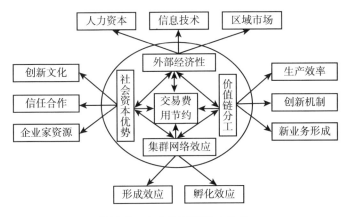

图 2.3　企业集群的动力结构

图 2.4　企业集群的引力结构

2.2.3 企业集群形成因素研究述评

尽管经济学家马歇尔（1890）早在 100 多年前就开始关注企业集群形成问题，但大规模研究还主要是最近几十年的事。国外学者研究企业集群形成因素问题多采用观察性方法和实证性研究方法，总结和分析企业集群形成演化的一些突出现象。上述研究强调的区位因素、规模因素、龙头企业的作用等对后来的嵌入式企业集群特别是产业园区的建立提供了最基本的理论依据。马歇尔首先观察到，由于知识溢出效应、专业化供给者和熟练劳动力市场的存在，企业在地理空间上的集聚能够降低信息交易成本。韦伯（1909）从微观企业的区位选择角度，阐明了企业是否聚集取决于集聚的好处与成本的对比。但由于韦伯的集聚理论是以古典经济学为基础、以成本分析为依据来研究自由竞争资本主义的工业地域结构，所以他没有考虑政府的作用和当地社会文化的影响。佩鲁（1955）的增长极限理论强调了建立主导产业推动区域聚集增长的重要性，但他在强调政府政策可以推动产业发展的时候，没有就后续问题展开更深入的研究。再有，上述研究着重于解释集群的形成，而没有说明集群怎样才能形成，或者仅对高新技术企业集群形成问题做了分析。国内学者近些年对于集群形成因素做了有益的探讨，注意到了政府政策、社会资本等因素对嵌入式企业集群形成的影响，但对这些问题缺乏深入研究，而且多偏重宏观层次的分析、事后分析和案例分析，当然，上述影响因素的难度量性也是产生这一问题的主要原因。

此外，20 世纪兴起的新经济地理学派也关注到了产业集聚的原因问题，他们认为产业集聚的本质力量在于规模报酬递增。即使地理条件类似的不同区域，也有可能因为政策等偶然因素导致制造业企业的转移，从而出现企业集聚现象。换句话说，如果有相关政策的支持，开发区或者新区内部也会出现企业集聚现象，也就是企业集群的出现。梅利兹（Melitz，2003）、梅利兹和奥塔维亚诺（Melitz & Ottaviano，2008）的研究进一步将企业生产率异质性融入新经济地理学模型中，认为生产率的异质性是导致产业集聚的重要因素，高生产率企业是集聚经济的基础。

2.3　企业集群发展影响因素研究

2.3.1　国外学者的相关研究

理论界对企业集群发展影响因素的研究是从竞争、合作、文化、制度、市场、要素和政府等多种角度进行的。

20 世纪 30 年代由苏联的一些学者在总结实践经验的基础上提出了"地域生产综合体"理论。地域生产综合体是以传统的经济体制为基础的，完全是由国家投资完成的。适当地集中人力、物力、财力办大事，但是收益增加、成本降低、提供外部规模经济的集聚效应往往被显著的政治目的所遮盖。其实质上是一种典型的产业集聚，其集聚的核心就是专门化的企业，围绕着这一核心有关联类和依附类企业，以及所有企业共同享用的基础设施。因此，与增长极理论相比较起来，自上而下形成集聚的特征更加明显了。地域生产综合体的根本思想是区域生产专业化和综合发展相结合；专业化部门的确立主要根据各地区的自然资源特点。尽管如此，地域生产综合体是计划经济的产物，只有按照计划组织起来的国家和地区才能够按照地域生产综合体的形式组织生产。产业综合体（Industrial Complex）的概念则是美国区域科学家艾萨德（Isard）于 1959 年提出的。产业综合体可以看作是一个特定区位上的一组经济活动，由于这些活动相互之间存在着技术、生产和分配等多方面联系而产生广泛的网络外部效应[①]。其强调的是，企业间稳固和正式的具有投入产出关系的产业联系。相关产业根

---

① 网络外部效应是 20 世纪 80 年代中期最先由一些产业组织学者在研究电信等网络产业时发现并提出的，主要用来分析信息技术与网络产品的需求特点。网络外部效应主要分为直接网络外部效应与间接网络外部效应。直接网络外部效应是指同一市场消费者之间的相互依赖性，即使用同一产品的消费者可以直接增加其他使用者的效用，如电话、传真以及互联网等。间接网络外部效应主要产生于基础产品与辅助产品之间技术上的互补性，这种互补性导致了产品需求上的相互依赖性。

据孪生特点和产业关联度，在满足空间交易成本最小化原则的基础上选择聚集区位，以实现关联企业的协同决策，提高区域产业整体竞争力。在产业综合体内，企业间的协调可能是靠规划实现的，也可能是企业自发实现的。但不管是怎样实现，都必须保证灵活专业化生产，否则将会大大削弱综合体的竞争力。灵活专业化企业的地理聚集，能使企业获得网络外部效应，并可能在此基础上进一步获取垄断利润，按一定比率在关联企业间分配，从而实现综合体关联企业的持续发展。

以格兰诺维特（1985）为代表的学者强调社会资本（指非正式契约关系）在经济发展中的作用，认为在中小企业集群的新产业区内，由于企业之间地理接近，彼此熟悉，且拥有共同的产业文化和社会背景，从而可以有效地降低交易费用、促进创新、并提高资源的利用率。格兰诺维特认为，经济行为是植根在网络与制度之中，这种网络与制度是由社会构筑并有文化意义。企业之间非贸易的相互依赖，提供了通过非正式的安排来增强创新和地方才智的途径。在不完全的信息世界里，寻找合作伙伴的过程在很大程度上取决于企业最初的关系以及其他企业之间的相互关系。通过企业在本地的扎根和结网所形成的地方集聚，可以使企业构筑起交流和合作的系统，从而增强技术创新的能力和竞争力。

里查德（1972）从互补性活动的角度论证了网络组织存在的理论基础，强调资源依赖和资源共享。在他看来，由于个别企业能力有限，企业只是从生产和服务过程中截取某些阶段从事分工活动，而把其他活动留给市场。由于企业只从事某种分工活动，因此，企业间是相互信赖的。互补的活动在企业之间需要协调，特别是那些互补性密切的活动。企业不可能拥有所必要的全部能力，其结果是需要企业间各种各样的组织如许可证、合资或证券投资等。另一代表人物哈堪森（1989）认为，企业间关系是多层次的，它们把活动联结在一起，使行为主体相互结合，并形成资源纽带。这些关系是由企业自发地创造的，而它又形成对相关企业的约束力量，因此，网络形成是自组织过程，其演进带有路径依赖的特征。

巴德（Bud, 1992）认为，构筑良好的网络是企业获取市场高回报的基础，较好的网络伙伴、网络关系和网络位置有助于企业获取支撑快速成长的资源或资本。

另外，社会网络理论强调信任在经济发展中的作用。该理论认为基于权威的控制，比如内部激励和处罚，不应当取代信任。当拥有决策权力的个体之间存在信任关系时，群体中的个人或集体的行为会不同于纯市场——契约或等级组织关系下的行为。

20 世纪 70 年代末和 80 年代初，发达国家的绝大部分地区陷入了经济衰退与停滞，伴之而来的是社会劳动条件的严重恶化。然而，意大利北部的艾米利亚－罗马捏区以及美国的硅谷等少数几个地区的经济却呈复苏甚至增长的势头，成为成功地战胜衰退的"经济之星"。大量文献对美国硅谷、意大利艾米利亚—罗马涅区、德国巴登—符腾堡州等地的新产业区进行了实例研究。新产业区是生产系统或生产系统的一部分在地理上的集聚，是由服务于全国或国际市场的中小企业组成的，是既竞争又合作的中小企业的综合体。区内独立企业之间通过中介机构结成稳定的合作网络，从而促进技术创新和区域发展。新产业区的主要识别标志是本地网络和植根性。第一个标志是本地网络，是指区内行为主体间的正式合作联系，以及它们在长期交往中所发生的相对稳定的非正式交流的关系。本地网络是发展企业和区域的新的制度性手段，它可以活化资源和信息，增加灵活性，减少不确定性，使企业更好地控制环境。经济合作与发展组织（OECD，1996）提出，在知识经济中，厂家和用户在交换编码化知识和隐含经验类知识的过程中相互作用推动了创新活动。尤其是对于高技术所需要的合作创新来说，市场或等级组织都无能为力：一方面，市场的能力是有限的，因为创新所必需的知识难以交易或交易费用很高；另一方面，单个企业不能支配全部的创新过程，它们必须跨越组织边界，解决困难，达到目标。鉴定新产业区与否的另一个标志是根植性。根植性是指集群内的主导产业必须与其周围区域内的其他行为主体结成网络并深深根植于当地特殊的社会人文环境之中。这种根植性可以增强集群的稳定性，降低其在与外部环境对接时对外界条件变化的易感性（Hamrison，1992；Grabher，1993）。否则集群在同外部联结时就容易受到区外不断变化的条件影响而区内的合作基础不稳固。由于企业的国际竞争力不仅取决于国家环境，更重要的是取决于它所在的区域和地方环境。区域和地方环境是一种文化力，在这种文化力的推动下，供应商—制造商—客商三位一体，在地理上尽可能接近，有利于使研究与开发、生产、销售的信息及时反馈，减少交易费用。当代复杂的技术系统（如信息、生物工程、交通、能源等系统）的建立都需要扎根于当地的社会文化，密切接近目标用户，考虑当地原有技术的基础和联系的界面，适应当地的法律和行政法规，建立标准和规范。因此，有活力的社会文化环境保证了经济活动和技术创新的持续发展。

波特把企业集群纳入竞争优势理论的分析框架，创立了企业集群的新竞争经济理论。他的竞争优势理论体现在他的《竞争战略》（1980 年）、《竞争优势》（1985 年）和《国家竞争优势》（1990 年）三部著作中。在竞争优势理论的基础上，波特于 1998 年发表了《集群与新竞争经济学》一文，系统地提出了企业集群理论。波特将聚集的分析作为国家竞争优势分析的基础，并且把企业集群看作竞争优势的源泉。他强调微观的经济基础和企业的作用，认为竞争力来源于有利于竞争的国家和区域环境。波特认为，实现区位繁荣的关键是建立一个能够使国家有效率地使用和提升要素投入的商业环境和支撑机构。企业集群和集聚经济是形成竞争力的关键，企业集群不仅可以减少交易成本，而且可以形成信息和专业机构服务。波特用钻石模型来归纳影响地方产业竞争优势的条件（Porter, 1998），如图 2.5 所示。

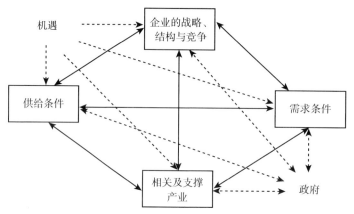

图 2.5　波特（Porter）的国家竞争力分析模型（钻石体系）

　　由于波特将企业集群的优势概括为集群的竞争力或竞争优势（competitive advantage），因此这种竞争优势就成了驱动集群形成的因素，那么上述构成集群竞争优势的条件就可以看作企业集群形成的条件。根据波特的钻石模型，供给条件、需求条件、相关和支撑产业、竞争及地方环境这五个方面对集群的产生和发展有着重要影响。需求条件中的相关配套产业包括教育、培训、研究机构；金融机构；中介服务组织；政府或独立的公共经济组织等，它们围绕着集群组织专业化有针对性的服务。这些配套产业与集群中的主导产业共同演化发展。同时这种丰富的集群产业结构，也有助于增强其稳定性、适应性和创新性；此外，由于专业化分工基础上的集聚经济和对创新的促进作用是企业集群形成的重要驱动因素，而集群内企业之间的竞争导致的竞争压力和集群内企业为了与集群外企业竞争导致的合作是促使企业进行产品差异化生产和不断进行技术创新的主要动力，因此竞争的存在也就成了集群形成的必要条件；最后，他认为集群所在地丰富的社会资本与文化资本，使集群内部的经济关系具有很强的社会嵌入性（social embeddedness），共同的语言、价值观和社会规范构成了企业之间的互相信任和分工合作的基础，可以大大降低交易费用，提高合作效率。同时区域内的创业、创新精神，对技术创新起重要作用的隐含经验类知识的本地优先交流，有利于加快技术创新和扩散。

　　在政府政策的影响方面，波特认为要确保企业集群的顺利成长，政府应做好以下几方面工作：首先，产业群在萌芽或发展时，政府可以强化或提供协助，但不应该企图创造一个全新的产业群。政府的作用在于识别出已存在的产业群，然后为其去除障碍、松绑限制和取消妨碍生产力和创新的无效率做法。其次，发展产业群的努力，必须结合竞争优势与特殊性，而不是全面模仿其他地方的做法。最后，在产业群的升级中，政府角色是鼓励竞争而非扭曲竞争。波特还专门提出，吸引外资是发展中国家鼓励产业簇群成长的重要工具之一。但是，仅仅依靠外商还不足以建立产业群，同时需要包括从改善当地的钻石体系条件着手的系统性努力。

　　皮奥里和萨贝尔（Piore & Sabel，1984）认为，意大利企业集群取得突破业绩的关键在于采用弹性专精生产模式（flexible specialization）。弹性专精模式的核心思想是具有弹性生产的企业比大企业有优势，特别是在危机时期。弹性专精模式中，企业之间关系是有机的，有利于合作创新，是集体的企业家精神的体现。纽兰兹（Newlands，2003）认为，弹性来源于集群中绝大部分小企业的合作网络和支持性机构。

施密特（Schmita，1995）提出了集体效率（collective efficiency）集群模型，认为集群成功发展不仅依赖于马歇尔式的外部经济，而且需要集群主体之间积极的联合行动，共同开创营销渠道和改善技术水平。乔治－佩德拉科斯（1996）认为，集体效率的获得需要企业之间有发达的分工、共同的价值观、强烈的合作意识、良好的信息网络、劳动力的自由流动，企业能不断进行革新。集体效率通过两种方式实现：一是各企业专门投资于昂贵的设备，主要用它来完成其他企业委托的生产任务，从而形成一种与典型的竞争模式截然不同的生产体系，这一体系是由相互联系但所有权独立的生产单位组成；二是各集群建立合作组织和服务中心，向所有企业提供设计、培训、销售、批量采购、融资、技术援助或簿记等服务，使该集群每一个企业都可以获得外在收益。汉弗莱和施密茨（Humphrey & Schmitz，1996）认为，集体效率模型还应该包括制度环节，政府对企业集群发展干预应遵从 3C 法则[①]。

20 世纪 80 年代末期以后，新产业空间学派发现某些产业中的创新与本地知识交流有重要关系，因此十分重视审视关于制度的问题。在企业集群中，市场本身纵然存在多种形式的合同，并不能成功地协调交易关系。如果缺少了制度，在劳动市场内、企业关系中，以及创新和知识发展中的各种交易将会有一些不成功的地方，所以集聚中的制度安排是更广的制度环境和进一步选择发展路径的基础。

布伦纳和格雷夫（Brenner & Greif，2003）应用复杂科学中的自组织理论研究企业集群的动力机制，发现传统经济学在解释集群动态深化过

---

① 3C 法则：以顾客为中心，政府向集群提供市场信息；鼓励集群合作等集体行为；促成累积效应，使集群具有可持续的自我升级能力。

程中存在不足。他们发挥复杂性理论的优势探讨了集群内的两个主要机制：促进集群超越临界规模（crtical mass）和集群的当地共生互动作用（symbiotic interactions）。奇利斯等（Chiles et al.，2001）认为，企业集群不只具备主流经济学所描述的区位效应、创新能力、竞争优势等静态特征，它更是在独特的企业家精神或者企业家精神（macro - entrepreneurship）作用下的复杂动态过程，企业集群规模的扩大，集群效应的发挥，企业能力的提高都可用涌现（emergence）来解释。因此，企业集群发展的关键是对涌现的控制和引导，将地方政策视为集群的激发动力机制。托马斯等（Thomas et al.，2004）进一步认为，优化集群动力机制的集群政策具体表现为：促进新技术和新企业的增长；建立开发市场机会，信息交流和对话平台；建立专业技术研发中心，通过结构性激励促进技术溢出和鼓励风险投资，建立集群成员间的合作网络，促进产研合作和人力资源开发；开展集群统计，建立集群数据库，构建公共营销体系，树立集群形象，创立集群品牌。施塔默·梅耶（Stamer J. Meyer，1998）以墨西哥、巴西等拉美国家企业集群为例研究发展中国家培育地方企业集群的政策。他将企业集群分为三类，认为不同的集群适用于不同的政策。由微型和小型企业构成的集群（clusters of micro and small scale enterprises）面临的主要问题是创新能力弱、市场范围窄、竞争力不足，因此促进集群发展的政策重点应放在改善集群环境上，包括提供专业化服务、鼓励合作、促进交流。由拥有较先进技术和生产差别化产品的企业构成的集群（clusters of more advanced and differentiated mass producers）面临的主要问题是如何推动集群技术升级，从而确保其持续的竞争力，政策重点应是促进企业技术升级，包括改善制度环境、鼓励企业合作、提供咨询服务和信息服务、重视培训、加强研发等。以跨国公司为核心形成的集群中（clusters of transnational corporations），政策重点应是提高本地供应商的竞争力，包括吸引国际直接投资（FDI）、促进外资企业与本地企业的知识交流、优化本地企业的价值链等。

政府在高新技术企业集群发展中所起的作用更为明显。一些学者（Markusen & Yudken，1992；Leslie，2000）指出，美国军费支出，尤其是就防御合同与大学科研院所签订的合同往往成为高技术企业集群成长的原始动力，中央和地方政府制订的产业政策也是新兴企业集群发展的重要动力。

由于乡村工业分散、偏远、规模小，通常难以进入政策制订者的视野，然而赫米内·韦兰（Hermine Weijland）通过对印度乡村工业（cottage industry）的研究证明即便是最为落后的乡村工业同样能通过集群战略成长为充满活力的企业集群。韦兰认为政府促进乡村工业集群发展的政策主要包括以下几个步骤：（1）选择能够起到示范作用的目标群体进行重点扶持，而后再推广。（2）建立集群组织，包括各种非政府的商会、行业协会等，用以提供技术、监测、管理、协调等服务。（3）帮助乡村工业解决好市场问题。（4）提供金融支持。在集群的成长期，政府的扶持不能替代传统的生产方式和关系网络，集群进入扩张期后，联合的市场行为和金融合作最为关键，稳定的集群一旦建立就会对经济、社会的进步产生明显的促进作用。

2.3.2　国内学者的相关研究

王缉慈（1997）用新产业区理论分析了中关村新技术集聚区域，认为用网络和植根性两个主要标准识别的新产业区，对于发展中国家同样具有很大的意义。西方新产业区的精髓是走自立型而不是依附型发展道路。尽管我国乃至发展中国家目前还未发现真正意义上的新产业区（中关村已经具有了新产业区的雏形特点，但是由于区内行为主体间联系薄弱和本地植根性差，在目前阶段还不能称为成熟的新产业区）。对于发展中国家来说，加强区内行为主体间的合作联系、建构区域创新网络和发展新产业区是非常重要的。该研究对于新产业区理论的贡献在于，发展中国家的新产业区应是具有发展意义的，而不是依赖意义的，因此，与发达国家类似，发展中国家新产业区内企业的联系与合作网络，是其持续创新的重要条件。发展中国家需要高度重视产业区内企业的合作网络和企业在本地的根植性问题。区内企业间、企业和大学间、企业和其他机构间应该大量地相互作用，形成不断促进技术创新的区域社会文化环境。王缉慈认为，在发展中国家，建立具有持续创新能力的新产业区，对于提高国际竞争能力是十分必要的①。然而，要真正形成这样的新产业区又是十分困难的。以北京的中关村为例，这种困难不单是基础设施和蓝领工人不足，也不是西方学者曾经指出的中国社会资本供应不足（指人与人之间缺乏合作的基础——彼此信赖）所能完全解释清楚的。一方面，改革开放以来，中国不同地区政策灵活性的空间差异、本地不同所有制企业之间的"所有制距离"，以及本地政府促进企业网络的服务机构不足、企业对网络缺乏认识等问题，都阻碍了本地网络的形成和增强。另一方面，在全球化的形势下，中关村企业纷纷与跨国公司建立联系，然而忽视了与本地企业的联系和合作。长此下去，中关村地区的创新能力将会削弱，最终只能成为跨国公司全球网络中的一个微弱的节点，这种危险性正是西方有些文献在英国硅谷等"分厂经济"的教训中所早已警告过的。另外，她还从知识经济的角度研讨了政府对于嵌入式集群发展的必要性问题，指出政府及相关行业协会必须支持或帮助企业之间形成网络关系，以更好地进行技术信息交流和物质联系。

吴德进（2006）认为，嵌入式企业集群发展的影响因素主要包括地理和人文环境和投资软环境。地方软环境有优势的区域会有更强的资金吸引力，从而更能吸引外资进入；另外，城市品牌也往往更容易诱使外资的投入，进而形成嵌入式企业集群。

王郡（2003）从企业集群创新机制的角度阐述政府在集群发展中的作用，认为自发形成的中小企业簇群往往因为缺乏创新能力而自发地衰落下去。不仅因为构成簇群的大多数中小企业资本规模小、创新能力弱，更重要的是，传统产业内的中小企业的模仿动机远远超过创新动机。因为创新投资的风险较大和创新产品的外部性效应较强，使中小企业不愿意作投资者，而愿意成为免费"搭便车者"。每个企业都期望别人开发新产品而自己仿效，以减少研发投入和降低创新风险。如果所有企业都选择这个策

① 对于此问题，王缉慈的观点与韩国学者朴杉沃和美国学者马库森不同，后者认为发展中国家不存在发达国家的新产业区现象。详见王缉慈. 简评新产业区的国际学术讨论 [J]. 地理科学进展，1998（3）.

略，企业簇群的技术创新就会陷入"囚徒困境"。为了解决企业簇群创新机制缺乏的问题，主张由政府出面引入创新源，并提出了三种具体方案。第一，政府重点扶持创新型大企业。将政府引入的创新资源直接投放到簇群中最具有技术开发能力的较大型企业中去，通过增强该企业的研发能力，使其尽快成为企业簇群新技术和经济的生长点。第二，由政府主导建立面向所有企业的技术创新与推广的公共机构，为簇群企业提供新产品设计与开发实验等方面的技术服务。第三，由政府主导建立股份制或政府全资的技术开发公司，专门经营与开发引入创新资源。

金祥荣（2001）从企业集群企业内部分工的外部化和社会化来解释企业集群优势形成的原因。他认为企业集群导致专业化"块状经济"的形成，在块状经济中，由于中间产品的转移成本很低，分工的精细化以及资产专用性的提高带来机会主义难以实现等原因，生产同类产品的各种可分割性操作功能不断从企业内部剥离出去并达到最佳生产规模。他还认为，由于企业之间空间距离小、各种联系网络密集，所以块状经济能够实现知识与技术的有效外溢。赵中伟（2002）把企业集群的优势归纳为三个方面：成本优势；创新优势；自我增强的正反馈优势。并进一步将上述优势形成的原因反推到集群内部的六种效应：空间集聚效应；知识溢出效应；社会网络根植性效应；相互模仿与激励效应；外部范围经济效应；衍生与吸聚效应。魏守华与石碧华则把企业集群的竞争优势区分为两大类，一类是基于直接经济要素的竞争优势，另一类是基于集群创新系统的优势。第一类优势是通过产业要素的空间集中、产业组织的优化、产业内企业群体的协同效应获得的竞争优势。具体表现在以下三方面：（1）由于聚集经济、外部规模经济、分工深化、范围经济、劳动力市场供给产生的生产成本优势。（2）以质量为基础的产品差异化优势。追求多样化、多元化、个性化、差异化是当前消费市场的普遍趋势，只有适应这种消费趋势的企业才能得到更快的成长。集群中的企业同处一地，同业相互比较，有了价格、质量和产品差异化程度的评价标尺。在同行竞争的驱迫下，差异化战略成为企业的必然选择。（3）区域营销优势。产业聚集会形成一种"区域品牌"，与单个企业或产品品牌比较，"区域品牌"具有更广泛持久的效应，并且它是可以使区域内所有企业受益的"公共产品"，是集群对外营销依赖的非常有价值的无形资产。另一类非直接经济要素的优势是集体学习与创新机制的形成。企业集群的创新与发展能力，取决于所植根于其中的制度与社会网络系统的学习环境。学习是一种有"黏性"的活动，因为许多重要类型的知识通常具有非正式、隐含的特性，而且有效使用正式编码化的知识也需要借助隐含的非编码知识。这种知识难以与个人、社会及地域背景轻易分开，亦难以通过正式信息渠道传播。虽然知识信息在全球范围内的移动加快，但一些重要知识却明显具有空间根植性。而地方企业集群提供了这种知识信息传播扩散的摇篮。蔡宁（2002）从资源的结构性整合角度探讨了企业集群的竞争优势。他认为由众多企业组成的企业集群很难自发形成长期、持续的发展战略，其竞争优势不是来源于传统理论所认为的战略选择，而是来源于集群所拥有的资源禀赋及其资源整合能力。单个企业控制和占有资源的能力是极其有限的，通过企业集群这种中间组织实现对资源的占有和企业能力的完善，是企业发展、提升竞争优势的有效途径。

中国台湾地区的学者非常注重运用社会关系网络理论解释台湾企业集群的形成与发展。他们认为，中小企业之间紧密的产业网络关系和人缘脉络关系是台湾高科技企业集群得以蓬勃发展的重要基础（陈慧娟，2000）。中国台湾地区的学者对此的研究探讨可以分为两种路径。其一是从社会学观点出发所作的探讨，其二是依据经济学方法所进行的研究。前者认为中小企业之间的协作网络关系是建立在网络成员之间彼此承诺与信任之上，而这种承诺与信任关系则是需要依靠企业主之间的社会关系来建立，因此企业主之间的社会关系是维持企业协作网络运行的基本力量；由同族、同乡、同学、同事等所形成的关系在无形中规范并维持了网络内的运作秩序（陈介玄，1994）。从经济学观点所进行的研究认为，企业因为降低交易成本、获取稀缺资源、共享知识信息、消除环境不确定性等方面原因而相互结成网络关系，在网络内部形成生产、销售、研发、服务等不同分工，通过分工合作寻求共同利益最大化（吴思华，1995）。胡太山（2002）对高新技术企业集群的创新网络和创新机理作了专门研究。他认为中小企业的创新能力不如大企业，所以唯有借助集群的优势才能获利。众多创新型中小企业聚集在一起，可以强化创新氛围，使集聚的厂商更愿意共同去追求具有风险的创新目标。集群有利于创新的更重要的原因在于知识的外溢。在一个集群环境下，科学家、工程师为了从知识中获得最合适的报酬，会主动去寻找能够提供适合该知识预期价值的厂商。而厂商也会不断提供适合特定新知识预期价值的报酬，使知识工作者选择新的厂商或以衍生方式组成新的厂商。知识的转移与外溢的边际成本，特别是那些默示性的非编码知识，会随着空间距离的增加而加大。因此，针对环境背景复杂、困难模糊与不确定性的创新知识，最佳的转移方式就是面对面的互动及经常且重复的联系。

蔡秀玲和林竞君（2005）研究认为，在集群内部，除了企业间的强关系网络之外，还有企业与中介机构，如行业协会、培训机构、咨询机构、风险投资机构的弱关系网络。通过与各类中介机构的互动及其所组织的各类活动，集群企业突破了内部强关系网络的束缚，使不同社会关系网络相互沟通与合作，实现了跨界社会团体的交流与联系，获得新的异质性信息。这种稀疏、偶然性的弱关系网络促进了非冗余和最新信息的传播，保证了企业创新所需信息的有效程度。而交往结构的高度相似将导致集群网络结构洞数量的减少和网络结构的"同形体化"，使本地集群缺乏外来的新信息以及进入新机会的途径，本地集群各种机制僵化，创新气氛缺乏，抹杀集群创新的可能性。

近年来，伴随着网络理论的发展，关于企业创新网络的研究发展到对网络结构、网络机构以及网络治理等各个方面。包括对不同创新网络的类型、形成与演化的探讨，包括基于结构洞理论的研究，以及企业创新网络治理等主题。其中杨晔和朱晨（2019）从网络多样性、创新价值链和企业异质性三个维度对合作网络与企业创新关系进行了研究，发现了合作网络多样性对企业创新活动的积极作用。吴传荣和陈英武（2013）通过分析高新技术企业创新网络中的知识分类及特性，探索了企业创新网络作用机制问题，对企业技术创新网络中的知识转移时间进行了分析。

2.3.3 企业集群发展影响因素研究述评

随着近二三十年来高新技术产业区的飞速发展，越来越多的学者开始关注嵌入式企业集群发展的影响因素问题。从上述文献研究可以发现，尽管嵌入式集群发展的诸多影响因素开始引起学者们的重视，但大都是在论述企业集群问题时零星地论述，缺乏系统性的研究成果；在理论研究和实证方法上还没有出现有影响力的理论体系和模型；对经济转型时期的政府政策的特点及其对企业集群发展影响的研究则更少。尽管企业集群发展是一个动态性问题，嵌入式企业集群也不例外，但不少学者的研究中还是把它当作一个静态问题来看待，不区分企业集群发展的不同形态、不区分企业集群发展的不同阶段，使研究成果的实践价值受到很大的限制。对嵌入式企业集群发展的动力以及知识创新在其中的作用的研究缺乏，而知识和创新已经成为推动企业集群乃至整个社会经济发展的重要力量。

2.4 企业集群发展路径研究

2.4.1 国外学者的相关研究

企业集群形成以后会有沿着不同的发展路径发展变化，这点上来看，自发式企业集群和嵌入式企业集群有着共同的特征。森恩伯格和派克（Sengenberger & Pyke，1991）认为，企业集群有两种显著差异的发展道路：一是高端道路和创新型集群。以在欧洲成功的产业区为典型，其现象特征是创新、高质量、功能的灵活性和良好的工作环境，在良好的法规制度下企业间自觉地发展合作关系。二是低端道路和低成本型集群。其参与竞争的基础是低价格、廉价原料、劳动力的高流动性及低成本性。西方一些学者认为两种道路是互相排斥的，因为低端道路的集群内企业由于恶性竞争而破坏高端道路。施密茨（Schmitz，1989）认为，很多发展中国家大量的劳动力剩余会使竞争建立在低薪而不是创新和质量提高基础上。纳德维和施密茨（Nadvi & Schmitz, 1994）认为，企业集群二分法不能抓住发展中国家集群的实质；在发展中国家某些集群是明显处于低端道路，另一些却二者兼有；有时候创新和廉价劳动力可以出现在同一个企业；有时在廉价劳动力为基础的集群中，有或多或少的创新性企业与依靠低成本的企业并行存在，但是服务于不同的市场。

科林伽和迈耶-施塔默（Knorringa & Meyer-Stamer, 1998）认为，发展中国家企业集群处于生存型和意大利式集群之间，大多数处于企业集群发展的萌芽时期，建立在水平专业化基础上，很少有沿产品链进行企业间分工合作的，主要获得的是交易成本节约，缺乏积极的集体经济效率，生命力脆弱，这些集群规模如果能扩大，企业间联系如果能密切，就可能进入其特定的演化轨道。企业集群演化轨道主要包括马歇尔式、轮轴式和卫星平台式三种，这三种企业集群演化轨道自身也在不断演化。

马特伊卡和法里内利（Mytelka & Farinelli, 2000）的研究表明，企业集群有多种多样的形式，不同形式的企业集群的发展轨道和组织架构并不相同，企业集群最宽泛的分类有自发型企业集群和构建型企业集群。自发集群按发展轨道不同又可以分为非正式集群、组织化集群和创新集群。发展中国家主要是非正式集群，也有一定的组织化集群；发达国家主要是组织化集群和创新集群。企业集群总体发展方向是非正式集群—组织化集群—创新集群。

加洛弗利（Garofoli, 1991）根据对意大利企业集群的经验研究将集群发展分为三个阶段：（1）区域生产专业化阶段；（2）地区生产系统化阶段；（3）区域系统化阶段。他指出，在区域生产专业化阶段，企业只是集中于某一地区，这可能是由于该地区的特殊优势（如低成本的劳动力）造成的，各个企业争夺共同的市场，企业之间并没有过多的联系；到了地区生产系统化阶段，企业之间的联系增多了，同部门企业开始合作，不同部门也开始形成稳定的组织结构；而在区域系统化阶段，企业集群完全成熟，内部结构复杂而完善，集群内企业和组织联系紧密而稳定。塞格列和迪尼（Giovana & Dini, 1999）根据洪都拉斯、尼加拉瓜、墨西哥和牙买加等发展中国家的经验，从投资项目角度提出了中小企业网络化发展的 5 个不同阶段，即以少数有影响力的企业家来组织和推动中小企业网络形成的阶段，这是集群形成的开始；形成战略计划阶段，包括分析共同的问题和机会、制定共同的工作步骤和组成联合的企业组织等；联合发展阶段，主要是启动有利于网络组织中的每个企业发展的共同项目，如联合采购原材料、联合推销产品、设计合作组织规则等；选择战略性项目进行实施的阶段，包括建立在企业之间以产品和生产过程形成的专业化分工联系、通过新企业进入为其他企业提供共同的配套能力等；自主管理阶段，即保证在联合行动中的企业自主性，这时集群完全成熟。联合国贸易发展组织秘书处（UNCTAD，1998）也根据三个指标将企业集群分为五种类型，并寻求这五种类型中的发展阶段性联系，这三个指标是网络化中的每个企业的技术水平、市场的扩展和企业之间的合作程度，以这三个指标的组合作为划分企业集群的依据，将企业集群分为五类，即非正式的合作网络、有组织的合作、创新型集群、科技园区和出口加工区等，并从技术水平、技巧、创新能力、信任、竞争、企业规模、出口和学习等因素上分析了这五种类型之间的差异程度和联系。

布鲁斯科（Brusco，1990）根据企业集群发展中政府干预情况不同，将企业集群分为Ⅰ类集群和Ⅱ类集群。根据他对意大利集群的研究，集群出现大都是自发形成的，而不是政府计划或干预的结果。这种无政府干预的集群自发成长阶段即为第一阶段（Mark Ⅰ）。当集群成长到一定规模后，政府或当地行业协会开始干预集群的成长，向集群提供多种多样的社会化服务，这一阶段称为集群成长的第二阶段。Ⅰ类集群技术扩散的主要渠道是技术学校的培训，以及企业及其转包企业内技术工人与小企业主的相互联系，不同的经济组合与非经济组织间通过技术教育的基础设施进行信息交流，从而实现信息共享，提高集群整体经济效率。Ⅱ类集群企业间垂直合作，主要促进渐进式创新的引进与扩散。公共干预可以使Ⅰ类集群向Ⅱ类集群转化。

蒂奇（Tichy，1998）等学者从生命周期的角度阐释了企业集群的发展，认为企业集群作为一个有机的具有生命力的产业群落，它的出现、增长和发展，也是一个逐步演进的渐进过程，要经过诞生期、成长期、成熟期和衰退期四个阶段，在生命周期的不同阶段企业集群具有不同的能力。克鲁格曼（1991）、波特（1998）、斯旺（1998）也提出了企业集群成长的五阶段模型，每一个阶段都有一些关键机制在起作用。如在集群形成阶段，孵化机制和网络化成长机制起着关键作用；集群形成以后，市场的拉动或者技术的推动使集群进入一个持续的成长期；集群规模发展到一定程度，因空间环境的限制会达到饱和，出现拥挤现象。集群的高要素成本、高聚集密度、高竞争强度，都会阻碍新企业的进入。市场需求的变动迫使集群转型；危机因素或竞争力的下降将使集群陷入衰退，衰退期的集群可能走向解体；如果采取适当的管理措施，集群也有可能出现复兴成长。卡佩罗（Capello，1998）认为，集群的演化是一个由低级向高级升级的过程。演化路径是：地理接近型集群—专业化产品区—工业区—创新区。但是这一演化过程并不是自动实现的，在升级的每一阶梯上都有可能停滞不前。

阿霍坎加斯和雷赛宁（Ahokangas & Räsänen，1999）提出一个演化模型，将区域集群的发展过程分为起源和出现、增长和趋同、成熟和调整三个阶段。在企业集群演进的起始阶段，由于地区的优势或其他原因，一批快速增长的新企业在某一地点相互集聚，具有创新精神的创业者最初利用其独特的私人关系和接触，来建立并加强企业间的联系。随着各种新企业不断进入集群，大量企业的群集可以获得集聚经济效益。随后集群将进入实质增长阶段。在这一阶段，集群的成功需要有一个广泛的、高质量的、松散联结的网络，以及差别化的企业经营战略。大量企业在空间上相互接近，将导致各种思想、技术和信息传播的加快，由此促使企业经营活动出现模仿和同构化（homogeneity）。随着这种相互模仿和同构化的持续，集群将进入趋同阶段，新进入集群的企业数量和企业增长率都将出现下降。在成熟的集群环境中，迅速增加的资源竞争将导致成本增加，出现集聚不经济，由此带来集聚经济的丧失。同时，在现有集群中，各种创业活动变得更加保守，也更带有模仿性。如果这种集聚不经济持续下去，随着模仿和同构化的增加，集群内企业的数量将出现下降，创业和创新开始出现在现有集群以外的地区。这时整个集群将出现衰败，严重时甚至会走向毁灭。

从企业角度来看，在企业集群发展初期必然表现为新企业以及其他组织的建立或迁入，这一般是由市场、技术或制度的变化所引致的。由于新企业的增长速度很快，集群也会很快的发展。这时候，对于企业来讲，自身的发展可能比集群的发展更为关键，因为此时集群刚刚形成或正在形成，集聚经济还没充分表现出来。接下来是集群的增长和发展时期，这一时期大批企业新建或迁入，企业数量急剧增加，规模不断扩大，企业之间的联系迅速建立，集聚效应已经发挥作用。这时的企业由于获得大量的集群优势增长很快，企业的生产力和竞争力都有很大的提高。同时整个企业集群也迅速发展壮大，集聚经济的优势充分表现出来，集群的竞争力最为强大。随着企业的增多和扩大，集聚不经济对企业的影响越来越大，企业的效率和集群的发展能力都受到一定的挑战。而且集群内企业的自我发展能力会在竞争中分化，部分企业发展壮大，对企业集群的依赖越来越小，甚至自身独立发展或影响集群的发展；而一部分企业由于种种原因会逐步衰退或迁出集群（Fotopoulos & Spence，2001）。当然，集群内企业的衰退并不等于集群的衰退（这是集群与单个企业的区别所在），但是如果集群内企业普遍发展不好，集群本身也必然衰退。

2.4.2　国内学者的相关研究

魏守华（2002）根据企业集群竞争优势发展程度和竞争优势的动力机制的差异，将企业集群分为发生期、成长期和成熟期，而且指出各个阶段集群发展的动力是有差异的。王缉慈和盖文启（1999）从区域创新网络的角度把集群的发展演进过程看作是结网和植根的过程，认为企业集群的演进分为三个阶段：网络形成过程、网络成长和巩固过程，创新网络的植根过程。吴晓军（2005）专门就欠发达地区的企业集群的发展做了研究，认为欠发达地区企业集群的发展可以划分为企业集聚、产业集聚、结网、植根和发展五个阶段。

仇保兴（1999）认为，按企业集群的内在结构来分，其形式主要有：企业群落内部企业之间的关系是以平等市场交易为主，各生产厂商以水平联系来完成产品生产的"市场型"企业集群；以大企业为中心、众多中小企业为外围而形成的"椎型"（也称为"中心卫星工厂型"）企业集群；以信息联系为主而不是以物质联系为主，以计算机辅助设计的柔性生产方式来进行生产的混合网络型企业集群。而按照企业的生产功能区分，又有制造业企业集群、销售业企业集群、和混合业企业集群等。李永刚、祝青（2000）认为，浙江众多中小企业产业群落没有一个是纯粹的生产性企业群落或商贸性企业群落，任何一个功能完整的中小企业群落，都是由以上两个子群落共同构成的。李永刚（2000）还分析了中小企业企业集群发展演变与专业化市场发展演变之间的相关规律。专业市场的发展会推动企业集群的扩张，企业集群的扩张又会导致专业市场的发展，两者之间存在明显的关联互动。陈雪梅（2001）则按照中小企业企业集群形成的路径来对其进行分类分成，由大企业改造分拆形成的集群、由跨国公司对外投资形成的集群、由地理环境形成的集群和由资源禀赋形成的集群。李新春（2001）根据对广东企业集群的不同发展形态的观察，将企业集群归纳为三种形式：历史形成的企业集群，沿全球商品锥形成的企业集群，以及创新网络企业集群。吴国林（2001）从专业集镇的角度研究企业集群的发展演变，他认为，广东的专业集镇是从"一镇一业，一村一品"起步，逐步发展壮大，构建了一个中小企业网络，形成了具有一定规模的专业化市场，和产、供、销一体化的专业化集镇。但是专业集镇仍然没有改变低技术含量、劳动密集型产品的基本格局。李路路（1998）从企业集群的内在结构方式将企业集群分为：由资产专用性导致的技术性连接构成的企业集群，由社会关系网络连接构成的企业集群，由外部规模经济导致的企业集群。

在企业集群演进过程中，由于企业集群内部结构或外部环境的变化，常常会发生从一种集群类型向另一种类型的更替。如果对它们进行简单地分类，产业群落的更替可以有两种方式：反向更替和正向更替。所谓反向更替是指产业群落的发展与环境不相容，导致了环境条件恶化，从而使产业群落走向衰落、退化甚至灭亡的过程。所谓正向更替是指产业组织的成长和环境条件的改善，产业群落不断从原来的初级产业群落向更高级的产业群落演进的过程，产业群落的正向更替是产业素质不断提高产业发展环境条件不断优化的结果。朱康对（1999）在研究中发现，随着产业群落的不断演进，一些地区产业群落内部的行业结构发生了变化，由最初的单纯的专业化向以专业化为基础的综合化方向发展。随着企业集群的扩散，集群的边缘出现了交叉与融合的现象。朱华晟（2000；2003）发现，企业集群是一个开放性的体系，不断有企业进入同时也不断有企业退出，使企业集群的组织结构维持一定程度的可塑性。通过对浙江企业集群发展动力机制的实证研究，他认为影响浙江企业集群发展有三个重要因素，即社会网络、地方政府和地方企业家，这三个因素相互影响，其不同组合模式导致不同的企业集群发展轨迹。

魏后凯（2003）认为，在企业集群的发展过程中，很多因素都会对集群有很大影响。一般认为，技术和需求的变化可能是最为关键的因素。因为集群的专业化程度一般比较高，因而技术和需求的变化对集群的冲击很大，如果集群不能很好应对与转型，就很可能衰退。为了使集群能够持续下去，就需要适时进行战略调整和再定位，如及时调整结构，促进产业升级，鼓励并强化创新，营造良好的创新氛围，完善市场组织网络，对欺诈行为进行制裁，等等。这样，通过战略调整和再定位，将促使集群重新进入快速增长的轨道，并保持较强的竞争和创新能力。这说明，并非任何一个企业集群都是可持续的，只有那些能够成功地进行战略调整的集群，才能始终保持较高的竞争力，实现可持续发展。对于这些企业集群来说，具备一个完善的自调整机制，是它们最终能够取得成功的关键所在。

2.4.3　企业集群发展道路研究述评

与其他经济组织一样，企业集群也有产生、发展和衰落的过程。对于企业集群的这种"生命周期"，可以从两个方面进行研究：一个是从集群的整体角度来探讨企业集群的演化过程；另一个是从构成集群的企业和其他机构个体角度，通过考察企业等组织的进入或新建、发展，衰亡或迁出来研究集群的产生、发展和衰落的过程。

阿霍坎加斯（Ahokangas，1999）的演化模型分析了集群演化的机制，在很大程度上完善了对集群发展过程的研究。不过他们的演化机制是构建在对集群的整体描述上的，其他一些学者试图从微观角度分析企业集群的演化过程并为集群演化提供微观基础，这就需要研究企业在集群发展过程中的发展变化和对集群的影响。从企业角度研究企业集群的发展，一个重要内容是企业的迁入与迁出与集群发展阶段的关系（Thomas，1999）。因为如果一个企业集群很有发展潜力，它对企业很有吸引力，就会有大量企业进入该集群；如果一个企业集群的集聚经济等优势开始丧失，那么企业就会选择离开，去寻找新的发展空间。这为我们提供了一个判别集群发展阶段的标准，就是可以通过观察企业的迁移判断集群发展的状况。同时这也为我们研究企业与集群的关系提供了新的角度，因为企业迁移与企业的衰亡有很大的不同，它保持了企业的延续性和生命力。毕竟企业才是经济的微观基础，当一个企业集群衰落时，如果企业能保持一定的活力，那么地区经济的损失会小很多，甚至还能够形成新的企业集群，继续保持地区经济的活力。上述研究为我们更深入地研究嵌入式企业集群的发展演化路径奠定了一定基础，有利于理论深入和问题延展。

2.5 对于上述研究的总体评价

嵌入式企业集群的形成与发展不仅与一般意义上的企业集群有着共同点，也深深地打上了时代的烙印。对于产业园区、高新技术开发区等的发展，目前实践中存在着多种形式：产业升级，科学园，集群化，等等。而集群化发展有可能成为最具生命力的形式。现有诸多开发区如何由产业集聚阶段过渡到集群阶段，其中诸多因素都对此产生影响。集群化发展的关键是区内各企业之间能否形成共享双赢的有机联系，以此构建企业社会网络。罗伯特-巴泽尔（1997）指出企业群内协同的四种形式：资源或业务行为共享、营销与研发的扩散效益、企业相似性、企业形象共享。与孤立的投资项目相比，协同可以创造远远高于资本成本的收益。波特（1997）将其业务单元之间的关联分为有形关联（基于价值链中技术、共同客户资源的共享）、无形关联（不同价值链之间的管理技巧和知识技能的共享）、竞争性关联（实际或潜在的竞争对手）。从实际发生的共享行为及其创造竞争优势的方式分析，有形关联可进一步分为生产关联、市场关联、技术关联、采购关联、基础设施关联（法律、财务、人力资本）。波特认为，当共享行为对成本状况与差异化驱动因素产生影响时，共享能带来竞争优势。从区域层面或从单个高新区看，通过区域层面的组织能力将众多创新要素整合，从而使区域内或者区域内的产业完成聚集、聚合、聚变，最终形成一个个企业集群和创新集群。

　　基于研究主题和研究目的，本章较为详细地考察了嵌入式企业集群的形成因素、嵌入式企业集群发展的影响因素、嵌入式企业集群的发展道路以及国内外对此研究的现状，通过分析发现嵌入式企业集群有着企业集群的一般特征，同时也有自身独特的发展规律和特征；同时也发现上述研究存在以下不足。

　　（1）对嵌入式企业集群的系统研究缺乏。往往是在研究一般意义上的企业集群时对嵌入式企业集群作出零星的论述，或者就嵌入式企业集群的某一个方面展开论述，不能完全揭示出嵌入式企业集群的形成演化规律。

　　（2）目前的研究未能深入探讨嵌入式企业集群发展的诸多影响因素以及它们之间的关系。主要原因在于影响嵌入式企业集群发展的外因，特别是政策因素、文化因素等很难进行量化研究。

　　（3）很少有学者注意到我国经济转型期的政策、文化等因素对嵌入式企业集群形成与发展的影响，而这些因素在集群发展中往往扮演着重要角色。

　　显然，目前学者对嵌入式企业集群的研究缺乏系统性，而将21世纪初我国当时面临的转型经济环境、政府政策等因素纳入同一框架下的研究还不多见。因此，本书将这几个影响我国嵌入式企业集群形成与发展的关键要素纳入同一框架体系中，通过分析要素间的关系，力图揭示嵌入式企业集群形成演化的路径。

2.6 本章小结

本章较为详细地考察了企业集群基本概念、嵌入式企业集群的形成因素、嵌入式企业集群发展的影响因素及发展道路的相关理论，并在此基础上提出本书的基本假设。

（1）政府政策对嵌入式企业集群的形成和发展有着显著影响。

如前所述，很多学者已经认识到政策因素对企业集群形成和发展的作用。一般意义上来看，企业集群的形成发展固然有赖于内生和外生两个方面。内生因素主要包括区域地理环境、资源禀赋和历史文化传统，尤其是当地政府、企业和居民的崇尚文化和创新精神；外生因素主要是指外在制度条件、经济机遇和外商投资。波特认为要确保企业集群的顺利成长，政府要做好以下几方面工作：首先，产业群在萌芽或发展时，政府可以强化或提供协助。政府的作用在于识别出已存在的集群，然后为其去除障碍、松绑限制和取消妨碍生产力和创新的无效率做法。其次，发展集群的努力，必须结合竞争优势与特殊性，而不是全面模仿其他地方的做法。最后，在集群的升级中，政府角色是鼓励竞争而非扭曲竞争。奇利斯（Chiles，2001）将地方政策视为集群的激发动力机制。托马斯（Thomas，2004）进一步认为，优化集群动力机制的集群政策具体表现为：促进新技术和新企业的增长；建立开发市场机会，信息交流和对话平台；建立专业技术研发中心，通过结构性激励促进技术溢出和鼓励风险投资，建立集群成员间的合作网络，促进产研合作和人力资源开发；开展集群统计，建立集群数据库，构建公共营销体系，树立集群形象，创立集群品牌。政府在高新技术企业集群发展中所起的作用更为明显。本书以政府政策因素作为嵌入式企业集群形成发展的关键因素假设，假设这种影响是显著的。如果没有适当的政策，嵌入式企业集群很难自发形成。

（2）转型经济时期的政策不稳定性与企业集群成长路径之间存在相关关系。集群的成长需要一个稳定、系统、连贯的政策支撑，本书假设如果没有一个稳定的、连贯的政策，嵌入式企业集群便失去了健康发展的可能性。现有文献研究表明，我国的经济转型呈现双重转轨特征，既包括从农业社会向工业社会的经济转型，又包括从计划经济体制向市场经济体制的体制转型。转型过程中新旧体制、新旧观念的摩擦影响着政策的稳定性和连续性，从而对嵌入式企业集群的成长造成影响。

（3）集群创新与嵌入式企业集群生命周期之间存在正相关关系。集群创新是指以专业化分工和协作为基础的同一产业及相关产业链，通过空间地理位置上的集中或靠近而形成企业集群，集群内企业通过相互竞争与合作，产生创新聚集效应，从而获得创新优势的一种组织形式。这种组织结构介于市场和企业两种组织之间，它比市场组织稳定，比企业组织灵活。借助这种特殊的组织结构，企业之间可以建立长期、稳定的创新协作关系。现在我国高新开发区等内部的企业已经走过了第一阶段的发展路程，创新已经成为开发区"二次创业"的关键路径选择，所以，本书提出集群创新与嵌入式企业集群生命周期之间存在正相关关系，集群创新活动越活跃，集群生命周期越长。

（4）社会网络对集群稳定性存在着直接影响。企业集群本来就是众多企业组成的集合，嵌入式企业集群实质是由相互联系的企业和机构基于经济、技术的联系所构成的社会网络，该网络体系包括提供知识和技术源的大学和科研机构、提供专业化培训、教育、金融、法律等支持的中介服务机构，相关技术和辅助产品、设备供应商以及建立于广泛纵向（上下游）和横向（合作）联系的企业。萨克瑟尼安（Savenian，1994）研究表明，硅谷的成功在很大程度上依赖于硅谷相互结网、相互依存的协同网络体系。普特南认为社会网络通过行为主体的各种直接和间接关系而影响社会资本的形成，他通过对意大利南方与北方长达 20 年的实证研究发现，北方在总体经济与地方政府绩效水平上大大高于南方，其根本原因在于两个地区之间的公民参与以及人们之间相互信任水平的差异（Putnam，1993）。

按照他的解释，"第三意大利"的崛起主要归结于在意大利东北部存在着广泛的相互信任与合作的社会关系网络。根据上述研究和笔者的调研，本书提出对于嵌入式企业集群，社会网络的构建对嵌入式企业集群的成长有着直接影响，企业社会网络越发达，企业集群稳定性越高。

第3章

转型经济中嵌入式企业集群成长研究

3.1 嵌入式企业集群的内涵与特征

3.1.1 嵌入式企业集群的内涵

企业集群就是在特定的领域中，一群地理上集中，而且有相互关联的企业、专业化供应商、服务供应商、相关产业的厂商，以及相关机构构成的产业空间组织。如前文所述，根据地方政府与企业集群形成的关系，企业集群可以分为原生型企业集群和嵌入式企业集群。原生型企业集群主要由区域内部力量或者说区域内部资源、技术、市场等因素驱动而发展起来的企业集群，政府与有关单位只是被动地发挥作用。嵌入式企业集群主要是由外部力量或者要素驱动发展起来的企业集群，强调的是制度或政策背景作用下而形成的企业集聚从而集群，而其对应于内生式企业集群，更强调的是集群形成的原因和机制。

由于其特殊的成因，嵌入式企业集群一般集中在高新开发区、产业园区、科学城、技术城等特定地理区域内，大学、研究机构和企业在其中相对集中，其任务是研究、开发和生产高技术产品，促进科研成果商品化、产业化和国际化。尽管根据功能、结构和特点的不同，不同的国家有关开发区的概念不尽相同，但它们一般都以发展高新技术、开拓高新技术产业、振兴科教与经济作为基本目标和目的，在本书中将一概采用开发区来称谓以上各类型的高新技术产业开发区。其共同之处是在这些区域的经济活动中都实行更加开放的特殊政策和灵活措施，提供良好的基础设施等优惠条件吸引外商和外资，引进高新技术和管理方法，从而达到一定的经济目的。

一个典型的嵌入式企业集群，通常包括成品商、供应商、客商、中介服务和规制管理五大相互作用的基本机构，并且根植于一定的区域经济社会文化环境中（见图3.1）。

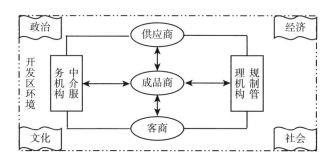

图3.1　嵌入式企业集群基本结构与环境

其中五个行动主体构成了嵌入式企业集群的基本结构，他们之间相互作用和影响，不同主体之间分属于不同的产业关联环节，有些机构之间还存在着明显的投入产出关系，并共同作用于企业集群，使之成为一个有机的整体。其中，成品商是企业集群的最终产品生产者，客商是最终产品的销售者，供应商是最终产品生产所需要的中间投入品的主要供应者，中介机构是为成品商、供应商和客商提供服务的金融、保险、运输、教育、培训、行业协会等机构，规制管理机构是为集群内经营性机构提供服务的开发区政府部门、技术检测与监督机构等。而且，由于企业集群通常包括众多的相关产业部门和非产业公共机构，这些部门和机构在不同的区域往往存在很大的差异，因此即使同为嵌入式企业集群，在不同地域的开发区所包含的产业内容可能也是不同的。例如，同样以信息业集群称谓的企业集群，在甲地可能包括相关的软件、硬件制造，在乙地可能与高校或科研院所及其他中介服务机构形成完备的体系等。

区域政治、经济、文化环境是嵌入式企业集群重要的影响因素,开发区环境可以分为硬环境和软环境。硬环境主要是指开发区内土地、道路、通信等设施以及各种共用设施在内的基础条件,是影响投资信心、企业能力和创新活力的重要因素,也是高新区发展的基础性条件。软环境主要包括政府和非政府公共机构推行政务、管理事务的方针、政策所搭建的平台以及区域文化氛围等。其中政策支撑是开发区取得成功的重要条件,特别是开发区建设伊始,对政策的依赖性更强,其中税收政策是企业最希望得到优惠的方面。灵活、高效的管理体制是开发区服务平台的基础,强化服务意识、提高服务质量可以使开发区企业更高效率地运作。区域文化是开发区环境的核心内容,文化作为集体生存发展的一种手段和方式,对人们的价值观念、思维方式以及社会的规章制度都起着非常重要的作用。嵌入式企业集群是以高科技企业为主体的有机体,创新、风险、合作、开放等价值观念对其成功具有重要意义,是集群发展的根本动力。纵观世界各国高新开发区的成败得失,不同制度环境及文化背景是其成功与否的关键因素之一。

另外,嵌入式企业集群不是一个静态组织,而是一个动态演化的区域产业经济系统。不同的企业集群,会随着新厂商或新产业的出现、既有产业的萎缩或衰弱、本地法人机构的增加或减少等变化而随之不断演化。技术和市场的发展,会萌芽产生新的企业集群,创造新的联结点,甚至改变服务的市场,驱使企业集群不断产生、发展和变化。政府不同的管制、税收政策、开发区规划等也会对企业集群的演化产生重大影响,从而导致嵌入式企业集群不同的发展路径。

综上所述,本书认为,嵌入式企业集群就是以政府政策为依托,以不同企业在一定地理规划区域的集合为前提,靠政策支持和产业关联建立起来的高新技术企业集聚有机体,这种有机体一般存在于高新技术开发区、经济开发区、产业园区等政策规划区域内,并且表现出明显的特征。

3.1.2　嵌入式企业集群的特点

第一,嵌入式企业集群的主要载体是开发区。企业集群在空间上的表现形式是相关产业和支撑机构在地理上的集中，因此，集群形成以及集群效应发挥作用的首要条件就是企业在地理上的聚集。在区域竞争日趋激烈的今天，企业集群化发展已经成为区域竞争力提高的重要途径。世界各地包括我国各地区都把培育和发展企业集群当作政府推进工业化的一项非常重要的工作，而大家形成的共识就是开发区是形成地方企业集群的主要载体。相比于其他地理区域，开发区就是政府划出一块区域，通过优化经济发展的软环境和硬环境制定一系列优惠政策，吸引和鼓励大量企业进驻和发展，使开发区内单位土地面积上的产出远远高出非开发区。在这里有更完善的产业配套设施，更通畅的信息交流渠道，更有利于制度创新和技术创新的浓厚的创新氛围，从而使得包括成本优势、市场优势、创新优势等集群效应得以有效发挥。而开发区之所以具有上述优势，一个非常重要的原因就是开发区是一种特殊的区域环境。从政策环境上看，一方面，开发区企业可以享受各种特殊的优惠政策，从而在一定程度上降低企业的生产、经营、交易成本，提升企业竞争力；另一方面，开发区企业也必须接受一些特殊政策和法规的约束，来规范其发展并最大限度地提高对地方经济发展的贡献。此外，开发区人口集中，人力资源供给丰富，创新氛围浓厚，生产条件较好，这些都为生存其中的企业提供了良好的条件，使其更易营造独特的竞争优势。

第二，嵌入式企业集群的生存发展与开发区生命周期密切相关。生命周期理论将经济现象与自然界生物的生命过程进行类比，都会经历由形成、发展、成长、衰退到新生的演化过程。开发区如此，依赖其生存的开发区企业集群也表现出类似的特征，并且二者存在相互影响。开发区生命周期的变化受政府政策、区域经济环境、基础设施、区域文化等因素的影响，其中某些因素发生变化都可能导致开发区生命周期的变化，嵌入式企业集群因此可能走向衰落或者迁出现开发区。当然，从另一方面来看，企业在开发区是聚集还是分散，还与企业产品所处的生命周期有关，当产品处于扩张期，带动了同类企业的模仿和复制，开发区将能吸引更多同业企业进入，企业数量增加，企业获得了集聚所产生的外部效应，开发区呈现出扩张态势；当产品处于衰退期，同类企业纷纷倒闭、撤离，开发区表现出的是衰退趋势。如果开发区内企业普遍发展不好，企业不断迁出，这个区域经济组织本身也必然衰退。

第三，嵌入式企业集群空间集聚的脆弱性。我国高新技术开发区建设开始于 20 世纪 80 年代，根据当时的具体国情，主要依靠的是"土地开发、政策优惠"的指导方针来吸引企业进入开发区，也促进了我国高新技术开发区在设立初期的快速发展。随着我国高新技术开发区由初步建立发展到快速发展，这一指导方针日益不适应经济社会发展的要求。在过去的 20 余年中，各级政府通过提供廉价的土地和优惠的政策等各种措施，成功地吸引到了大量的企业进驻开发区内，在一定程度上形成了企业的空间聚集。但是这种不是基于价值链关系而自发聚集一块的企业，其聚集表现出很大的脆弱性。因为当初这些企业进驻高新技术开发区的原因是基于高新技术开发区所提供的土地的廉价、政策的优惠。但是这些外界的优惠条件是不可能一直保持下去的，因此当某个高新技术开发区的土地成本、区位优势和税收政策发生变化时，或者有其他地区提供更优惠的政策或者更廉价的劳动力资源时，开发区内的企业就有可能向其他区域流动。而在我国，由于各级高新技术开发区主管部门的不同，所能享受的政策条件也就不同，这种政策的差异更可能助长各开发区内企业的流动。脆弱的空间聚集，频繁的企业流动所带来的后果便是高新技术开发区内企业持续性技术创新能力不强。再有，就是这种政策驱动下形成的企业集群如果政府干预过多，行政的作用影响了市场作用的发挥，往往也会削弱集群企业的自由合作和联系，以及企业创新的积极性，从而阻碍整个企业集群的发展。

此外，一般意义上看，企业集群强调企业在空间上的集聚，而空间的大小是无法界定的。对嵌入式企业集群而言，行政区域的划分是影响集群发展的一个重要约束条件。理论上讲，企业集群的发展与演进受内在规律支配，与行政区域的划分无关。但嵌入式企业集群的特殊形成动因决定了它位于一定区域的开发区范围内，地方政府干预是嵌入式企业集群形成与发展的重要条件，行政区域划分便成为嵌入式企业集群研究中的一个基本因素。

第四，嵌入式企业集群的机构稠密性。一般意义上的产业集群或企业集群内部，存在着前向、后向和水平的产业联系的供应商、生产商、客商之间，企业与当地政府、大学或研究机构、金融机构、中介服务机构等相关支撑体系之间，通过长期联系形成的本地化网络。这种网络关系的存在，可以降低企业的生产成本，增强整个集群获得知识和积累知识的能力，产生集体效益，这种优势是简单的企业扎堆所不具备的。嵌入式企业集群作为集群的一种特殊形态，其内部同样靠网络关系联结运转，并且这些相关的、支持的或者互补性的企业或机构，在开发区地域空间内更加密集地结网，从而形成一个区域产业密集网络。以我国珠江三角洲地区为例，目前有 6 个国家级高新技术开发区，2 个省级高新技术开发区，2 个国际级软件园区，12 个国家"863"高科技成果转化基地和 1 个国家级的大学科技园，并在此基础上形成了电子信息、新材料、生物技术、光机电一体化等主导产业和企业集群以及高标准、大规模的第三产业等服务机构，表现出很强的机构稠密性特征①。

第五，嵌入式企业集群的高新技术性。如前文所述，由于各地开发区政策的导向，进驻开发区的企业一般都是具有良好发展前景的高科技企业，这就使嵌入式企业集群表现出与传统企业集群的不同特征。从动因上看，高新技术企业集群与传统企业集群的主要动因不同。传统企业集群的主要动因在于集聚可以降低成本，节省交易费用，提高交易效率等，因此，原材料、土地、劳动力等资源要素是产生集聚的关键；对于高新技术产业而言，技术创新，更多是新型人力资本因素和区域产品链和产业链配套能力因素等是最重要的竞争手段，企业集聚是为了充分利用区域中的创新资源，增强创新互动，提高创新效率，因此，技术创新资源的有效利用和优化配置、技术创新效率的提高是高新技术企业集群的首要问题。越来越复杂的高技术产品需要产业融合和交叉繁殖，只有当相关学科进行交叉、相关产业进行融合、相关的科教机构和人员进行合作，以及产—供—销相关的企业发挥协同效应时，才能发展知识经济，发展真正的高技术产业。决定一个地方或一个城市、一个国家高新技术企业集群和企业集群竞争力高低的主要因素已由传统的区位条件、市场条件向产品链和产业链配套体系和能力因素转变。再有，高新技术企业集群与传统企业集群对经济增长的贡献程度不同。高新技术产品附加值高，高新技术产业带动性强，可迅速成为区域经济的主导。例如，中关村开发区虽然只有 20 多年（截至2008 年）的发展历史，其新增国民生产总值已经占到北京市新增产值的一半，成为北京经济发展的重要支柱。而且，高新技术企业集群一旦形成，不仅能够带动本地区的发展，而且往往可以带动更广泛区域的经济发展。

3.2　嵌入式企业集群的动力机制

嵌入式企业集群是在一定的背景和动力机制作用下得以产生和发展的，就我国的嵌入式企业集群而言，其产生及发展与我国的经济体制改革和开发区建设密不可分；同时，利益驱动、发展地方经济的愿望、集体效率等因素对嵌入式企业集群的产生和发展起着重要的推动作用。

3.2.1　嵌入式企业集群发展的制度背景

任何企业集群的形成和发展都需要依赖一定的前提条件，嵌入式企业集群的成长也是如此，其与我国经济改革开放密不可分。一个产业能够成功地形成集群或者成为一个典型的企业集群区域，至少必须具备三个基本条件：一是产业内的资本在一个区域内快速聚集，劳动力市场和技术市场充分流动并且与资本自由结合；二是市场的充分供给；三是当地的制度允许并鼓励产业或企业区域聚集发展。根据集群熵理论，"当某个产业（产品）的利润足够大时由于模仿行为的存在，会有产业集群萌芽的产生"[1]。而对于我国的嵌入式企业集群而言，与自发形成的企业集群的一个显著区别

---

[1]　金镭. 产业集群的形成和演化机制研究［D］. 辽宁工程技术大学，2006.

就是经济开放以及由此产生的区域制度分割为其提供了形成发展的土壤。

所谓区域制度分割，是指非历史性规范制度决策主体（这里主要是指政府）通过建立区域制度壁垒限制或约束作用对象的行为①。改革开放开始后，国际资本进入我国首先选择的是珠三角、长三角等经济开放程度较高、体制改革较为深入的地区，也就是最开始的试点区域，因为这些试点区域与其他非试点区域有着不同的经济政策和制度，国家或者地方政府通过地方优惠措施，包括税收、土地、进出口等政策优惠，吸引外商投资的区位、投资产业的选择以及投资规模。事实上，对于根植于集群的企业而言，其演化存在路径依赖的性质。一个良好的动力机制是集群稳定发展的关键。不论从集群的生成还是其后期演进来看，制度的作用都不应被忽视。任寿根（2004）对上海外高桥保税区国际贸易企业群集的实例分析表明，制度分割在企业集群特别是新兴企业集群生成中起着重要作用，当政府依据其产业政策规定了新兴产业部门的地域活动范围并给予优惠后，高新技术产业将会在该地区集聚从而追寻区位差别所决定的制度收益。而从企业集群的长期演进来看，其动力机制与治理结构密切相关。集群治理结构是指集群的组成形式、基于权力及权力分配属性的企业之间的关系，以及建立和维持集群整体竞争优势的目的性明确的集体行为。这不但与企业之间的博弈有关，而且与政府与企业之间的博弈有关。政府通过恰当的制度分割来刺激竞争，加大机制的灵活性，从而保证集群动态的竞争力，使其沿良性轨道发展。

3.2.2 企业市场化对提升企业竞争力的影响

企业市场化是企业内部分权化以及权利和利益相结合的过程，其终端是一个完整的企业被分成若干具有独立经济利益的法人企业，企业配置资源的模式被市场机制完全替代（李亦亮，2006）。在这个过程中，企业内

---

① 任寿根. 新兴产业集群与制度分割［D］. 转引自吴德进. 产业集群论［M］. 北京：社会科学文献出版社，2006，243.

部不同单位逐渐具有市场经济主体的性质，而市场经济主体具有决策权和收益权。现代企业组织结构从"U"形组织到"M"形组织再到"H"形组织的分权化过程正显示了这种趋势。更有一些规模较大的企业把自己的子公司或其他下属单位相对独立出去，与原企业建立起一种新型分包关系。这种变化的结果是形成了一种介于企业和市场之间的新型中间组织，企业集群正是这种中间组织的形式之一，并且这种中间组织具有强大的生命力。

第一，这种中间组织可以使市场交易成本下降。按照科斯的交易成本理论，介于企业与市场之间的中间组织形式可以有效降低交易成本，包括契约签订前后的信息搜集成本、签约成本、讨价还价成本，以及保证企业履行的成本。交易成本与信息和市场制度之间有着密切的关联，随着信息技术水平的提升、IT及网络技术的发展、市场机制的完善，交易成本呈现下降趋势。企业集群的优点正在于它降低了交易费用，集群内部趋于完全信息，企业之间的交流、合作更容易进行，同时企业之间紧密的协作促进了产业集群的进一步发展，两者相互促进、相互发展。此外，企业集群之所以能降低交易费用，还源于在企业集群内部存在的正式制度（formal rules）和非正式制度（informal rules）使企业更易于协作，交易行为更加快捷、有效，交易费用随之大大降低①。再有，多数企业集群内的成员拥有共同的文化背景以及风俗习惯，这对交易的达成、进行都起着重要作用，同时他们之间的合作更有默契，这些非正式制度（informal rules）极大地降低了交易成本。他们之间的相互学习更容易进行，这会促进技术创新，而且新技术会得到更快的传播。

第二，企业的市场化趋势可以有效降低企业内部成本。企业管理的一个根本任务，就是不断降低成本。美国管理大师彼得·杜拉克认为在企业内部，只有成本。李·艾柯卡认为多挣钱的方法只有两个：不是多卖，就是降低管理费。加强成本控制与管理，树立全方位的成本意识，提高企业竞争力是企业最紧迫、最核心的问题之一。企业内部协调和管理成本包括

---

① 刘长松. 产业集群的交易成本分析［J］. 工业技术经济，2007（5）.

激励成本、企业内部信息成本、机会主义成本等。现代公司制企业所有权与经营权的分离一方面提高了管理效率，但是另一方面容易产生机会主义。董事会、总经理、股东、部门经理、员工之间形成了一系列的委托代理关系，公司越大委托代理关系越复杂。各级委托人、代理人都有自己的个人目标，这和公司总体目标并不完全一致。如果每一层委托代理关系之间都有个人目标，整合在一起工作必然没有效率。企业讲究的是团队成员之间的协调一致，要解决这个问题就要让委托人和代理人之间签订合约，规定双方的权、责、利，各方都按照合约来办事，个人目标不同不要紧，只要按照合约，你就得为公司总体目标工作。这里的合约指的是完全合约，即签约双方相互完全了解，拥有完全信息，可现实是一个不完全信息的社会，委托人和代理人之间并不完全了解。信息中的公开信息可以通过常规方法获得，私人信息却不可能都得到，所以签订的合约是不完全合约，对双方的权、责、利不能作一个完全的制约，代理人可以在不违背合约的情况下从事利于自己的行为，这就叫机会主义行为。要解决这个问题有两种方法：监督与激励。监督的成本很高，除了实际成本还有心理成本，对于被监督的人而言，这是不信任的信号。激励机制是把个人的努力、业绩和个人利益紧紧联系在一起，让人自动减少机会主义行为。通过市场机制的引入，以及集群企业成员对机会主义行为的排斥，企业员工以及集群成员企业都会减少机会主义行为，从而提高管理效率。

3.2.3 集体效率对企业家的利益驱动

企业集群是某些相同或相关性很强的产业中大量中小企业在空间集聚的现象。由于企业间地域分布相对集中，交易行为大多发生在相互熟悉的企业之间、企业和生产机构之间，企业间这种长期的共同合作关系是建立在信任的基础上，因而声誉对企业很重要。有效的声誉激励机制，有利于当地集群内的企业与政府、大学、公共研究机构以及中介组织之间实现知识、技术、信息和人力资本的合作交流，从而形成了产业集群所特有的竞争优势，集体效率。

　　所谓"集体效率"是指中小企业采取联合行动，通过中小企业集团或企业网络获得大企业所享有的规模效益，是单个企业孤立发展难以获得的盈余。集体效率是通过两种方式实现的，一是各个企业专门投资于价格昂贵的设备，主要用它来完成其他小企业委托的生产任务，从而形成一种与典型的竞争模式截然不同的生产体系，这一体系是由相互联系但所有权独立的生产单位组成的。二是各工业区建立合作组织和社区服务中心，向所有企业提供设计、培训、销售、批量采购、融资、技术援助或簿记等服务，使该地区的每一个企业都可以获得外在收益。由此可见，集体效率是由当地企业专业分工细化、知识技术外溢引发的外部经济和企业联合行动衍生的竞争优势。

　　此外，从外部经济性角度分析，集群的外部经济性给集群企业提供了一种最基本、最容易获得的利益，也是企业进入企业集群最基本的动因。外部经济理论认为，在自由竞争的市场中，私人生产成本和社会生产成本、私人经济福利和社会经济福利并不完全吻合。当社会成本高于个人成本时，就是外部经济；否则称为外部不经济。企业集群的外部经济性包括劳动力市场集中、中间投入易得性以及技术溢出等（Krukman，1991）。比如，从集群广告效应的角度看，由于企业集群集中了大量的同类型生产企业，就会产生较大的社会影响，购买者在企业集群中会有大量的选择机会，从而为集群企业成员提供了更高的接收订单的机会；企业集群的地理接近性使得企业更易于监督和实施业务弹性分包，提高了企业接受外部订单的机会和弹性；另外，企业集群作为一个相对整体性更强的经济组织，其对外部供应商、客户以及政府的谈判能力相对于单个企业而言更强，对外部市场的驾驭能力更高。

　　当然，只有外部经济一方面的因素还不足以支持企业集群的发展，因为外部经济不过是其他企业行动的一种副产品（Uzor，2004），带给集群企业的是固定利益。而且当企业集群规模过大，对于单个企业而言这种外部经济会迅速萎缩。而集群企业成员能够享有的联合行动则能给企业家带来更大的利益，而且这种利益在一定条件下是具有无限性的。企业家对利益的不懈追求，在企业集群这种地方植根性很高的组织中极易产生联合行动。对于单个企业而言，联合行动的实质就是跨越边界使用外部资源，摆脱本身资源固有的专用性限制，发展新资源，从而提高企业的盈利能力。因而其本质上是一种资源的重新配置，具有经济节约和生产力创造的功能。

联合行动是指企业之间有意识的合作，与外部经济不同的是，它带给企业的是积极的集体效率。联合行动通过两种方式起作用：一是个体企业之间的合作，二是集群内企业之间的合作。前者如共享设备、共同开发新产品等，后者又包括集群企业之间的水平合作和垂直合作，比如加入商会、建立生产联合体等。联合行动对企业收益的增加取决于企业加入集群后的行为。与企业联盟等其他中间组织形式相比较，由于企业集群之间企业在地理位置上的接近、集群成员的社会信任、企业之间的长期交易博弈以及企业集群声誉机制等原因，企业集群联合行动所带来的利益有更高的保障，并且来源的渠道更加宽广和长远。一些经验研究的结果也证明联合行动对企业集群发展的重要作用，如热贝罗蒂（Rabellotti，1995）年通过对意大利和墨西哥企业集群的研究的表明，意大利和墨西哥的企业集群都有外部经济，但意大利企业就能有更多的联合行动，企业间的合作关系更普遍，而墨西哥企业之间缺乏合作，大量的交易基于短期的市场交易，从而导致两国企业集群发展的不同态势。

3.2.4　地方政府对发展地方经济的措施

从广义上讲，政府职能包括政治职能、经济职能、文化职能和社会职能。其中经济职能具体包括：一是宏观经济调控；二是区域经济调节；三是国有资产管理；四是微观管制；五是规划并组织实施国家的大型经济建设项目。而社会职能就是组织动员全社会力量对社会公共生活领域进行管理的职能。一是制定社会保障的有关法律制度；二是筹集、管理和发放社会保障基金；三是创办各种社会公益服务事业；四是大力开展对环境污染的治理，加强生态环境保护；五是控制人口增长，使之保持在适度状态；六是加强社区建设，提高人民群众和社会组织的自我服务和自我管理能力。虽然在市场经济条件下，亚当—斯密和凯恩斯对于政府干预的观点存在着矛盾，但实际上任何国家、任何政府都没有对经济完全放任不管。由此可见，促进经济增长、增进社会福利是国家以及地方政府的重要经济职能和管理目标之一。

政府经济职能的履行手段可以是多种多样的，其中制定经济政策体现了政府为了达到一定的经济目的而对经济活动的有意识干预，是政府为了增进社会经济福利而制定的解决经济问题的指导原则和措施，而企业集群作为地区经济发展的发动机是实现其经济政策目标的重要手段。首先，企业集群作为一种有利于降低企业产品成本和推进产品技术创新的组织形式，与集群外中小企业以及结构僵化的大企业相比较能更好地满足市场需求，从而提高地方经济的竞争力。其次，企业集群由于其发达的专业分工、完善的服务设施、丰富的外部经济效应以及潜在的联合行动效率，大大降低了企业家在企业集群的创业壁垒并能大幅度提升企业经济效益，降低经营风险，因此可以有效促进地方中小企业的发展。再次，在非集群状态下，企业的零散分布往往意味着社会资源利用的低效率以及对环境的更大程度的破坏。与零散的企业生存状态相比较，企业集群可以提高资源利用效率，集中治理环境污染从而降低其负面影响，实现地方经济的可持续发展。最后，企业集群成员由于大多属于中小企业，从事传统产业或劳动密集型产业，而且与其配套的还有生产以及社会服务业及其他相关产业，使企业集群对劳动力的吸收能力往往更强，从而提升地方社会就业率。

基于以上原因，当地方政府发现企业集群这种企业组织形式比其他形式更有利于地方政府经济政策目标实现的时候，地方政府会更有动力对企业集群的发展提供促进和支持，包括制定集群政策、提供公共物品等。而这些政策和措施又反过来成为吸引企业集群形成的动力和催化剂。

3.3　嵌入式企业集群的运行机制

嵌入式企业集群在上述动力机制作用下得以形成，而使其要稳定发展、发挥集群效应并提升竞争力，则需要在集群运行机制作用下才能得以实现。具体而言，嵌入式企业集群的运行机制包括管控机制、分工协作机制、融资机制、官产研学协力机制，等等。

3.3.1 开发区管控机制

如上节所述，作为扎根于开发区的嵌入式企业集群的形成发展有赖于区域政策环境，其中开发区的管理体制和控制机制发挥着重要作用。国外开发区的管理体制大体分为两种类型：单一管理型与多元参与管理型，前者又有政府管理型和大学管理型之分，如日本筑波科学城即属于政府管理型，由科技厅计划局负责科学城的行政事务，设置"筑波研究机构联络协议会"，下设五个专业委员会负责管理研究业务。其特点是决策机构和具体管理执行机构政府管理型最高决策机构是中央政府的有关部门，管理执行机构也是由中央政府组织设立的专门机构。后者又可以分为公司管理型和协会管理型。公司管理即采用董事会领导下经理负责的企业管理制度。通常的做法是把高新技术产业园区作为一个独立经营管理的公司，公司的董事会一般由政府、大学、企业以及当地有关人士组成。负责高新技术产业园区发展等重大决策，一般不干预区内各机构的业务。协会管理型是由政府、企业、银行、大学和其他机构分担义务，共同承担管理职能。国外一些规模较大的科技工业园、科学城和技术城一般采用此种管理体制。我国的开发区在宏观上属于科技部火炬中心管理，微观层次上一般设有高新区管理委员会并形成了多种管理模式，归结起来主要包括两种：经济区域混合化管理体制与企业化管理体制。两种管理模式的主要区别在于管理主体的权限与定位不同从而带来管理理念、政策和手段上的差异，而不同的理念、政策和手段会对区内企业产生不同的影响。

无论怎样的管控机制，嵌入式企业集群作为其中的成员，其形成与发展都受其制约，集群的发展必须符合区域经济发展的整体需要，并要在相关政策法规规范下行事。反过来，区域管控机制也为企业集群的良性发展提供了充分的保障。对高新技术产业实施税收优惠激励政策。以税收政策为例，制定税收优惠政策，是世界各国促进高新技术产业化的普遍做法，各国通过减免税和给予补贴，鼓励和吸引民间企业创立与发展高新技术产业，减少风险。如美国的《S 项修改法案》规定对技术密集型企业少交 1/3 的税款，有力地促进了高新技术风险投资事业的发展。巴西政府规定科技投入超过企业利润 5% 的企业可免交产品税，允许企业把所欠税款的 80% 用于研究与开发的投资。

3.3.2　分工协作机制

相关研究显示，公司倾向于向核心活动集中，与他们自身竞争优势和技术能力不相适应的活动转包给专业供应商。通过集中于少数几个核心活动，员工可以学习特定的知识、技能和能力。这样，员工们可以更加适应主要活动，不需要去适应生产工艺中远离他们知识基础的各种互补性职责。同时，公司必须适应不断变化的市场环境，或者在产品和生产工艺创新方面名列前茅，而单个公司越来越难以依靠自己生产所有有关的知识，并将新知识应用到产品或者生产工艺中去。为了减少风险和缩短进入市场的时间，公司必须专业化。结果，为了创新成功，公司越来越依赖于其他公司而不是自身的互补性知识和技能。企业集群作为一种集聚经济，其本质上是外部规模经济和外部范围经济共同作用下，促进互补和关联产业的发展，进一步深化企业之间的分工和企业内部分工的程度，降低集群内企业的产品单位成本。

此外，由于集群网络的存在，集群内企业通过不断地交流大大促进了企业家资源培育、合作与创新文化形成等。创业精神是一种隐含知识，通过地理接近的正式与非正式交流，可以更好地造就和发展企业家资源；在相同的地理区域内，许多企业家相互熟悉，企业间承包、转包、产品、交货、结算等活动正是建立在信任的基础上，声誉对企业生存与发展至关重要，由于集群企业的地理根植性，迁移的机会成本很高，企业间合作是多次重复的，所以它们必须遵守信用，避免机会主义的倾向，因此有利于企业间建立以信任和承诺为基础的社会网络，通过网络关系降低交易成本，加强彼此的合作。

3.3.3 融资机制

高新技术产业既是技术密集又是资本密集的产业，资金是开发区企业以及嵌入式企业集群建设和发展的重要因素，因而需要通过多源头、多渠道来筹措资金。从理论上讲，开发区企业的资金来源可以包括政府投资、民间投资、银行融资、外资投资等。其中政府投资为嵌入式企业集群的发展提供基础设施、基础研究的保障，日本、韩国、新加坡等国家政府都对本国开发区建设提供了大量的资金支持。民间性质的基金会也是国外发展高新区经济的重要资金来源。民间资金主要来源于大公司、私人银行、保险公司、富有的个人、大学及慈善事业基金等。在发达国家中，美国和日本的民间资金在高新区的总经费中所占的比重较高。如日本各个技术城都设有"技术社区基金会"来吸收各界捐款。

随着经济和科技的发展，风险投资逐渐成为高技术企业的重要资本来源。风险投资是指资金投向高风险的高技术及其产品开发领域的投资行为，旨在促进技术成果尽快商品化、产业化，以取得高资本收益。国外高新区成功经验表明：风险投资支撑高新区的成长，风险投资也集中于高新区。如美国高新区硅谷的形成、发展、壮大与风险投资有着密切的关系，风险投资功不可没。美国是世界上风险投资规模最大的国家，已占世界风险投资的一半以上。目前硅谷的风险投资公司有200多家，这是其不断成长壮大的重要条件。由于风险投资的促进作用，硅谷地区的科技型小企业成长迅速，形成了一种相互促进的良性循环机制。风险投资有助于解决高新区的资金瓶颈，并有效地对高新区内高新技术产业要素进行组合，从而有效地促进了高新区的发展。

3.3.4 官产学研协力机制

嵌入式企业集群也是官产学研合作的产物。在开发区的运行中，政府往往起着主导作用，企业是研究、开发和生产的主体，大学等研究机构则是研究人才、创新思想、研究成果的摇篮和发生器。三方分别从各自的需要出发，努力协作，加强联系，在高技术的研究、开发和生产上发挥着各自的作用，共同促进高新技术产业的发展。开发区一般都建立有官产学联合研究开发组织，加速科研成果物化，缩短研究生产周期。通过官产学联合搞研究开发以及大学与企业、企业与企业开展横向联系，大学与企业在互利基础上进行研究开发活动，大学向企业提供研究成果、研究设施，甚至研究人才，企业向大学提供资金和生产需求信息，互惠互利，相得益彰。其联系方式大体有：企业向大学提供资金支持进行委托研究；双方共同参加的合作与合同研究；情报与人员交流；大学向企业转让知识产权等。高新区内的企业与企业之间依靠联系密切。通过大公司和小公司在技术开发和项目交流方面的一对一合作，同行企业建立横向网络组织，加强信息传递和经验交流等合作与交流等。

大多数嵌入式集群都是政府干预或引导的产物。印度由于政府扶持到位，印度科技园软件产业在全球按客户要求设计的软件开发市场上，已经成为仅次于美国的世界第二大软件王国。产业界的参与是嵌入式企业集群发展壮大的重要力量。例如，法国科技园区的科技型小企业中有80% 左右是由产业界创办的，给高新技术企业集群的发展提供了牢固的基础。另外，假如没有大学和科研机构对高新技术企业集群的功能扩展和延伸，集群内的发展既名不符实，也不具备比较优势。国外的开发区80% 都邻近大学等科研机构①。如硅谷邻近斯坦福大学、128 号公路地区紧靠麻省理工等。我国大多数的开发区也邻近一些相关的大学或研究机构，这些研究机构也都有相当的研究开发能力，但要使这些大学或科研机构较好地发挥作用，成为开发区创新的重要外溢来源，还需要良好的合作机制的建立。

此外，影响和制约集群发展以及集群效应发挥的机制还有集群治理机制、交易费用机制以及知识外部性机制等，将在下文相关章节探讨。

---

① 董丹红. 开发区产业集群的理论与实证研究［D］. 武汉：武汉理工大学，2007：108 – 109.

3.4 嵌入式企业集群成长的影响因素

3.4.1 经济转型过程中的显规则和潜规则

政府对企业集群的一个重要的影响就是制度供给。诺斯在《论制度及制度变迁》中指出，制度是社会的博弈规则，或更严格地说，是人类设计的制约人们互相行为的约束条件。一般而言，制度包括非正式规则比如道德规范、社会风尚等，正式规则像政治规则（宪法、政府管制等）、经济规则和合同等。在一定程度上，企业集群的形成和维系是需要得到政府的制度保障。因为企业集群的形成，将会导致某一区域的经济结构呈现一种单一性。而且集群内的企业将成为地方政府的主要管制对象和公共品接受者，因此政府对企业集群的作为或者是不作为将直接影响到该类企业是否能够在本地区出现。这一点在我国就更为明显。由于我国处在转轨时期，经济制度、政治制度等均处在一个变革的状态之下，所以地方政府在不断变革的过程对经济制度、政治制度的态度，以及由此而推行的政府行为对企业集群的形成乃至发展都有着极为重要的意义[①]。

尽管我国经济体制改革以来取得了举世瞩目的成就，但由于我国影响经济发展的文化基础的复杂性以及政府对经济发展作用的特殊性，使得经济运行和经济发展中的人为因素大大增加，从而出现实际运行过程中的制度规则（隐规则）与政府提供的制度规则（显规则）相分离的现象。政府提供的正式规则制度前文已经讨论过，这里我们主要探讨潜规则对经济发展与企业集群的影响。

所谓潜规则，或者叫作隐性制度规则是指非正式的，但却是一个社会中长期而普遍遵守的各种规则[②]。它是人们在长期的社会交往中无意识形

---

① 徐强. 中国产业集聚形成机理与发展对策研究 [D]. 厦门大学，2003：60.
② 吴思. 潜规则：中国历史中的真实游戏 [M]. 昆明：云南出版社，2000.

成的，具有持久的生命力，并构成了代代相传的文化的一部分，任何置身其中的政治人和政治体系都会受到其深刻而难以避免的影响。就其内容来看，非正式约束主要包括价值信念、伦理规范、道德观念、风俗习性、意识形态等因素。而在非正式约束中，意识形态处于核心的地位。因为它不仅可以蕴含价值观念、伦理规范、道德观念和风俗习性，而且可以在形式上构成某种正式制度安排的"先验"模式。这种潜规则虽然不能像正式规则那样公示天下，而且往往是一种违反显性规则的制度规则，但在一定条件下，如中国这样的熟人关系主导的社会里，隐性规则往往起到比显性规则（根本政治制度和政治体制）更为实际的效力。因为对于参与隐性制度规则游戏的主体而言，如果不遵守规则就会被淘汰出局。虽然这种隐性规则是无形的，是它是以某一利益集群内部或者不同利益集团的风险共担和利益均沾为基础，是权力寻租的游戏规则。而这种权力寻租行为如果不能被及时地遏制，则最终会冲击、破坏和吞噬显性规则，从经济体制改革和经济发展的角度看来，会影响和制约我国经济发展的进程。

首先，隐性制度规则破坏了游戏规则的统一公平竞争。隐性制度规则只是符合部分个体或者部分利益集团的利益，而会损害公众利益，这种社会不公正行为的蔓延，势必会减弱人们遵守显性制度规则的积极性。市场经济秩序的维护依靠的是法律和规则，如果一个地区的显规则被潜规则所替代，就会出现经济学中所说的"柠檬市场"效应。当守法者发现自己的守法收入远不及违法收入来得快，且违法收入并不会得到太严厉的惩罚时，守法者就不再守法。在如此普遍而力量强大的"潜规则"笼罩下，所有的企业都有可能铤而走险。这样，违法者越来越多，守法者越来越少，本属个体的违法行为逐渐变为"行规"，会使企业陷入"囚徒困境"，从而对政府的公信力和市场的信用预期完全丧失，当非企业因素决定着企业存亡的特殊情况下，该地区对外资的吸引力就会弱化。此外，隐性规则的存在也限制了显性规则的活动范围和程度，从而降低显性制度规则的作用。

其次，隐性制度规则阻碍技术创新和制度创新。隐性制度的产生、存在和发展是由个体或者利益集团的局部利益所推动，其存在和发展总是与权力寻租等垄断行为有关，所以这类制度规则的存在一般会阻碍技术创新和制度创新①。因此从总体上看，隐性制度规则是低效率的。更进一步说，隐性制度规则还会由于其对公众利益的损害而影响社会政治的稳定，甚至使经济增长和经济发展处于停滞不前和倒退状态。

最后，隐性制度规则给既得利益集团提供了生存空间，而既得利益集团通过对政府施加压力，进而将显性制度规则变得有利于自己，因此出现政府管制的结果与初衷恰恰相反，不是保证了社会公平和效率，而是造成了社会不公平和效率丧失，即产生所谓的政府管制俘虏现象。这样，不同利益集团的存在会影响政府提供一种真正符合公众利益的制度安排，这不仅会使得政府提供的显性制度安排更有利于个别利益集团的利益，而且也使得显性制度安排变成一种与隐性制度安排有某种相通之处的非公正的制度规则。

应该看到，嵌入式企业集群本身就是在政策支持下得以萌芽并发展的，而潜规则的存在势必影响一个地区的总体投资环境和经营环境，从而影响企业集群的形成和发展。例如，潜规则的存在对外部资本进入的影响。从投资成本角度分析，潜规则也会加大外部资本的投资成本。而这无疑增加了它们的经济成本，也增加生产经营的时间成本，它的后果和增税是等同的。潜规则使外部资本的投资收益率下降，势必会降低外部资本对该国该地区的投资信心，从而使该国该地区的引资计划不能实施下去，从长远看，必将影响该区域企业以及企业集群的形成和发展。

3.4.2 嵌入式企业集群吸收能力

1. 企业集群吸收能力

斯潘诺斯和利乌卡斯（Spanos & Lioukas，2001）曾经指出，在有关产业组织的经典文献中，学者们通常假定企业管理行为既不能影响产业环境，也不能影响企业自身的绩效。随着知识经济时代的来临，管理学者们开始关注企业管理行为对其所在产业及其自身绩效的影响，其中两个具有

---

① 伍装. 转型经济学 [M]. 上海：上海财经大学出版社，2007：145 – 147.

影响力的理论是波特的竞争战略和竞争优势理论以及资源基础理论。企业吸收能力理论作为这些理论的发展被提了出来（Cohen & Levinthal，1990），它从企业学习能力的角度探讨企业如何获取并保持竞争优势，关注企业外部资源而不与关注企业内部独特资源的资源基础理论相矛盾。该理论认为外部资源对企业获取独特资源至关重要，企业如果要动态地占有独特资源，必须保持对企业外部资源的开放和不断地吸收。

技术选择，特别是对高新技术企业而言是其生产经营活动中的重要决策之一，知识更成为其生存发展的战略性资源，因为高技术企业主要通过知识来获得竞争优势。同时，企业的知识大部分不是来自企业自身，而是来自企业外部，而且市场机会稍纵即逝，这就要求企业更快地更新知识以更准确地捕捉市场商机，而仅仅依靠自身知识积累是远远不够的，必须学会更高效率地学习外部的知识和技能。

正是基于这种观点，科恩和利文索尔（Cohen & Levinthal）于 1990 年在《吸收能力：一个关于学习与创新的新观点》的文章中，首次提出吸收能力即"一个企业识别外部信息的新价值，然后消化并运用到商业目的的能力"。他们认为，这种能力对企业的创新能力至关重要。"集群吸收能力"（Cluster Absorptive Capability）是由"企业吸收能力"概念演变而来。艾丽萨·朱利亚尼（Elisa Giuliani，2002）将这一概念应用于集群这种特殊的组织或地区分析层面，指出集群吸收能力是"集群识别、消化、利用来自集群外部知识源的能力"。而集群内每个行为主体对外部知识源的吸收能力是有差异的。因为行为主体的吸收能力是以其现有的知识积累水平与技术能力为基础，而知识的积累是时间、经历、实践、努力的函数，而且知识积累是一个渐进的、路径依赖的过程。因此，尽管集群中的行为主体处于同一宏观运行环境，经历相同的时间，但由于发展的实践、经验、努力的程度以及历史等方面的差异性，他们之间具有不同的知识积累水平与技术能力。在集群对外部知识获取与扩散的整个过程中，"技术守门人"对外部知识的获取起关键性作用。集群中"技术守门人"的吸收能力及其与"非技术守门人"之间的交互作用，决定了集群的知识获取扩散、积累和新知识的生成的动态过程，并最终决定了集群的动态演进。

2. 企业集群吸收能力影响因素

科恩和利文索尔（Cohen & Levinthal）最初对企业吸收能力的研究涉及个人和组织两个层面。在个人层面偏重于对"看门人"的研究；在组织层面主要提出了两个影响吸收能力的因素：企业过去积累的相关知识和开发吸收能力的努力程度，并在此基础上延伸出在产业层面上企业吸收能力与其所在产业之间的互动关系。本书主要从嵌入式企业集群角度分析，认为集群吸收能力对嵌入式企业集群成长的影响因素主要有以下几个方面。

集群中的人力资本。舒尔茨认为，人力资本是体现在劳动者身上的一种资本类型，它以劳动者的数量和质量，即劳动者的知识程度、技术水平、工作能力以及健康状况来表示，是这些方面价值的总和。人力资本是通过投资而形成的，像土地、资本等实体性要素一样，在社会生产中具有重要的作用。进而他又指出，并非一切人力资源都是最重要的资源，只有通过一定方式的投资，掌握了一定知识和技能的人力资源才是一切资源中最重要的资源，这种资源在本质上才是积累资本、开发自然资源并推动企业向前发展的主动力量。人是知识的载体，知识只能通过人对它们的应用才能体现出价值。企业员工知识越丰富，解决问题的能力就越强，对新知识的吸收能力就越强。再有，集群企业成员中员工的年龄、学历水平、工作经历等与吸收能力关系密切。此外，企业家作为企业人力资本中的特殊组成部分，对集群吸收能力也有很大影响。企业在知识获取过程中，拥有敏锐头脑的企业家能迅速发现外部环境中有价值的知识，同时，企业家资本还可以识别企业已有的知识和经验能否帮助企业消化、吸收和利用这些知识。最后，从更广义的角度看，一个区域的人力资本水平实际上直接影响着该区域对外部资本特别是外资的吸引能力。王剑武、李宗植（2007）从人力资本对 FDI 的吸收能力角度对我国中西东部地区的吸引外资情况做的实证分析表明，人口素质较高的东部地区在 1995～2004 年吸引了大部分到中国的外商投资。

集群社会资本。社会资本理论是 20 世纪 70 年代以来从新经济社会学中演化出来的最有影响的理论概念之一。社会资本是投资在社会关系中并希望在市场上得到回报的一种资源，是一种镶嵌在社会结构之中并且可以通过有目的的行动来获得或流动的资源（林南，2001）。社会资本对企业集群吸收能力的作用主要表现在促进高新技术企业集群中知识转移、流动方面。佩尔绍德和库马尔（Persaud & Kumar，2001）认为，知识创造与扩散的成效与获取知识的媒介是有关联的，隐性知识是透过人际关系的互动来传递，显性知识则使用科技辅助作为媒介，并且达到知识的外化与内化的最佳方式是透过非正式的沟通。组织间社会联结信任关系的加强以及价值和规范的同化可以使知识转移的效率更高。再有，由于高新技术集群的特殊性，其内部知识的复杂性、专用性、缄默性以及专业化分工形成的知识差距是其他类型的企业无法比拟的，这就形成了知识转移的主要障碍。而集群内发展的社会资本，则可有效推动低可转移性的复杂、隐性知识的转移。现代技术创新理论和集群创新研究的相关结果明，高新技术产业集群的技术创新过程实质是集群内不同行为主体间的交互作用过程，是知识在行为主体之间的流动、转化、扩散与应用的过程。因此，从知识流动视角看来，高新技术产业集群的竞争优势主要表现为相关行为主体间的知识快速流动、扩散与应用的优势，即基于持续技术创新的竞争优势，硅谷高新技术企业集群的成功就说明了这一点。

集群文化。嵌入式企业集群形成发展过程中，文化起着重要的作用。由于嵌入式企业集群的特殊性质，集群或集聚企业中的成员大多来自外部或者国外，文化背景截然不同，必然带来不同的价值观和行为方式，从而影响企业集群对知识的吸收、消化和利用。集群文化影响着对集群及其成员对信息的储存和传播、知识的获取和保留、决策框架的构建以及学习的性质和程度。如果企业一贯奉行经营策略比较保守，对于外部经验和知识比较排斥，那么企业内的成员会墨守成规不愿意接受新知识，从而对企业的吸收能力产生消极的影响。如果企业有灵活的沟通机制为员工的交流创造条件，能使员工很好地与外部知识源有联系，例如，顾客、供应商等，则会对企业的吸收能力产生积极的影响。另外，我国地大物博，人口众多，历史悠久，长期以来形成了不同的地域文化；而主要存在于开发区的嵌入式企业集群位于不同的区域文化内，势必受到当地文化的影响和制约。比如，宗族文化强调组织内部的协调和相互信任，强调宗族型文化的集群企业往往非常注重员工之间的关系，这有利于增强集群企业内部员工之间的信任，从而提供了更开放的沟通渠道；有利于内部人员的沟通，从而提高了集群企业内部知识的共享；有利于知识的获取，从而有利于提高集群企业的吸收能力。如果在一个集群企业的内部缺乏信任和共享知识的意愿，那么集群企业的学习过程就无法在其内部有效地展开，从而导致其吸收能力的不足。

研发投入。随着企业所处的环境变化加速，新技术与新产品出现的频率不断提高，企业对于新知识的需求动机也不断增强，因此企业将会投入比较多的资源来提高知识的吸收能力。科恩和利文索尔（Cohen & Levinthal，1990）的研究也证实了企业吸收能力与其研发投入具有密切关系。例如，研发活动中的基础研究、合作研究、技术转移、派员出席技术会议、与供应企业合作开发等，都会有助于企业引进新知识。尤其当企业所要学习的新技术越复杂，则企业将需要越高层次的吸收能力，因此企业对于如何提升技术吸收能力的态度也会更为积极。蔡（Tsai，2001）认为，业务部门的吸收能力在很大程度上取决于业务部门的研发强度，通常用研发支出占销售额的比例来衡量。木下（Kinoshita，1990）对捷克制造业的研究表明东道国国内研发的增加提高企业 FDI 技术的吸收能力的作用要远远大于其创新作用。企业通过研发投入可以获取更多具有深刻知识内涵的有关产品和技术知识，从而有利于企业进入深层次的学习。例如，研发活动中的基础研究、技术转移和合作研发等都会有助于企业引进新知识。虽然由于基础研究具有很高的外溢效果，许多企业并不热衷于投入这类研发活动，不过一些大型企业仍会将一定比例的研发资源投入于基础研究，其主要目的在于提高企业的知识能力水平，以使企业成员能够快速吸收最先进的知识和技术，最终还是有助于企业重大创新成果的产出。

先验知识。企业的先验知识是指基本技能、共同语言、学习经验，以及既定领域内科学和技术发展的最新知识，它对于企业认知、吸收、应用外界新知识具有重要的作用。科恩和利文索尔认为吸收能力的前提就是组织需要先验知识来消化和利用新的知识。认知学者研究认为当新知识与个人的先验知识有着联系时，个人的学习效果就最好。知识记忆开发研究认为积累的先验知识不仅能提高新知识存储到记忆的能力，也能提高回忆和应用的能力；也就是说存储在记忆中的知识越多，获取新信息就越容易，个人在新环境中应用新信息就越容易。由于知识能力是逐渐积累的，企业吸收的新知识大都与其先验知识相关，因此企业所拥有的先验知识将影响其吸收新知识的态度，同时也可能使企业对新知识未来潜力的判断出现错误。例如当企业拥有较多 A 类技术知识时，会对企业学习竞争性技术的知识造成排斥现象。纵然 B 类技术可能带来极大的市场机会，但是企业仍然还是倾向发展 A 类技术而忽略 B 类技术，就是由于先验知识的内涵影响企业吸收新知的选择与判断的缘故。

学习强度。学习强度是企业对于引进和学习新知识的迫切程度。投入学习与使用新知识的强度越高，则学习效果越好。当集群企业在技术转移过程中，投入于学习与使用新知识的强度越高，则本身吸收能力所呈现的学习效果也一定会越显著。例如，韩国企业往往采取制造危机的策略来提升企业的学习强度，从而技术转移的效果特别显著。中国台湾在发展集成电路产业时，也曾召集工程技术人才组成一个技术学习团队赴美学习，并进行整厂技术转移。当时当局已将发展集成电路产业视为台湾地区电子产业升级的策略手段，因此（中国台湾）工研院电子所承担必须要完成台湾地区第一座 IC 制造示范工厂的重责大任。技术团队成员都知道，如果技术转移失败，那么台湾发展集成电路产业的目标必会受到重大打击，所以成员们除了在出发前积极齐备 IC 相关知识外，赴美期间也无不兢兢业业全力以赴地进行研习，因此大大提高了他们的吸收能力与学习成效。后来正是这批技术团队成员成为建设台湾 IC 产业的主要功臣，他们推动了联电、台积电、世界先进、旺宏、联发科、台湾光罩等产业龙头公司的成立①。

3. 吸收能力对企业集群成长的影响

由于知识对集群及其企业竞争优势有重要影响，集群企业需要从外部

---

① 刘常勇，谢洪明．企业知识吸收能力的主要影响因素［J］．科学学研究，2003（3）．

获取所需的知识，通过吸收能力实现企业竞争优势。因此集群企业的知识吸收能力对集群成长也具有重要的作用。金姆（Kim）认为，企业识别和收集知识的强度和速度决定了企业知识吸收能力的质量，强度越大，速度越快，企业核心能力的构建就越迅速；雷等（Lei et al.）认为，良好的企业知识获取能力使企业能够对环境变化迅速地识别和反应，形成了企业持续竞争优势的基础。崔志和于渤等（2007）的实证研究表明，企业知识吸收能力对企业竞争优势有显著的直接影响，在企业知识吸收能力的 4 个构成维度中，企业知识利用能力与企业竞争优势存在直接的显著，企业知识获取能力、知识消化能力及企业知识整合能力等 3 个维度与企业竞争优势不存在显著的直接相关关系，而与企业知识利用能力存在显著的相关关系①。

集群企业在对获取知识加以利用并形成竞争优势的过程中，收益独占安排会对竞争优势持续的时间和强度产生影响，良好的收益独占安排对企业实现竞争优势具有良好的促进作用。吸收能力通过对外部知识的获取、消化、转换和利用来改革组织成员的认知模式，提高企业的战略柔性，促进技术创新的开展，进而帮助企业实现竞争优势。而且由于吸收能力是难以被其他企业模仿，具有较强吸收能力的企业更容易保持持续的创新性，从而形成长期的竞争优势。

本书认为，吸收能力对集群竞争优势的影响主要体现为对集群企业创新的直接作用，对于以高新技术企业为主体的嵌入式企业集群而言尤其如此，吸收能力对企业的最重要意义在于其提高了企业的创新能力及创新绩效，因为创新是组织学习的结果，所以与吸收能力之间具有一定的相关关系。此外，吸收能力可以使企业更加准确地预测技术知识的本质及商业化潜力。企业的吸收能力水平越高，企业就会越积极地利用环境中的机会。吸收能力不但能使企业获取外部新知识，增加企业的知识积累，而且能够通过知识在企业内的共享而将知识应用于产品创新和服务创新。高新技术企业的特点是更依赖于来自大学等外部机构产生知识，那些具有更多的

---

① 崔志，于渤，郝生宾. 企业知识吸收能力对竞争优势影响的实证研究 [J]. 工业技术经济，2007（11）.

R&D 投入，更加强调基础科学研究，并与大学有更广泛联系的制药、生物技术等高新技术企业能够得到更多来自大学的技术专利。另外，吸收能力具有自组织性和自增加机制，企业吸收能力能够提高企业的创新速度、创新频率及创新强度，反过来，企业创新产生的知识又会成为企业吸收能力的一部分。企业利用潜在吸收能力获取和消化外部新知识；利用吸收能力整合企业的先验知识和外部新知识，通过企业的产品创新及工艺创新活动，对整合后的知识进行有效的转化和利用，产出新知识并提高企业的创新绩效。企业创新活动增加企业的知识存量，同时，企业创新绩效也会对创新活动的效率提供反馈信息，这些反馈信息成为企业知识存量的一部分，然后再通过企业吸收能力促进新一轮的创新活动。集群内企业凭借其吸收能力提高了创新绩效，而创新绩效的提高通过增加知识的积累又增强了企业的吸收能力。这意味着企业吸收能力的自加强机制会使得拥有较强吸收能力的企业可以通过其前期的创新获取新的知识，继而进一步提高其创新绩效，并带来未来的创新动力。

3.4.3　其他影响因素

除了上述影响因素外，嵌入式企业集群的形成发展的其他影响因素还包括：生产要素比较优势、产品分工、竞争环境等。如前文所述，比较优势固然是自发形成的集群一个重要影响因素，是促使大量企业在某区域内聚集的诱因，某个区域内的生产要素比较优势同样也能促进嵌入式企业集群的产生发展。以中关村高新技术企业集群为例，正是由于该地区高等学校以及高素质人力资源的密集，才使得其有了产生和发展的肥沃土壤。从广义上看，生产要素包括政府效率、制度环境、治安状况等。

分工可以使企业之间形成完整而连续的产业链，从而使企业的无序集聚演变为企业集群。温州的企业集群最大的特点就是有序地集聚，小至纽扣、拉链这些小产品，都形成了较为完备的产业链条，企业按生产环节、工序进行合理有序分工，减少内部竞争，同时每件产品都尽量做精、标准化，减少企业成本和风险，大家共同把产业做大，把市场做大，实现跨越式发展。

　　竞争环境的动态多变对企业生产的速度经济性要求越来越高，价格竞争和非价格竞争日益激烈，新产品的模仿和跟进十分迅速，速度经济成为企业的重要竞争战略。企业集群化发展为彼此协调实现速度经济提供了现实条件。

3.5　本章小结

　　本章在明确嵌入式企业集群的概念及特征的基础上研究了其持续成长问题。嵌入式企业集群是以政府政策为依托，以不同企业在一定地理规划区域的集合为前提，靠政策支持和产业关联建立起来的高新技术企业集聚有机体，这种有机体一般存在于高新技术开发区、经济开发区、产业园区等政策规划区域内，并且表现出明显的特征。研究表明，嵌入式企业集群是在一定的动力机制、运行机制以及影响因素的共同作用下得以产生和发展的。改革开放为集群的产生提供了制度背景，企业家对利润的追逐、中间组织形态的高效率以及地方政府发展经济的愿望为嵌入式企业集群的形成提供了动力；嵌入式企业集群的运行机制包括开发区管控机制、集群分工协作机制、融资机制以及官产研学合作机制等，正是在上述机制共同作用下嵌入式企业集群得以存在和发展并发挥出集群效应；而在经济转型过程中的存在的潜规则以及企业集群的吸收能力都对嵌入式企业集群的产生发展有重要影响。

第 **4** 章

嵌入式企业集群的演化路径

4.1　嵌入式企业集群的阶段性演进

犹如生物群落具有萌芽、成长、繁盛、衰退过程一样，企业集群作为一个具有生命力的企业集聚群落，其成长演化也呈现出阶段性特征。本章在前人研究的基础上，对嵌入式企业集群的演进阶段进行研究、分析企业集群发展的阶段性特征，目的在于揭示嵌入式企业集群发展演进的一般规律，预示集群的发展趋势，从而为地方政府制定企业集群战略和政策给予理论指导，促进嵌入式企业集群的持续、健康发展。

4.1.1　企业集群演进理论的基本观点

对集群发展演化的理论研究比较有代表性的理论是集群生命周期理论。企业集群的生命周期是指企业集群从产生到消亡的时间历程。这个历程可能很长，也可能很短。总结企业集群的发展历程及其趋势，国内理论界对企业集群阶段的划分主要有两种观点。魏守华（2002）的竞争优势观点认为，根据企业集群的竞争优势发展程度和竞争优势的动力机制的差异，企业集群演化阶段可以分为发生、发展和成熟三个阶段（见表4.1）。在集群发生阶段，其动力主要是地域分工和外部规模经济，集群主要表现形式是专业化生产；在集群的发展阶段，集群成长的动力主要是社会资本优势以及低等级的竞争合作效率；在集群的成熟阶段，集群演化的成长动力源自集群内知识和技术创新的领导力量以及高等级的动态合作效率。

表 4.1   基于竞争优势的集群演进阶段的划分

成长阶段	主导动力	特征
发生阶段	地域分工 外部经济	以初等生产要素为基础，企业集聚与外部经济互为强化，区域核心竞争力不断提高
发展阶段	社会资本 协作效率	强调集群区域内的社会资本及企业协作效率，逐步重视高等生产要素，重视市场细分和产品差异化，但集群内创新力量不足
成熟阶段	动态合作效率 技术创新扩散的知识协作机制	强调区域协作的创新能力，注重效率和高附加值竞争

资料来源：马建会. 产业集群成长机理研究 ［M］. 北京：中国社会科学出版社，2007：53.

王缉慈（1998）、盖文启（2002）等提出的区域创新网络观点则把集群的演进过程看作是结网和植根的过程，并以区域创新网络演进过程将企业集群研究阶段划分为网络形成阶段、网络成长与巩固阶段和创新网络植根阶段三个阶段（见表 4.2）。

表 4.2   基于区域创新网络的集群成长阶段

成长阶段	主要特征	竞争优势	典型区域
网络形成	网络形成过程，企业集聚	区域优势	发展中国家的一些产业区
网络成长与巩固	网络成长与巩固，逐步结网	核心竞争力	第三意大利
网络植根	集群网络、创新网络，逐步植根过程	集群竞争优势	美国硅谷

资料来源：马建会. 产业集群成长机理研究 ［M］. 北京：中国社会科学出版社，2007：54.

在集群发育初期，企业逐渐聚集成群，而随着集群企业之间分工的不断细化交易频率增加，协作关系进一步密切和企业之间信任度的增加，各行为主体、企业逐渐建立起紧密的联系关系而集结成网。伴随着网络的成长，企业之间的协同力更为强大，促进集群内创新的发生，集群竞争力和竞争优势凸显，企业集群进入成熟期。

由此可见，对企业集群生命周期的阶段的划分一般是根据企业成长和集聚发生的态势、产品和技术发展的生命周期、集群所在产业的发展规律等进行的。例如，技术发展一般就有生命周期特征，处于成长期的技术，由于已经克服了重大的突破性创新，渐进性创新更容易预测。这样的企业集群因此对需求和市场的预测更准确，对产品与潜在市场空间的了解更深入，因此可以成为市场的主导者，最后逐步成长为一个区域创新系统，不断推进集群的发展和创新。完整的企业集群生命周期可以分为萌芽期、成长期、成熟期、衰退四个阶段。本书不对企业集群生命周期进行深入探讨，只依据前人的研究和本书的目的，对企业集群生命周期阶段进行梳理，为下一章节的嵌入式企业集群的阶段性演进研究奠定基础。

本书认为，企业集群的生命周期可以划分为形成期、成长期、成熟期和衰退期。

所谓企业集群形成期，是指企业和相关支撑机构在特定区域从开始集聚直至初具雏形的过程，是企业集群从无到有直至初具雏形的阶段。企业集群往往萌芽于具有比较优势、独特的社会文化环境和产业传统的区域。这一时期的企业集群的主要特征是：一些中小企业在空间集聚，集聚的企业具有初步的分工，但专业化程度不高。这时的企业集群内企业数量还不多，中介机构和企业集群的支持机构如教育培训机构、技术研发机构、服务机构与产业或行业协会等还很少或没有；企业的生产效率相对较高，新技术和新产品频繁出现；企业集群的成长动力主要来自本地拥有的各种比较优势和社会资本优势，生长动力比较弱；企业之间还没有形成固定的长期合作关系，彼此之间相对孤立和独立，集群企业之间协作能力不强，没有形成产业链；集群企业通过外部网络联系进行创新的功能缺乏发挥，专业化的劳动力市场没有形成；集群的成长主要依靠外来企业的零星进入和本地企业的缓慢裂变；这一时期政府的基础设施建设和鼓励创新的政策等作用显得非常重要。

集群成长期是指企业集群在当初雏形的基础上通过集聚效应不断长大的阶段。处于成长期的企业集群最显著的特点是集群规模的迅速扩大，无论是在规模、成员企业数量和技术创新方面都有了很大的发展，集群内企业集聚加强，本地的中小企业持续衍生，稳定增长，企业出生率和存活率都很高，死亡率比较低。由于前期的积累，企业集群的配套环境、区域创新环境有了较大程度的改善，地方政府等公共机构积极创造利于创新的环境并加大对企业集群的支持力度，集群产生外部经济效应，大量外部企业纷纷进入集群，集群企业的裂变和衍生速度加快；企业的生产方式与管理模式基本形成柔性化、灵活化的特征，企业之间的分工进一步细化，专业化程度提高，并出现了上下游合作的产业链片段；集群企业之间的竞争合作活动增加，创新活动加剧，企业之间形成长期稳定的合作，外部联系的网络创新功能增强。专业化的劳动力市场开始形成，高素质的技术和管理人才选择的自由度加大；专业化产品市场形成，集群创新产品在国内外市场中的竞争力不断提升；区域创新机制日趋完善，社会文化环境逐步改善，信任基础也逐步稳固。此时，企业集群的成长动力已经由当初依靠比较优势和社会资本优势转变为由外部经济加入的三大动力共同推动和支撑。

成熟期是指成长期的企业集群发展到一定阶段，集群规模逐渐稳定，集群自我调节机制比较完善的时期。这个阶段的企业集群中初等要素禀赋的作用越来越有限，知识与技术等高等要素发挥着主要作用，依靠不断地知识创新、知识流动及产业化为基础，集群的生命力旺盛。虽然集群规模扩张的势头不如成长期迅猛，但小企业依然不断产生，集群企业数量平稳增长，而且开始出现一些在国际上具有高竞争力的大企业；集群企业的生产和管理模式都较外部更先进，生产更具柔性化和效率，企业不断吸纳世界上具有先进水平的知识与技术；吸引高素质的企业家和技术人员，生产配套系统完善，具有尖端技术与市场的最新信息；企业之间、企业与中介机构之间形成强的合作网络，创新机制形成，依靠技术领先获得垄断优势，技术输出成为重要出口内容；创新网络形成，并且集群企业通过创新网络连接而不断增强其自我创新功能。植根性突出，集群内利于创新的社会环境基本完善，创新文化形成，具有开放民主的政治文化氛围；利于创新的营利或非营利中介机构广泛分布，专业培训或业务培训服务基本满足需求，出现促进小企业诞生和成长的风险投资或者政府贷款。特别要指出的是，企业集群发展到成熟期后半期，在经历前期的高速或稳定成长后，集群内各类生产要素成本和价格大幅度上升，促使集群对外来投资的吸引力减弱，企业集群内的企业开始出现外迁现象，集群的发展不再依靠规模的扩张和数量的增长，而主要以企业集群内部的结构调整与升级、创新环境优化和网络组织完善为主要内容。当外迁集群成员数量超过入群成员数量时，集群规模开始出现萎缩，企业集群进入衰退与更生期。

随着集群规模的持续萎缩，企业集群就进入了衰退期。这一时期的企业集群主要表现为集群内企业和研发机构等中介组织的大规模外迁，集群几乎不再能吸引到新的外部投资，企业数量大幅度下降；集群企业的生产与管理模式相对其他企业集群开始落后，不再领导先进产业的潮流，企业技术创新能力减弱，创新产品减少；企业之间、企业与中介机构之间形成的合作网络基础发生动摇，企业之间的合作随着企业的外迁或倒闭而逐步减少；企业集群的配套环境和创新环境恶化，各种创新和学习活动急剧萎缩；集群企业的产品的市场占有率下降，一些企业开始出现原材料短缺或者产品市场滞销现象；集群企业劳动力流动频率高，而且往往转移到新的行业或者集群外其他的企业中去。之所以出现这种现象也是必然的，因为随着技术的不断进步，集群赖以存在的核心技术可能发生重大变革，如果企业集群不能对此作出相应的调整，集群就会出现衰退直到最后消失或转移；如果集群能够适应这种变革，跟上技术潮流的转变，集群就会马上进入更生期，就是开始转型为以新的核心技术为基础的企业集群，从而集群进入新一轮的生命周期循环。

在企业集群生命周期演进过程中，随着集群的成长，在企业集群成长过程中起推动作用的因素会出现明显的变化。在企业集群形成阶段，主要是外部经济、地区分工等因素起作用，并推动着集群的形成与萌芽；随着集群的成长，推进集群快速成长的动力因素逐渐演变为集群的创新优势、网络优势；随着集群进入成熟阶段，最重要的成长动力又变为集群创新优势、集群网络优势等因素。

此外，企业集群一旦形成，集群的成长与演化就会产生自我强化，存在一种自组织的秩序和机制。因为集群的动态发展变化是所有集群参与者构成的一个开放系统，是所有参与主体为谋取生存和发展机遇的自主自发行为相互作用的结果，他们既竞争又合作，既开放又封闭，通过相互作用促成整个系统不断分化与整合，不断从无序到有序，从一种平衡态到另外一种平衡态，企业集群的生命周期借此不断发展演变，循环往复。

4.1.2 开发区生命周期与嵌入式企业集群的阶段演进

本书研究的嵌入式企业集群作为同样的经济有机体，与上述一般意义上的企业集群生命周期演进规律本质上应该说是一样的，但由于嵌入式企业集群与我国开发区的建设和发展有着密切的关联，所以其发展变化又呈现出独特的规律和特征，并且与开发区建设发展的生命周期存在着紧密的联系。

我国的开发区是在面临世界新技术革命挑战，各国不断加强高新技术产业发展，国内不断深化改革和对外开放的背景下发展起来的。从制度经济学角度分析，开发区作为一种经济组织形式与企业集群一样，本质上是一种能够降低交易费用的中间性经济组织。它可以节约企业交易的费用、提高企业抗风险能力；此外，开发区这种制度安排也符合区域经济发展的需求。开发区的生命周期是其不断自我更新和成长的过程，是由制度生命周期和产业生命周期共同影响着、决定着的周期，而且其影响和制约着以其为依托和土壤的嵌入式企业集群的发展演变。

根据国际经验，高新区一般经过 15 年左右进入成长的关键时期。有关研究表明，高新区的发展大致经历四个不同的阶段，即要素群集阶段、产业主导阶段、创新突破阶段和财富凝聚阶段[①]。要素群集阶段的主要特征表现为园区的目标是吸引人才、技术、资本等要素的进入，增值手段主要是"贸易链"，即通过与区内外、国内外的贸易交换获取附加值，发展动力主要依靠政策优惠，区内生产要素尚未得到优化配置与组合，土地及自然资源低效率使用，处于低附加值产出的状况，高新区活动主要表现为

---

① 周元，王维才. 我国高新区阶段发展的理论框架［J］. 经济地理，2003（7）.

"贸—工—技"。产业主导阶段的主要特征表现为园区形成稳定的主导产业和具有上、中、下游结构特征的产业链，其增值手段主要是"产业链"，发展动力来自政府政策推动和企业市场竞争力驱动双重作用，但高新区研发主要依靠外部研究机构和研究型大学，高新区的研发机构不多，企业研发能力较弱，高新区活动主要表现为"工—贸—技"。创新突破阶段的主要特征表现为园区内产业及其骨干企业的研发能力大大加强，各类研发中心由区外大批转移到区内，其增值手段主要是"创新链"，发展动力主要来自风险资本、创新文化等，原创性创新的涌现、高速的经济增长率、大量高附加值的产出和高新区的国际化及绿色环保化趋势成为创新突破阶段的显著特点，高新区活动主要表现为"技—工—贸"。财富凝聚阶段的主要特征表现为高新区内聚集着高价值的"财富级"的有形与无形品牌，拥有一大批高素质的"财富级"人才，运作着具有高增值能力和高回报率的巨额金融资本，从而形成了高新园区新一轮发展的崭新"要素"，成为一个崭新起点上的"要素群集"阶段。

上述四个发展阶段的划分仅仅是对高新区总体发展趋势和规律的概括式描述。它们在逻辑上虽有一定的顺序关系，但在某些高新区的发展实践中出现一定程度的交叉和联系是可能的。也就是说，这四个阶段之间并非完全孤立和泾渭分明。高新区在不同阶段循环往复、螺旋发展的规律，使得高新区在不同阶段具有不同的发展特征，也使高新区在实现阶段转换时应具有内涵不同的能力。例如，根据高新区阶段转换的理论框架，在评价高新区由要素群集阶段向产业主导阶段转换的能力时，应更注重研究政府政策构成的环境及其产业扩张能力；在创新突破段向财富凝聚阶段转换的评价中，应注重研究"财富级"要素的积累及转化为竞争优势的能力。如果要考察高新区"二次创业"的能力与潜力，应将研究重点置于对高新区由产业主导阶段向创新突破阶段转换能力的分析上，如经济积累能力、自我发展能力和国际接轨能力，等等。

本书研究的对象是嵌入式企业集群，依据我国开发区发展变化的制度特征和产业特征，根据历史和逻辑相统一的原则，本书将嵌入式企业集群的生命周期划分为企业集聚、集群萌芽、结网与植根、衰退或更生四个阶段（见表4.3）①。

表4.3   嵌入式企业集群生命周期

集群阶段划分	主要特征
企业集聚阶段	聚集经济
集群萌芽阶段	柔性化
结网与植根阶段	集群网络与创新网络
衰退或更生阶段	衰退或创新

4.1.3 嵌入式企业集群阶段演进的特点

（1）企业集聚阶段。这一阶段，开发区通过政策落差推进区域经济的发展，促进某些区域企业聚集、企业群落产生。在第一阶段源源不断地有新开发区的设立，新企业不断入驻开发区，各地区争取各种更为优惠的政策，更为特殊的制度安排。

各类企业最初聚集在开发区就是为了获得开发区制度创新的收益，具体而言开发区可以降低企业的各类成本和风险，降低企业的交易成本、生产成本、市场风险、交易风险、道德风险、创新风险等，提高企业的经济收益。企业聚集在开发区及其周边地区，地理位置邻近使得在理论上这些企业可以共享市场信息、人力资源、新产品创新信息、营销渠道信息等，从而大大节约了开发区内企业的交易费用。此时的集聚企业处于初级阶段，企业自身资本积累薄弱，主要依靠自然资源优势、劳动力优势等初级生产要素组织生产；企业规模以中小型为主，生产建立在粗放生产方式基础上，技术水平低。集聚企业之间彼此关联不大，联系比较少，协作能力不强；集群发挥的效应主要是因为企业聚集从而共享基础设施和劳动力规模供给带来的外部性。政府在其中发挥重要的作用，包括大规模投资建设基础设施，制定相关优惠政策，依靠低成本生产要素优势吸引外来资本，等等。

作为企业集群形成的初始阶段，要求在开发区内应该具备企业发展的

---

① 吴晓军. 产业集群与工业园区建设［M］. 南昌：江西人民出版社，2005：50－58.

基本条件和基本生产要素，包括适合企业建厂开工的土地，丰富的自然资源，以保证企业生产加工过程中的原材料需要；充足的资本，符合生产要求的劳动力资源和技术、管理人员等。具备以上条件，也就具备了企业集群形成的基础。

（2）集群萌芽阶段。当开发区发展到一定阶段，企业有了一定的发展和资本积累，企业数量也比较大，企业数量和质量稳步成长。开发区内的企业之间开始建立起产业链上的初步分工关系，企业成长和发展主要依靠产业配套和专业分工优势。企业生产中开始使用新技术，生产有一定技术含量的产品，初级要素对企业发展的贡献逐步被高级生产要素所取代，企业开始根据市场需求的变化灵活组织生产和市场开发，生产方式和管理方式逐渐灵活。企业之间的物质联系变得密切起来，形成分工协作的伙伴关系；同时又有竞争。企业间的关系因存在投入产出联系而趋于稳定。

当开发区所带来的潜在的制度创新利润大于制度创新的成本，则企业会产生对于开发区的强烈需求，尤其是地方政府认识到企业聚集会给他们带来制度创新收入时，相关的主体也积极通过各种途径推动开发区的发展和建设，他们同时承担了制度创新的成本，开发区在规模上大幅度扩张。这个阶段政府与第一阶段重点针对独立企业的发展平台不同，这一阶段着重考虑的是整个产业发展的环境问题，主要任务是形成一个良好的产业配套环境。因此，政府往往通过各种措施吸引相关产业龙头企业或核心企业进入开发区的同时，开始有意识地引进和培育为核心企业配套的相关产业和相关支撑机构。

这一阶段由于集聚企业开始向集群化方向发展，企业之间开始建立联系，要求集聚企业之间应该要有了较为明确的分工与合作，逐步形成初级的产业链；有以某一产业为核心的大量中小企业；完整的市场体系逐步建立，包括原材料、资本、劳动力、技术市场等，还有商品市场以及中介组织等服务机构；政府政策方面需要有相应的集群政策支持、规划与引导、公共投入支持以及优惠措施的完善，等等。

（3）结网与植根阶段。此时开发区企业集群经济开始进入成熟阶段，集群企业之间开始建立起长期的交流与合作关系并且这种关系不断在深化；企业间逐步形成了合作网络和产业链关联，当产业链上游企业和下游企业发生频繁的供求关系，并且这些关系要维持相当长的时间，就会促使交易的双方从长远利益考虑，减少逆选择和道德风险行为的发生，因此市场风险和交易风险也就大大降低。企业步入稳定、高质量成长阶段，企业数量增长放缓，经历从波峰到下降的过程。企业规模从中小企业逐步过渡到以大企业为主，大量品牌出现。集群的竞争力和企业成长的动力主要依靠区域社会资本和社会文化。大量的中介组织和支撑机构兴盛发达，研发机构和培训机构趋于完善；企业之间除了物质联系，形成了较强的协作关系和协作机制，构建起了紧密的社会网络；创新网络植根于当地社会文化中，众多企业形成了共同的社会文化和共同遵守的正式和非正式制度；网络效应和植根效应发挥显著作用。政府的主要作用是通过各种途径促进企业之间的交流与协作，促进企业与外界的联系；繁荣社区文化，集聚高素质专业人才和企业家人才。

这一阶段作为企业集群发展的高级形态，要求要有趋同的文化积淀，因为此时的企业集群已经不是单纯的经济行为，而是必须有丰富的文化积淀来支撑，集群成员与本区域经济融合在一定社会的文化氛围中，在观念上趋同并对生产经营活动产生深刻影响；政策和管理体制上要求形成合理的政府作用范围和边界，充分发挥市场在资源配置中的作用，政府着重维护市场秩序、创造良好的发展环境；企业制度也要创新，建立现代企业制度，形成企业家队伍和职业经理人队伍；品牌的统一是集群效应产生的一个重要因素，不仅是狭义的产品品牌，还包括集群及其成员的信誉、企业文化等等，形成集群文化，打造共同的价值观；创新支撑，此时的集群已经进入内涵式发展的高级阶段，不再是劳动力、资本和原材料等要素的简单组合，必须在知识和技术等层面上与国际先进水平接轨，形成开发式、系统化的创新体系，使知识外溢效应在集群内普遍产生；包括企业家、网络伙伴在内的广泛的社会资本支持，建立基于信任与承诺的网络伙伴关系①。

---

① 吴晓军. 产业集群与工业园区建设 [M]. 南昌：江西人民出版社，2005：54 – 58.

（4）衰退或更生阶段。随着开发区的继续大规模扩展，企业不断地聚集，必然引起生产要素价格的上涨，如土地、专业化的劳动力等要素，为了获得专业的技术人才，企业不断提高工资水平，刺激生产成本的增加。同时，公共产品的供给也会由于过多的使用而变得沉重不堪，从而提高企业的额外负担。另外，企业数量的增加加剧了企业之间的竞争，其结果一方面提高了企业的经营成本，另一方面也加大了企业创新活动的成本，降低企业的创新动力，其结果是企业边际生产利润和创新利润的下降。聚集经济所产生的、建立在低要素资源集中基础上的低成本竞争优势会因此而丧失。企业的生产规模日益增长，生产过程和产品走向标准化，在开发区的周围聚集了众多生产同类产品的中小企业，企业之间的竞争加剧，从而产生了拥挤效应、柠檬市场，企业在技术创新方面形成了路径依赖与技术锁定，等等。开发区开始进入了衰退状态。

此时，开发区的企业处于一个较低水平的产出状态：经济增长缓慢或负增长，企业经济效益下降，亏损增加，有些企业开始迁出，投资停滞，甚至创新中心转移等。核心产业投资回报率降低，市场份额减少，甚至产值下降。由于核心产业是区域取得经济增长的主要推动力，核心产业竞争力下降即意味着区域的竞争力下降。在衰退期，如果没有出现好的产品或技术，对开发区内外的企业都没什么吸引力，久而久之会造成地区经济的衰退。这就需要开发区的制度创新和产业升级。在面临衰退期的种种问题时，开发区如何能从劣势中获得新生的力量，这就需要创新，通过创新实现整体附加值的提高和在全球价值链上的竞争力的增强。

对于处在衰退阶段的嵌入式企业集群，或者说是当地区经济处于衰退的状态时，就必须进行地区产业分工的重新定位和重新选择。通过企业技术创新推动区域内企业和产业的升级，最后达到制度创新，实现企业集群活力的持续发展。

以上结合我国开发区发展的阶段对嵌入式企业集群的发展演化的分析可以看出，嵌入式企业集群的发展与开发区的发展密切相关，二者的生命周期存在着一定程度的契合。另外，值得注意的是，由于我国开发区发展的特殊性，嵌入式企业集群在成长演化过程中还可能发生"异变"。开发区经过一段时间的发展后，由于政策落差所产生的示范效应和聚集效应逐渐扩散开来，从局部到全国，开发区可能会出现一个"弱制度化阶段"的过程。这也就是说，伴随着整个经济体制改革的深化和市场发展的逐渐趋同，当外在的区域空间上的制度落差和政策的落差逐渐缩小，开发区的发展就需要有新的推动力，否则，开发区企业内的数量就会出现收缩，从而使萌芽中的企业集群中途夭折。因此，如何科学地对开发区进行管理，制定开发区发展战略，如何根据环境的变化而在开发区发展政策上做出适时的调整是相关管理部门应该认真考虑的。

4.2 嵌入式企业集群的内部共生机制

嵌入式企业集群是大量有关联和协作关系的中小企业及其他机构在高新技术园区的空间集聚，如果把企业集群以及其中的集群成员看作是一个有机系统，集群企业成员之间以及集群与外部环境之间通过相互作用构成了动态的、开放的社会系统的一部分。这正类似于生物界很多生物的聚集共生，在自然界中处于同一环境下两个或多个种群相互依存而共生的现象是很普遍的。生物学和生态学研究表明，自然界的许多生物种群在漫长的进化过程中形成了极其精确和完善的系统，它们具有经济而精巧的结构、可靠而协调的功能，能高效率地使用物资和能量。而企业集群这个系统要保持稳定的均衡状态，也是在一系列因素作用下才得以维持和发展的。

4.2.1 社会资本与集群发展

法国社会学家皮埃尔·布迪在1980年正式提出了社会资本的概念，他认为，社会资本是实际或潜在资源的集合，这些资源与有相互默认或承认的关系所组成的持久网络有关，而且这些关系或多或少是制度化的。目前，多数学者将社会资本应视为处于共同体中的个人或组织基于长期相互作用所形成的社会关系网络，因此而获取收益。社会资本嵌入于行为主体之间所形成的社会关系网络中，它通过个人、组织的关系专用性资产投资形成，它具有生产性、不可让渡性、使用中的互利性等特点。科尔曼认为，社会资本源于网络结构，普特南将社会资本定义为网络联系、规范和信任。此后学者们对社会资本问题进行了更深入的研究，其中比较有代表性的观点认为，社会资本就是个人通过社会联系摄取稀缺资源并由此获益的能力[①]。其中的稀缺资源包括权力、地位、财富、资金、学识、机会等。

自社会资本的概念出现后，许多学者（Coleman，1988；Putnam，1993）用这个概念分析社会关系网络对集群的影响。比如，普特南（Putnam，1993）通过对意大利南方与北方长达 20 年的实证研究发现，北方在总体经济与地方政府绩效水平上大大高于南方，其根本原因在于两个地区之间的公民参与以及人们之间相互信任水平的差异。按照他的解释，"第三意大利"的崛起主要归结于在意大利东北部存在着广泛的相互信任与合作的社会关系网络。在硅谷，虽然社会资本网络并非主要集中在家庭关系纽带上，但是，企业创新者与斯坦福大学、加州大学教授以及政府机构、风险投资公司之间的紧密联系支撑了它的创新发展。社会资本对企业集群发展的影响日益受到重视，甚至经被认为与经济资本、人力资本一样，是一种重要的资源，在财务和劳动等生产要素组织、公共物品生产等方面发挥着重要作用。具体而言，社会资本对嵌入式企业集群的作用有以下几个方面。

第一，社会资本有利于嵌入式企业集群社会分工的深化。影响分工的众多因素中，一个重要的因素就是交易成本，而社会资本是一种节约交易成本的机制。因为社会资本的存在促进了个体知识的传播，集群成员通过重复交易建立起来的信任和声誉机制，可以放大个人值得信任的信息，减少机会主义行为。社会资本的存在可以节约企业的信息搜寻费用，同时有利于集群成员间的合作与信任，节省协议谈判、拟定和执行的时间、精力与费用。

---

① 李亦亮. 企业集群发展的框架分析 [M]. 北京：中国经济出版社，2006：244.

第二，社会资本有利于促进和维护企业集群内部的合作关系。科尔曼（Coleman）认为，集群的社会资本可以增强个体或企业对网络关系的忠诚度和责任感，从而减少交易过程中的不确定性并提高合作的效率。因此，网络中的企业意识到网络中既存的社会资本的价值，会不断复制网络中延续累积的社会资本。参与合作的集群成员为了维护这种对自身而言能够带来特殊利益的关系，就不会轻易发生机会主义行为，否则就会失去社会资本。另外，社会资本还具有重要的信任价值，新人能够降低合作中对各种监督的需求，从而降低监督成本，促进信任关系的巩固，使企业集群能够长久地保持稳定均衡状态。

第三，社会资本有利于提高对人力资本的激励。社会资本存量高的组织中，人与人之间更加了解，人力资本信息更加充分，有利于准确评价人力资本的市场价格，降低人力资本使用者在签订劳动合同时所遇到的道德风险；同时，人力资本所有者通过社会关系网络，能够获得充分的有关自身人力资本价值的信息，流向最能实现自身价值的组织。由此可见，社会资本在人力资本的有效供给、提升企业绩效从而推动集群发展方面都发挥着重要作用。

第四，社会资本有利于集群企业成员的知识与技术的交流和知识创造。一个社会资本发达的企业集群必然存在各种各样的社会网络，这些社会网络与集群成员间具有较强的社会联结、信任关系和具有相同的价值和规范，组织间的知识转移会更有效率。特别对于以高新技术企业为主的嵌入式企业集群，其内部知识的复杂性、专用性、缄默性以及专业化分工形成的知识差距形成了知识转移的主要障碍。而集群内发达的社会资本，则可有效推动复杂、隐性知识的转移：集群内部基于社会网络的人员间的直接沟通可增进对复杂知识因果关系的理解，促进不可编码的，隐含于行动与过程中的隐性知识的转移。再有，知识的创造往往是通过提出新概念和与其他知识融合而发展起来的，它是个体和组织于中学、经验中学和研究中学的产物。嵌入式企业集群内部衍生企业不断成立、新技术公司的进入，使技术兴趣和知识基础相异的异质性网络形成，带来了多元性、互补性的知识的积累。同时，大学和科研机构与企业间的产学研合作、企业间的分包与联盟、人员流动与非正式沟通则促进成员企业的互动学习和集群层次嵌入性知识的发展。这一社会网络降低了知识搜寻成本，使创新的概念得以迅速发展，同时也易于实现异质性知识基础上的知识创造。

由此可见，社会资本对于维持企业集群稳定并不断发展具有重要的作用，成长于高新开发区的嵌入式企业集群成员及其相关机构通过长期的交易关系、互利合作及共同发展的交易规则和共同的认可的技术语言等，集聚于特定的地理区域中，积累了较高的社会资本。这些社会资本来源主要包括：社会网络、信任和社会联系以及信念等。

（1）社会网络。嵌入式企业集群是由相互联系的企业和团体基于经济的、技术的联系所构成的社会网络。这一网络体系既包括提供智力资本的大学和科研机构、提供专业化培训、教育和金融、法律等的中介服务机构，又包括相关技术和辅导产品、设备的供应商以及建立广泛纵向和横向联系的企业。嵌入式企业集群社会网络的形成正是根植于集群内基于弹性专业化的生产网络体系和基于合作创新的创新网络体系。以美国硅谷地区为例，集聚着众多的专业化设备供应商，集群内中小企业之间、大企业与小企业之间存在着广泛的分包、联盟等灵活多样的合作关系。同时，由于产学研一体化的发展，也形成了发达的研发联盟及各种创新活动的配套支持体系，区内的斯坦福大学等世界一流的大学和科研机构及其创办的衍生企业不断提供新的科技成果和商业化的技术产品，再加上区内几乎占据全美风险投资机构的 1/3 的风险投资机构。这些社会网络的存在形成了硅谷企业集群社会资本一个重要组成部分。

（2）基于信任的社会联系。由于社会资本是个人通过社会联系摄取稀缺资源的资本，社会资本的产生必然基于个体之间各种社会联系的加强，而增进社会联系的基础是提高个体的社会信任度。信任是为普特南、福山等众多的社会资本学者所普遍认可的社会资本的重要来源。一个缺乏社会信任的成员，是不可能有人愿意与其长期交往的，也就不可能培育出社会资本。信任通过推动协调的行动来提高社会效率，社会团体中人们之间的信任，蕴含着比物质资本和人才资本更大、更明显的价值。由于企业集群中的企业存在着紧密的合作机制，企业间、企业与大学、科研机构间围绕生产、营销、研发的多元、重复的合作关系提升了行为主体间的强度，促进了区域成员高信任度的产生；高信任度又反过来促进了个体之间的社会联系，从而使集群社会资本积累逐步增加。因为信任不可能在真空中存在，必须嵌入关系网络之中，关系运作是建立和增强信任的基础，反过来信任是建立互赖合作关系的条件。关系意味着相互的义务，而义务感会使人做出值得信任的行为。一方对他方的信任可得到相应的回报，从而达到作为建立关系的基础信任均衡。此外，信任可从一些已得到信任的第三方向其他结点转移，信任的这种可传递性为合作关系的建立提供了可能。反之，社会网络关系有利于相互之间确认和了解彼此的能力，有利于获取有关合作者资源与能力的知识，有利于在相互评估中获得信任。基于信任的重复交易为具有长期合作关系的合作者提供了分享机会和有价值信息的渠道，成为集群成员共同创造价值的基础。有价值的信息并不是均匀地分布在所有的企业，而且很难获取，但包含情感因素在内的密切的互动合作关系使这些信息的获取成为可能，从而为价值创造奠定了基础。随着集群内各主体合作博弈过程的深化，集群内各成员间的信任呈现循环往复、螺旋式上升态势。

（3）共同的信念。以共同的战略远景、共同的理解等形式表现的信念，对社会资本的产生也具有关键作用；同时，共同的经验和由此产生的共同的信念会通过增进同一关系网络中所有成员的团结观和社区观而有助于社会资本的产生。嵌入式企业集群在创建的动机上往往来自以技术为基础的中小科技企业的创业努力，在地缘关系上依赖于科研力量聚集的大学和科研机构①。如素有"欧洲硅谷"之称的英国剑桥工业园区，集中了大量取自于剑桥大学的科研成果、活跃于各学科前沿的高科技中小企业，这种模式往往使集群中的企业拥有相似的教育、社会文化背景，相似的创业经历和创业动机，易于在集群内形成共同认知的价值观和信念，如鼓励创新、容忍失败、专业忠诚、重视合作的文化，这种基于相同文化背景、相同价值观指导下的集群及其成员之间更易于形成社会资本的积累。

---

① 谭露. 高新技术产业集群中社会资本的来源及作用 [J]. 经济师，2006（2）.

4.2.2 嵌入式企业集群的合作竞争

传统的战略理论的一个核心内容就是竞争,认为企业的竞争优势是通过将企业的能力最大化或弱点最小化并以强有力的姿态与现有竞争者和潜在竞争者相竞争的过程中获得的①。合作则被视为经济学上的零和博弈,即一方所得必是另一方的所失。但是 20 世纪 80 年代以来,竞争战略越来越多地被合作竞争战略所替代,一些原来的竞争对手纷纷合作,形成各种形式的战略联盟来抗衡国内外的竞争对手。这种现象在高技术产业表现得尤为显著,并引起了学者们的广泛研究和关注。理查德森在研究了企业间关系后发现,决定企业存在以及市场行为的因素,除了竞争这一制度因素,还有企业内部在与外部环境相比较拥有的其他企业或者竞争对手所没有的东西,这就把人们的研究视角由竞争引向企业内部的生产要素。企业资源的异质性决定着企业之间的不同状态,企业间关系就是竞争和企业资源禀赋不同的产物。当企业发现可以找到共同使用彼此的资源和能力的方法,使彼此都能创造出新的核心竞争力时,企业就会采用合作战略。随着环境变化和技术发展,竞争的含义已经不再是完全意义上的竞争行为,而是突出多赢的非零和博弈,即企业主体在社会经济网络中以相互依存为特征的合作关系。

持续竞争优势理论强调战略应随环境变化而变化,认为在变动的环境中,企业应选择和利用不同的发展战略或采用现有战略的不同实现方式来对环境变革做出及时迅速的反应,从而创造并保持企业持续竞争优势。合作竞争战略正是企业持续评估环境变化的产物。合作竞争战略的形式多种多样,包括战略联盟、虚拟企业、企业集群等。

成员企业间既竞争又合作的关系是企业集群的最显著特征,特别对于高投入、高风险、短循环及行业标准争夺激烈的高技术企业集群,是广泛建立合作关系的重要领域。因为这些集群中的企业必须更多地应对外部环

---

① 陈耀. 高技术产业的竞争战略选择 [J]. 管理世界,2005 (8).

境的迅速变化、日益缩短的产品生命周期、较小的市场份额、创新的要求、越来越多的纵向和横向的依赖关系等。以柔性专业化为基础的嵌入式企业集群有以下几方面的特征：第一，柔性加专业化，通过生产要素的再分配不断改变生产过程是柔性化的体现，而专业化则体现在这种资源的再配置是在有限范围内进行的，因为进入某一生产业界的企业都认为他们的行业是生产此领域内的产品而不是其他领域的产品；第二，限制进入，集群共同体一旦形成，其外的生产者无法享受集群内的各种资源以及制度性供给；第三，鼓励竞争，激励创新性竞争，来自集群共同体外部的这种竞争压力，使在共同体内没有占统治地位的企业，故而不存在等级；第四，限制过度竞争，如工资等工作条件方面的限制上的恶性竞争被严格禁止。

企业集群除了存在柔性专业化带来的竞争之外，同时又存在着密切的合作，是一种既竞争又合作的新型资源组织形式。库克1998年提出的观点认为，进入20世纪90年代以后，许多国家和地区都试图通过培育企业集群来提高他们的竞争力。从企业角度看，许多企业都通过相互分包或加强同大型企业的联系等方式，建立密切的生产网络作为他们主要的竞争战略。迈克尔·恩莱特（1996）认为，合作意味着企业有更多的机会去共同享受资产、营销和技能培训等方面的好处，但企业还得进行竞争，因为在市场中将遇到许多外部竞争者。对企业而言，合作就是在向竞争者提供有价值的专用信息和得到大量资源之间的权衡问题；而对于政策制定者而言，就是在无偏的支持合作与鼓励竞争促使经济增长之间的权衡问题。尽管波特的产业集群理论强调了竞争，但在他的理论中也包含了许多有关合作的思想。这种企业间既竞争又合作，形成了企业集群模式的核心特征。企业集群内企业合作的方式包括业务行为（研发、营销）共享、资源（有形或无形）共享和专业化等。在很多的企业集群内，企业之间开展合作和技术联盟的现象日益普遍。这种合作不但可以分担某些领域内巨额的开发费用，还可以达到知识共享、人力资源和技术优势互补的协同效应，对合作双方以及整个集群的创新能力都是一个极大的促进。企业集群内企业通过多种资源共享，并将这些资源在价值链的各个环节进行配置和协调，使各种资源要素（特别是知识、技术等高级要素）能够合理流动和最优组合，尽量配置到最能产生经济效能的经济活动中，从而保持集群持续的创新和竞争能力。

从竞争优势角度看，企业集群是建立在专业化分工和协作基础上的，其柔性专精的生产方式极大增强了集群整体性的竞争实力。这种既相互竞争又相互合作的生产方式更能够适应不断变化的市场环境，而且能够形成集群整体的竞争优势。因为企业集群一旦形成，集群外的生产者就无法享有集群内的各种资源及制度性供给，而集群内的企业由于共享这些资源比如基础设施、人力资源和技术等，就能更有效地降低交易费用达到外部经济。而且，对于集群内企业来讲，尽管相互之间存在竞争，但更多的是作为整体面对外部竞争，集群内一般没有占统治地位的企业，不存在等级体系，他们通过合作来达到占据特定产业或产品的更大市场份额，然后再共同分享这个市场，而不是像单个企业那样追求个体的效用最大化。这种建立在信任和承诺基础上的运行机制，使企业集群在面对外部竞争者时拥有独特的竞争优势。

合作竞争还可以促成集群企业之间资源共享和优势互补。企业都有自身在价值链某个环节上的竞争优势，并且这些竞争优势一般都以企业自身拥有的资源为依托，而任何企业所拥有的资源相对于企业对利润的无限追求而言都是有限的。在当前激烈的市场竞争面前，企业通过在价值链的优势环节上展开合作，充分发挥企业在价值链某个环节上拥有的竞争优势，实现企业之间的资源共享和优势互补，能够创造新的价值，获取更多的利润，以达到整体利益最大化。合作竞争能够提高参与合作的企业整体对外竞争力。全球经济一体化的发展以及信息网络化进程的加快，使一定容量的市场分割最终会在大企业联合体之间定格，从而导致企业在开拓市场与巩固市场方面很难仅依靠自身的力量在竞争中占有一席之地。对于这些参与市场竞争的企业而言，合作竞争能够实现各个企业从分立走向融合，从对抗式的独立竞争走向协同式的联合竞争，提高整体对外竞争实力，形成"命运共同体"，从而达到共同繁荣。合作竞争能够扩充企业的规模经济，实现"双赢"。企业之间的合作竞争通过广泛的经济技术协作，形成合纵连横的网络关系，无疑会对企业的规模经济产生直接的影响。这种合作竞争通过把参与合作关系的企业之间生产要素进行重新整合，能够提升这些企业价值创造能力。这种以合作求竞争的战略能够增强并巩固参与合作的企业在同行业中的地位，提高企业的竞争力。通过这些企业的整体合作，也能够提升企业群体的创新能力和综合实力。当今时代，无数事实证明，同行携手竞争能使竞争向更宽广的领域拓展，能为企业赢来更多的消费群体，能形成单个企业孤军作战所达不到的一种新的规模效益，能产生 1 + 1 > 2 的放大效益，从而提高社会效益。

合作竞争能够规范竞争秩序，实现"高层次竞争"。合作竞争是一种高层次、高境界的竞争。参与合作竞争的企业更注重企业内部环境的改进，从而为自己赢得竞争制胜的主动权，增加竞争制胜的筹码。此外，合作竞争的过程实际上也是不断改造自我、完善自我的过程。人们的思想在合作中得到交流，在竞争中走向成熟，企业的精神在竞争中得以升华，员工的素质在竞争中日趋增强，从而规范市场竞争秩序，改善市场环境。事实证明，集群内企业合作形成的创新能力为集群提供了长期竞争优势。从根本上说集群形成的动力由聚集经济（包括外部经济和市场进入）和合作两个部分构成，这两个部分所产生的成本优势和创新能力形成了集群的竞争优势，其中创新能力正好是集群长期竞争优势所在。当然，在企业集群成员共享合作竞争优势的同时，要谨防盲目竞争、过度竞争和无序竞争。在企业集群内，企业的合作与适度竞争是该集群内单个企业与整个企业集群保持活力与竞争优势的决定性因素。盲目竞争、过度竞争和无序竞争都会使集群效率下降，市场环境恶化，影响产业集群竞争力的提升，甚至导致整个企业集群的衰亡。

4.2.3 嵌入式企业集群的集群治理

企业集群的成长处于区域发展与产业演进的复杂背景之中，面临技术、供给与需求的不确定性以及自身路径依赖造成的种种锁定效应等潜在风险，其竞争优势是动态变化的。企业集群保持竞争优势的关键在于提高动力机制的运行效率，引入参与人协调利益冲突并采取联合行动的治理概念是集群研究的应有之义。

企业集群的竞争优势来源于构成集群的各主体之间的互动所产生的协同效应，然而，企业集群与协同效应之间并不是一种简单的线性关系。企业集群是一种具有多重联结的网络组织。网络组织的形成是产生协同效应的必要条件，而不是充分条件。集群密集的关系网络和地理的邻近能够降低交易成本，限制机会主义行为，但并不能彻底消除集群内的信息扭曲和非理性因素，机会主义的危险依然存在。由于企业集群组织内部存在着市场交易活动，集群组织形式既没有改变组织交易主体的理性程度，也不能彻底消除组织内部的信息不对称。更重要的是，企业集群中集群剩余的存在以及对组织成员集群剩余的争夺将进一步加剧产业集群组织内部的机会主义。因而，在企业集群组织中，机会主义依然存在，并可能导致潜在的企业集群组织风险；专业化分工促使企业集群内企业以最优规模进行生产，也提高了产业价值链纵向各环节的资产专用性。高资产专用性无法避免会导致自身"锁定"，非自愿地诱导了交易双方的机会主义行为。

同时集群基于产业分工和强关系网络的集成化结构可能导致锁定和路径依赖效应，使集群演化为孤立的、内向的系统，在当环境发生变化时，集群内生的惯性和惰性会约束企业行为并延迟反应。此外，集群还可能面临着产业升级障碍、创新能力不足以及过度竞争等问题。这些问题的深层原因都与集群治理相关，需要基于治理的制度安排和协调机制来加以解决。要实现集群的协同效应，发挥企业集群的竞争优势，一个不可回避的问题就是集群治理。同时，集群治理也是规避集群风险，预防集群衰退的主要举措。

企业集群是集中在特定地域的，由具有相互关联性的企业和相关机构构成的产业空间组织。广义的集群治理是指集群内正式和非正式的组织和个体基于正式契约联结和社会关系嵌入所形成的各种协调机制和制度安排（于永达和陈琳，2008）。由于集群是介于层级组织与市场组织之间的中间性网络组织，单纯的价格机制无法胜任企业集群的治理，而集群主体间又无法实现类似于科层制的控制方式。集群治理必须基于其内部密集的集群网络，转向以中间性组织状态为基础的治理模式。集群治理表现为多元化主体网络式的多中心共同治理，多元化主体通过对话、协商和谈判，协调并均衡各方利益，形成一种协调复杂多维的权益主体的治理机制和各主体互动博弈、协作共赢的治理谱系。从广义上讲，集群内相互关联的政府、企业、中介机构、金融和科研机构，乃至集群外部的顾客和相关的产业环节都属于治理的边界之内，它们之间的博弈与实力变化决定了相关制度安排的变化。而其中政府、中介机构、科研机构等由于与集群及其成员有着密切的利益关联和依存性。

集群治理机制是正式机制和非正式机制的交融，主要包括利益分配机制、信任机制、集群文化培育机制、竞争合作机制、沟通协调机制、监督机制以及激励约束机制，它们相互支撑，共同构成了集群治理机制的逻辑体系（于永达和陈琳，2008）。其中，利益分配是集群治理的核心，弥漫在集群内的信任构筑了治理的基础性条件，竞争合作机制限定了集群运作的基本规则。有效的沟通协调和集群文化是集群治理的润滑剂，监督机制以及惩罚和激励机制则构成了集群治理的控制系统，它们为集群治理提供了基本的控制和润滑机制。由于竞争合作与信任问题前文已经论及，因此本节主要对嵌入式企业集群的利益分配、激励约束、监督机制以及集群文化培育机制等内容进行研究。

利益分配机制。集群内各主体都是独立的经济实体，对利益的追求是其天然的属性，集群剩余的获得和利益的合理分配是集群能否长期稳定运行的关键因素。集群剩余是集群基于其分工效率和结构优势而实现的超过市场单个企业创造绩效简单相加所得总和的那部分经济增量（李世杰，2006），并由参与集群分工的企业成员共同创造和共同分享。获得集群剩余是集群成员进入集群的根本动因。利益分配机制的基本原则主要有：集群主体所获取的收益必须大于或等于其进入集群前的收益；各主体地位、力量和角色的差异决定其利益分配的格局，处于强势地位的主体往往能够获得较大比例的剩余份额；由于集群是共生性的企业群落，各主体间存在着共生互补的依存关系，因此公平和互惠也是利益分配机制的重要原则（于永达和陈琳，2008）。因为从理论上讲，集群剩余的产生来自组织内部每个企业对产业集群网络的参与，因此，按照集群参与者对产业集群组织贡献大小来分配集群剩余是最理想的方案。然而实际上，这在理论和实践中都是行不通的。一般来讲，若集群成员之间地位平等，相对均衡是其利益分配的基本特性，各方的谈判力量决定集群剩余的分割比例。而在支配型的集群内，各主体间的实力表现出显著性差异。核心企业处于支配地位，基于其半层级的控制优势对集群进行领导与协调；而支持性企业则处于相对弱势的地位。这种格局同样表现在利益分配中，核心企业或强势主体获得大部分的集群剩余，并协调不同产业环节间的价值分配。

　　激励约束机制。激励约束机制作为企业集群治理的微观机制，是以集群剩余为核心的制衡机制。获取正的协同效应是集群治理的目标，协同效应能够产生集群剩余，集群剩余是协同效应的结果（张聪群，2008）。企业加入集群组织的目的在于分享集群剩余，可预期且重要的集群剩余构成集群成员违约的机会成本，成为集群内部交易顺利进行的保障机制。因此，集群成员对集群组织的"忠诚度"取决于预期集群剩余的大小，可预期的集群剩余越大，集群成员违规或退出集群的机会成本越高，则集群内交易风险越低，集群的稳定性越强。同时，集群成员也面临对分享集群剩余权的限制或剥夺。纳入集群组织的守约成员，能够分享集群带来的成本优势、规模优势和范围优势，取得较高的预期集群剩余；而个别成员出现违约的机会主义行为，必将被集群所摒弃，无论是终止其交易行为还是市场声誉的贬值，都会使违约者分享的集群剩余减少甚至消失。激励机制明确了遵守规则所应得的奖励，并制定可行的激励措施。激励机制通常包括价格激励、订单激励、声誉激励和信息激励。价格激励和订单激励是向遵守交易规则或具有良好信用的交易方提供更为有利的价格和更多的订单，以强化其良性行为。集群内交易主体的业务量在很大程度上取决于其过去交易的声誉，声誉激励正是通过良好声誉的传播和累积使其能够获得更多的业务或更好的合作机会。信息激励则是通过提供更便捷或全面的信息交流途径使相关主体能够更有效地参与合作。由此可见，以集群剩余为核心的激励约束机制能够在一定的限度内保证集群成员有强大的动机不去利用信息的不对称与契约不完全谋取私利，从而降低集群的交易风险，使集群成员高效协作、有序竞争，维持集群组织的稳定和持续发展。

　　监督机制。如前文所述，由于集群内机会主义行为发生的可能性是存在的，因此有必要对集群进行有效的监督，嵌入式企业集群的监督机制应该包括自我监督、相互监督和第三方监督。自我监督以对合作收益预期的稳定性和长期性为基础，企业为了获取具有长效性的未来收益，主动约束自身的机会主义行为。信任、声誉以及对未来收益的稳定预期是自我监督的主要驱动力。相互监督是集群内各主体间的监督和互相牵制。双方的相互依赖使当事人相互套牢以增加机会主义行为的成本，这种相互依赖性基于分工合作的关系而强化的同时，由于共同经济关系而更加稳固。第三方监督是指由第三方作为仲裁者监督交易行为，传递交易信息。从博弈论角度讲，一个第三方仲裁者能够改变信息结构而使得机会主义行为不可实施。一个有效和正式的第三方机制的存在有助于产生对契约可实施性和产权安全性的稳定预期，从而扩大交易域的范围①。对于嵌入式企业集群而言，其所在区域的政府或者行业协会等中介组织都可以作为第三方。企业集群中，企业间竞争、合作的规则尽管得益于区域间的特殊的信用和人际网络，但企业间的有序竞争和合作同样有赖于政府的到位。无论是产权的保护还是交易规则的形成和维护，都需要政府以法律的形式加以规范化。"政府的必要性在于它是竞争规则的制定者，又是解释和强制执行这些已被决定的规则的裁制者②。"因此，通过游戏规则的制定和监督执行，保护集群内企业产权，引导和参与制定集群集体行为的规则，为其中各类主体创造自由出入、公平竞争的制度环境，是地方政府在产业集群治理中的必尽职责。而介于企业和政府之间的中介组织，行业协会或商会可以对行业内企业进行统一规范并提供相应的服务，为本行业企业创造良好的政策环境与公平的竞争环境。

　　集群文化培育机制。考察国内外企业集群的成长不难发现：凡是具有竞争优势的产业集群似乎都拥有其独特的优秀集群文化。集群文化是指集

① 青木昌彦. 比较制度分析（中文版）［M］. 上海：上海远东出版社，2001.
② 弗里德曼. 西方经济思想库（第三册）［M］. 北京：经济科学出版社，1997.

群各行为主体在长期互动成长过程中形成的独特的价值理念、行为模式和管理制度，体现了集群企业及其员工的价值观念、竞争理念、行为规范等（牟绍波和王成璋，2008）。在集群所在地传统文化及区域特有文化的影响下，其内部的成员通过一定时期的互相影响、积淀、整合而形成共同的风俗习惯、成员共有的价值体系，并能对集群内各企业的企业文化及企业行为起支配作用。集群文化作为一种具有共性性质的整合文化，是集群实现持续成长的核心动力，它主要是从三个方面协调企业集群组织内部关系，实现对组织的间接治理。第一，通过价值观的社会化，形成组织成员的期望聚合，使企业集群内部分工、交易和组织整体期望可以为组织成员所预期。第二，使用特质语言抽象并重新组合组织内部的复杂信息，形成企业集群组织内部的专用性信息资源。第三，在长期分工协作过程中，对大量重复性交易活动进行整合，形成一系列基本的行为规则，简化交易过程。培育共同的集群文化，可以在企业集群组织内部逐渐构建起基于社会习俗、信任和文化资源共享的本地文化网络，形成独特的集群竞争优势。

总之，集群治理作为影响企业集群生存发展的一个关键因素，是形成和维系集群竞争优势的基础条件，并在保持集群稳定性方面发挥着重要作用。

4.3　嵌入式企业集群的规模扩张

如前文所述，开发区的发展要经历如其他有机体一样的生命周期循环；伴随着开发区的兴衰，必然影响生存其间的企业及其集群的兴衰成败。而其中企业集群的规模扩张是集群发展的直接体现，也是企业集群进一步发展的重要基础。

4.3.1　企业集群规模扩张的功能

企业集群作为一个以中间体形式存在的经济有机体是处在一个动态发

展的变化过程之中的，要经历萌芽、集聚、发展、成熟、衰退的生命演进周期，而集群的规模扩张为这种演进提供了基础。例如，在集群成长阶段，会出现集群规模迅速扩张的一段时期，在这时期集群内企业数量急剧增大，种类增多，企业间联系紧密，合作频繁，集群规模的扩张对于整个集群的发展起着重大的作用，具有深远的意义。

首先，集群规模的扩张有利于聚集经济产生和知识交流，从而提高集群的竞争力。当集群规模很小时，集群内的企业不多而且产业链也较短，但随着集群规模的增大，集群内企业增多，产业链加长。这时企业之间的分工越来越细，专业化加强。迈克尔·波特认为，产业集群不仅对集群内的企业竞争很重要，而且对区域竞争也是至关重要的，这样产业集群内的企业便可以更好地接近劳动者和公共物品及得到产业集群内相关机构所提供的服务，这样集群中企业的竞争力也就提高了。另外，随着集群规模空间上的扩大，会吸引更多有竞争力的企业进入该集群，不同企业之间会产生知识溢出。杰夫（Jaffe，1996）认为，知识溢出是指模仿者通过与知识创新者之间的信息交换而获得知识（知识收益），而知识创新者却没有得到直接的补偿，或所得补偿低于创新知识的价值[①]。这种知识即所谓隐性知识（tacit knowledge）和黏性知识（sticky knowledge），它们属于不可编码的知识，其传递具有很强的地域性，需要面对面的传播方式，集群的扩张为这类知识的传播提供良好的环境。知识溢出可以降低集群内企业创新的风险和成本，提高了创新的效率。这一点在知识密集型产业尤为明显。知识溢出使得集群内成员获得知识共享使企业向外扩散知识之时，以较低的成本得到其他企业的知识，这样整个集群的知识水平在不断提高，激发集群内企业的创新思维，提高集群整体的竞争力。通过企业间广泛合作还可以提高集群成员之间解决冲突的能力，不断培养企业的学习能力、创新能力，这也会提高集群的整体竞争力。

其次，集群规模的扩大还可以降低交易成本。由于集群内部企业与集

---

① Jaffe, A. B. Ecomomic Analysis of Research Spillovers [M]. Lmplications for the Advanced Techndogy Program, National Instltute of Standards and Technology, Gaithersburg, MD, 1996.

群外部企业交易时所产生的成本大于集群内部企业相互交易的成本，而集群内部的企业之间存在着隐形契约，这种契约关系为基础的企业之间的长期合作，以及建立起来的信任关系，使得机会主义行为降低，交易成功率增加，而交易成本降低。保罗·克鲁格曼曾发表过一篇名为《收益递增与经济地理》的文章，作者建立了外围模型，就是把制造业地区定为中心，而农业地区则为外围，运输成本、规模经济和制造业的集聚程度决定着这种模型的产生及其效率。许多集群是从农村的中小企业经过产业集聚慢慢发展起来的，这推动了农村工业化的进程，带动了地方经济的发展，也从而推动了国民经济的进步。同时集群的发展也带动着其上下游相关企业的发展，向下影响到销售渠道以及客户，向侧影响到辅助制造商，还有技术相关企业，还有提供人才教育、信息传递、物流业、服务业、专业化培训机构，乃至当地政府部门等许多相关机构和企业。另外集群规模的扩张还增加了市场就业机会，缓解持续增长的就业压力，为待业者创造大量的就业条件。这些机会涉及到金融、保险、租赁、广告等许多相关行业；企业集群的规模扩大也提高了企业家和管理者的素质，使社会分化更加细致。企业集聚会形成人口集中，这是城镇化的基础，这样就有助于缓解农村工业化与城镇化的脱离，有助于优化社会结构。

再次，集群的规模扩张为高级要素进入企业集群提供了条件。生产要素既包括自然资源、气候、地理位置、一般技术工人等初级生产要素，又包括现代化基础设施、高等教育人力等高级资源。经济发展过程是依靠这两种生产要素共同发挥作用得以发展的，但随着经济的发展，初级生产要素的重要性会逐渐降低，高级生产要素的重要性则越来越高。企业集群要发展，最终的竞争优势的建立必定是依靠高级生产要素为基础。由于开发区最初吸引投资者依靠的往往是政策优惠等措施，地理位置又大多位于城乡接合部，在此基础上形成的企业集群成员也多以中小企业为主，难以对高级生产要素产生吸引力，也难以支撑高级生产要素的活动成本。美国硅谷之所以能够吸引来世界各地的高级人才，关键在于它为这些人才提供了足够的活动舞台。

最后，集群规模的扩大使得可持续发展战略的实施更加有效。有研究表明，发展企业集群有利于集中治理污染，这样就可以降低环保成本，减少土地占用面积，提高土地资源的利用效率，适用于可持续发展战略。再有就是可以重复使用循环水，节约用水，提高水资源的利用率，同样适用于可持续发展战略。

4.3.2 集群的外部扩张

集群的外部扩张首先可以简单地理解为集群空间上的扩张。集群扩张是一种经济运作方式，是以本集群中的主导企业为中心，以降低成本、提高效率、增强集群竞争力为目的是一种地理范围上的扩大。其次，集群的外部扩张还包括集群外部企业重新选择生产经营地址，从集群外向企业集群内迁移。这里，我们主要讨论第二种情况。

由于企业的营利性质，企业是否迁移加入集群首先是基于成本与收益比较的结果。因此外部企业迁入企业集群的前提条件就是自身可以获得更多的收益空间。如果企业加入集群后由于集群效应而带来的利润增值预期支持入群决策，企业就会考虑加入集群。企业集群的集群化程度越高，集群效应就越大。另外，企业对集群效应的支配力取决于企业在集群谈判中的地位，谈判地位越高，支配力越强，企业所享受的集群效应比例就越大。由此可见，企业迁入集群与否的决定因素是企业集群效应和企业在企业集群内可能的地位。再有，对于嵌入式企业集群而言，政府优惠政策带来的利益是企业加入集群与否的另一个重要因素。嵌入式企业集群形成发展的基础之一就是依托于有别于外部的开发区政府提供的优惠政策，企业可以因此降低经营成本，提高盈利水平。但是政府在制定优惠政策促进集群发展的过程中，必须考虑企业集群发展的规律和内在要求，否则会造成企业集群的落地无根，甚至造成企业的地理盲目集聚①。这样，一旦出现

---

① 落地无根是指外部投资主导型的企业集群内，由于地方工业基础薄弱，配套条件差，或者本地企业的创业、创新能力差，导致外部资本企业和本地经济社会发展出现脱节，外部资本企业不能根植于当地经济社会发展的现象。李亦亮. 企业集群发展的框架分析［M］. 中国经济出版社，2006：89.

生产成本上升或者别的区域有更优惠的政策，这些企业就可能大幅度迁移外逃，导致企业集群无法继续发展。

此外，外部企业是否进入集群还会考虑相关成本问题。首先是迁移的经济成本，过高的迁移成本使企业不足以通过加入集群而获得的收益来弥补，或者大大延长了企业收回成本的时间，企业就缺乏进入集群的积极性。我国很多地方创办的高新开发区、产业园区或者工业园区，虽然政府提供了相当优惠的政策和完善的配套设施，但依然很难吸引到外部企业来落户，这正反映了迁移成本对企业迁入企业集群的限制。另外企业迁移还会受到地方人文因素的制约。如前文所述，企业集群的存在和发展很大程度上依赖于社会网络以及集群文化，如果集群所在区域的文化趋向于保守和封闭，对外来投资者从感情上、文化上和生活上存在排斥，外部投资者很难融入当地的生活圈和文化圈、根植于当地的经济社会网络，企业迁移入群就会受到严重影响。例如，东北地区由于长期的计划经济体制以及特殊的地理环境的影响，形成了保守封闭、官本位、重关系轻规则等文化特征（刘丽萍，2005；关健，2007；张志刚，2007），势必会对外地企业的迁入产生负面影响。

当然，集群的外部扩张是在一定的条件下发生的，包括内部条件和外部条件。集群内已经形成了效率很高的专业化市场后，企业的成本优势逐渐显露出来，企业集群可以降低企业的多种成本，如交易成本、信息成本、人才成本等。减少成本支出成为集群规模扩大的一个内部条件。企业集群的重要特征除了专业化分工之外还有一点就是弹性生产，而集群中信息传递速度快，有较高的灵活性，使得集群生产率高而风险低，这就成为了集群扩张的又一内部动因。另外集群可以提高企业的学习能力，在竞争激烈、科技发展迅速的环境下，怎样更快地学到最新最先进的知识技术是每个企业追求的，而企业集群则为企业提供了这样的环境，所以一些小企业期望可以进入集群，以便得到迅速的发展。

外部规模经济是集群扩张的一个外部重要动力，经济学上指出外部经济包括外部范围经济以及外部规模经济。集群内的信息化建设逐步完善，在集群内部的企业很容易得到本产业的各种信息，相反处在集群外部的企业没有这种条件，与同行业的其他企业以及与产业链上下游的企业良好的沟通可以大大降低成本，缓解信息的不对称，这样许多小企业会进入集群，使得集群规模扩大，实现外部范围经济。

随着基础设施的不断建设，集群内的企业所享受到的公共性服务也在不断增多。集群企业相对于零散的企业来讲地理位置集中，一些辅助性设施利用率高。物流业的迅速发展加快了采购和销售的速度，提高了生产效率。另外人才的流动形成了充足的劳动力供给市场，各个企业可以根据自己的需要选择人才。这些外部条件将进一步加速集群的规模扩张，形成外部规模经济。

4.3.3　集群的内部衍生

与外部扩张相对应的就是集群的内部衍生。在一个企业集群中，有一些企业加入进来，成为产业链上的一环，还有一些企业是在集群内部不断繁殖衍生形成的。新企业的衍生是一个集群保持旺盛的生命力的保障。

本书的衍生是指企业员工脱离企业集群内的母企业，并在企业集群内创办与母企业或者已有企业集群其他企业具有一定技术经济联系的新企业的过程（李亦亮，2006）。嵌入式企业集群内部企业衍生现象的发生与集群中企业的密度、企业家精神、创业资本、融资成本、创业风险等许多因素有关。

人的行为通常是受利益支配的，只有创办新的企业利益超过在母企业工作的利益时，员工才会脱离母企业，创办新企业。创办新企业的预期收益可以分为物质收益和精神收益两个方面。物质收益很容易理解，就是员工在母企业的工资福利等收益与自己创业的物质收益的对比；精神收益比如独立性的获得以及令自己满意的生活。如美国硅谷的很多企业虽然有丰厚的福利待遇，但员工的离职率依然很高，每个人都努力创办新公司，其原因之一就是这些创业者特别享受创业的愉快与独立。

集群企业的密度过大会降低员工创办新企业的预期收益。因为企业密度的增大意味着竞争的加剧，从而使企业的利润空间减小，创业风险加大。此外，创业资本的多少会对创业的难度产生影响，如果地方社会资本丰富，地方政府对创业大力支持，以及地方基础设施完备，这些都会降低创业资本。再有，由于区域文化以及员工个体差异，在企业家精神方面也存在不同从而影响创业行为的发生。在一个崇尚独立、鼓励创业、允许失败的社会氛围内，人们更倾向于冒险和创业，因而企业衍生的可能性更大，企业集群形成和发展的速度也就更快。最后，人们对风险的态度以及创业风险的大小也制约着新企业的产生。特别在高新技术企业集群中，技术变化快，市场机会稍纵即逝，创业风险高，从理论上讲制约了高科技企业集群的衍生速度，但风险资本的出现和繁荣使创业者的创业风险大大降低，增强了其对创业风险的承受能力，从而加快高技术企业集群的内部衍生速度。

　　集群的内部衍生也可以有多种形式的，大致可分为与原企业有竞争的和无竞争的两种。中小企业中有一些有能力的管理者或企业中的骨干力量，他们创业的动机越强，越容易从原企业中分离出来，产生"裂变"。这部分管理者或企业中的骨干力量掌握着原企业中的重要技术，拥有丰富的行业和管理经验，掌握着一定的人脉等社会资本，他们的离开还可能带走原企业中的其他人才。裂变之后产生的是与原企业相同的新企业，原企业不仅流失了大量的人才和技术，还要与新的企业一同分割市场，所以裂变产生的企业与原企业是强烈的竞争关系。另一种衍生情况与裂变不同，它是指在集群形成初期，几个企业实力薄弱，于是他们共同出资、出力、出人合作运营，随着集群规模的扩大，这几家企业实力也逐渐强大起来，于是曾经的合作者重新坐在一起谈判，分清彼此界限，独立运营。这样形成了几个同质的企业，他们之间依然是竞争的关系。与裂变衍生的区别是，这种衍生方式是通过谈判形成的，而裂变衍生则是蓄意分裂的；这种方式是使原企业资产分割，而裂变则是人才和技术的流失。

　　再有一种是无竞争的衍生方式。几个老企业分别提升自己的优势力量，重新组成一个新的企业的衍生的形式被称为孵化衍生。这种衍生形式生成的新企业与几个原企业之间存在着归属关系，就是说新企业的盈利中有一部分是要归这几个原企业所有的。这样的新企业就与原企业不发生竞争关系。另一种不发生竞争关系的衍生方式是指，原企业的发展规模庞大，对于企业的管理成本已经大于在集群内的企业之间的交易成本，所以原企业要缩小企业边界，将原企业按照供应链分割成上下游的企业。这样企业就不会像以前那样笨重，增强灵活性，专注于自身的核心竞争力。这种衍生方式与原企业也不存在竞争关系，而是一种集群内企业间的合作关系。

企业集群内部衍生是企业集群规模扩张的重要途径。企业员工脱离母企业创业，必然要寻求新的资本投入，并且衍生有可能产生新的企业衍生，企业集群在这种企业衍生循环中规模呈现不断扩张的趋势。其次，企业衍生可以使企业集群的结构得到优化。衍生的企业一般总是在寻找企业集群市场中新的机会，对新机会的不断捕捉使得企业集群功能日益强大，竞争力从而得到提升。同时，由于新企业与原企业以及新衍生企业之间的经济技术和社会资本联系，促使企业集群网络化进一步发展。再有，企业衍生可以促进企业集群的技术创新。一般来说，新衍生的企业并不是对母企业的简单复制，而是在兼收并蓄基础上进一步创新；同时，企业不断衍生也使集群企业竞争压力日益增大，从而加快技术革新以及加大新产品研发投入，使集群整体竞争力不断提高。

4.4 本章小结

本章讨论了嵌入式企业集群发展演化的规律，研究结果如下。

（1）嵌入式企业集群的发展演化同一般意义上的企业集群一样具有生命周期特征，并且与其生存其中的开发区生命周期有密切的关联。具体而言，嵌入式企业集群的生命周期可以分为企业集聚阶段、集群萌芽阶段、结网与植根阶段、衰退或更生阶段，集群成长的不同阶段有不同的特征和发展要求。

（2）嵌入式企业集群作为一个经济有机体，其保持均衡态势需要一定的条件。社会资本对于集群分工深化、维护合作、人员激励、知识交流等有重要的作用。集群社会资本是集群成员在长期的交往合作中发展起来的，主要来源于集群社会网络、以信任为基础的社会联系以及共同的信念与价值观。集群内部成员之间存在着既合作又竞争的关系，合作竞争关系的存在促进了集群企业之间资源共享和优势互补，加快了集群产业升级，从而提高了集群持续竞争能力。集群治理机制的存在有效地减少了集群成员的机会主义行为，通过利益分配、激励约束、监督机制以及集群文化培育机制等保持集群稳定性，从而形成并维系集群的竞争优势。

（3）嵌入式企业集群的成长有外部扩张和内部衍生两种形式。企业迁移的成本收益预期影响着外部企业的迁入和集群企业员工的创业行为；集群的规模扩张行为可以降低交易成本，提高集群效应，促进集群知识流动，促进集群竞争力不断提高。

第 **5** 章

嵌入式企业集群的集群创新

　　持续不断地创新是企业集群提升竞争优势、保持集群活力和规模扩张的核心动力。嵌入式企业集群的形成和演化固然是多方面力量共同作用的结果，而创新在其中的作用不可忽视。无论是美国硅谷的信息产业，还是印度班加罗尔的高科技集群，其通过协同效应所显现的竞争优势备受关注，而这种持续竞争优势的背后正是集群创新在其中扮演着重要角色。本章首先阐述集群创新的制度约束条件，其次探讨集群创新的动力模型，最后对知识经济背景下知识创新对集群创新与集群发展的作用进行探讨，以揭示嵌入式企业集群创新的内在规律。

5.1　嵌入式企业集群创新的制度分析

5.1.1　集群组织结构

　　企业集群作为介于企业和市场之间的一种新的组织形式，可以产生创新激励和技术外溢，有利于促进技术和知识的交流改进，加快企业技术创新。而集群内部组织结构对集群创新效应有着关键性影响，如集群集聚度、规模和边界等。

1. 企业集群的集聚度

　　企业集群的集聚度是识别企业集群是否已经形成的一个主要指标。某个企业集群的集聚度是指集群产业的集中指数（index of concentration），即计算企业集中的主要区域，常用来计算某区域某产业部门的集中程度。当前，计算企业集群的集聚程度主要有以下几种方法。

一是运用区位商系数 LQ（location quotient）判别企业集群存在的可能性。LQ 是指该产业地区就业份额与该产业全国就业份额的比值。其公式为：

$$LQ = (E_{ij}/E_i)/(E_{kj}/E_k)$$

其中，E_{ij} 指 i 地区产业 j 的就业，E_i 指 i 地区总就业，E_{kj} 指国家 k 产业 j 的总就业，E_k 指国家 k 的总就业。LQ 大于 1 意味着高于平均集聚。其经济含义是一个给定区域中产业占有的份额与整个经济中该产业占有的份额相比的值。如果产业就业的非集聚数据是可用的，LQ 方法则可以确认在国家、区域、地方水平可能存在的集群。该方法从点到面、从中观到宏观表明本土产业占整个产业的比例，既提供了集群存在于一个特定区域的一个迹象，也可在一定程度上反映产业区或集群的联系。

二是基于空间基尼系数 G（spatial Gini coefficient）计算企业集群的集聚程度。其公式为：

$$G = \sum_i (s_i - m_i)^2$$

其中，s_i 是 i 地区某产业就业人数占全国该产业就业人数的比重，m_i 是 i 地区就业人数占全国总就业人数的比重。这种计算方法是从面到点、从宏观到中观表明整个产业中本土产业所占的比例。空间基尼系数 G 常用来比较某个地区某一产业的就业人数占该产业总就业人数的比重及该地区全部就业人数占总就业人数的情况，以反映企业集群的集聚程度，克鲁格曼（1991）、费尔曼（1996）等就曾用来测算美国制造业的集群程度。系数越高（最大值为 1），表明集群值越大，相关企业在地理上愈加集中。虽然这种方法简便直观，但是由于没有考虑到企业的规模差异，基尼系数大于零并不一定表明有集群现象存在。例如，假设一个地区存在着一个规模很大的企业，可能就会使得该地区在该产业上有较高的基尼系数，但实际上并没有明显的集群出现。为此，艾尔森和格莱赛（1997）把集群组织的差异情况考虑进去，用 H 消除企业规模过大对于基尼系数失真的影响。当用 $H = \sum_j z_j^2$ 消除企业规模过大时对基尼系数失真的影响时，测量企业集群的

集群指数为 $r = \dfrac{G - (1 - \sum_i m_i^2)H}{(1 - \sum_i m_i^2)(1 - H)}$。

另外，格蒂斯和奥德（Getis & Ord，1992；1995）发展的 G 指数是一种简单和直接的量度产业在地理上集聚程度的方法。

$$G_i = \frac{\sum_j w_{ij} x_j - W_i \bar{x}}{\sqrt{(nS_{1i} - W_i^2)/(n - 1)}},$$

其中，$\bar{x} = (\sum_j x_j)/(n - 1)$，$S_{1i} = \sum_j w_{ij}^2$；x 指集群的总就业，$w_{ij}$ 指邻近地区相对于地区 i 的空间就业人数的权数（$w_{ij} = 1$），W_i 指权数 w_{ij} 的和。$\bar{x}$ 指一个国家内各区域集群就业的均值。费泽（Feser，2001）曾用该方法探寻跨区域边界集群活动的集聚，而不是像区位商只简单量度单一区域集群产业的集聚。国内还缺少比较完整而且有说服力的相关研究。徐康宁（2001；2003）曾采用 CR5 指标来计算制造业地区性产业集中度。CR5 为各类产业产出排列全国前 5 位的省市占全国同行业总产出的累计份额。其计算公式为：

$$CR5 = \sum_{i=1}^{5} s_i \times 100\%$$

其中，s_i 为排列第 i 位的省市在某行业的产出占该行业全国总产出的比重。孟卓（2005）用产值为计算方法的专业化系数，即某地区某产品的产值除以全球（全国、全省）该产品的产值与该地区制造业产值除以全球（全国、全省）制造业产值之比；或企业数量计算的专业化系数，即某地区生产某产品的企业数除以全球（全国、全省）该生产产品的企业数与该地区制造业企业数除以全球（全国、全省）制造业企业数。

近十几年以来，随着人们对企业集聚问题研究的深入以及信息技术的发展，对相关问题的研究有了更多的进展。其中杜兰顿和奥弗曼（Duranton & Overman，2005）利用企业经纬度坐标，开发出一套新的度量指标——DO 指数，并采用 MATLAB 等分析软件就可以完成计算过程。该方法通过计算

企业之间两两分布的距离建立密度函数对行业集中度进行统计检验。中国社会科学院大学的傅彤（2020）采用这种方法对京津冀地区通信设备制造业的产业集聚程度进行了分析，发现行业集中不仅在开发区内，还可能围绕开发区向周边辐射蔓延；而且还会在一个开发区内产生两个或者两个以上相对集中的区域。

无论采用上述哪种方法计算企业集群的集聚度，其与集群创新的技术外溢效应都存在一定的关联性（见图 5.1）。一般来说，集群的集中度存在一个最佳值域 F，在这一区域里，该集群的技术外溢效应达到最大值 M，F 值将随着集群的行业不同而有所变化①。

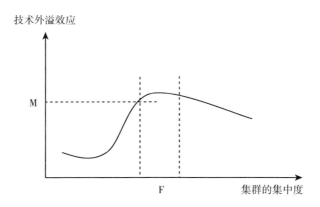

图 5.1 企业集群的集中度与技术外溢的关系

2. 企业集群的规模

企业集群作为一种中间组织形态同企业一样也存在规模经济与规模不经济，以及最小临界规模和最佳规模的问题。企业集群的最小临界规模是企业集群内的企业数量必须达到的最低规模，这个规模使企业集群产生外部规模经济、范围经济、成本节约、创新激励等诸多外部经济效应，集群自身才能获得持续增长的能力。企业集群的网络正效应出现在最小临界规模之后，并随着新企业加入集群的速度加快。随着集群产出的增加，集群

① 转引自刘春芝.集群式创新：以辽宁装备制造业发展为例［M］.北京：中国社会科学出版社，2005：48－49.

平均成本递减，借此产生集群的规模经济效应，企业集群依次进入成长、成熟和饱和阶段。但当企业集群成长到一定规模，随着新企业的不断加入，集群规模的进一步扩张将导致基于外部经济来源，如区域品牌效应、良好的基础设施和生产、生活环境等公共物品产生"拥挤"，群内企业必须自己解决一部分具有公共物品性质的投资或承受公共物品供给不足的代价。此外，集群企业间的联合行动是企业集群效率的重要来源。虽然理论上可以认为联合行动效率具有无限性，但考虑到联合行动对集群而言是不同主体之间的合作行为，存在协调成本，而集群规模越大，协调成本越高，使企业集群出现规模不经济。而随着新成员的不断加入和竞争的加剧，边际利润的降低，这样又会减少企业研发资金的投入，从而产生不利于企业创新行为发生的结果。

由上述可知，企业集群作为一种介于企业和市场之间的网络组织结构，存在着网络成本。企业集群的规模边界取决于集群网络成本与收益的比较。这里，我们引用集群规模与集群效应关系模型（李煜华等，2007）对二者的关系进行讨论。假定集群内成员企业数目为 n，R（n）为集群内成员资源集聚后产生的集群内可共享的资源；成员企业 i 对集群内总资源的贡献量为 C_i，则 R（n）可表示为：

$$R(n) = \sum_{i=1}^{n} c_i \qquad (5-1)$$

成员企业可分享的集群利益 W_i 取决于成员企业可分享的集群资源份额 h_i 和集群可共享资源总额 R（n），成员企业可分享的集群利益 W_i 为：

$$W_i = h_i \times R(n) \quad i = 1,2,\cdots,n \qquad (5-2)$$

由式（5-2）可得：$W_i = h_i \times \sum_{i=1}^{n} c_i$

其中，成员企业 i 获取的资源份额 h_i 取决于成员企业 i 对集群内总资源的贡献量 C_i 和集群利益分配的公平程度 e，即：

$$h_i = h(c_i, e) \quad (i = 1,2,\cdots,n)$$

c_i 取决于该企业所拥有的资源禀赋 w_i 和成员企业的努力程度。根据激励效应理论的社会公平原理，成员努力程度主要由集群内利益分配公平程度 e 决定，则 c_i 可表示为 $c_i = c(w_i, e)$　$i = 1, 2, \cdots, n$。

设集群内总资源禀赋为 TW，则：

$$W_i = w(TW, n)　(i = 1, 2, \cdots, n)$$

基于以上分析，集群内企业成员数与集群效应之间的关联性，主要取决于 dw_i/dn 的变化。为了分析的简化，假定集群资源、成员贡献、利益分配在企业集群内是均等的，则：

$$C_i = w_i^e;　e = 1/n^\lambda, 0 < \lambda < 1$$

$$W_i = (TW/n)^{\frac{1}{n^\lambda}}　i = 1, 2, \cdots, n \tag{5-3}$$

对式（5-3）n 求一阶导数，

$$dw_i/dn = -(1/n^{\lambda+1})(TW/n)^{\frac{1}{n^\lambda}}\left[\lambda\ln(TW/n) + 1\right] \tag{5-4}$$

对式（5-4）n 求二阶导数，

$$\frac{d^2 w_i}{dn^2} = \left\{n^\lambda\left[\lambda(\lambda+1)\ln\left(\frac{TW}{n}\right) + 2\lambda + 1\right] + \left[\lambda\ln\left(\frac{TW}{n}\right) + 1\right]^2\right\} \cdot \left(\frac{1}{n^{2(\lambda+1)}}\right)\left(\frac{TW}{n}\right)^{\frac{1}{n^\lambda}} \tag{5-5}$$

对式（5-4）λ 求导，

$$\frac{d^2 w_i}{dnd\lambda} = -\left\{\ln\left(\frac{TW}{n}\right) - \left[\lambda\ln\left(\frac{TW}{n}\right) + 1\right] \cdot \left[\ln n + \frac{1}{n^\lambda}\ln n\ln\left(\frac{TW}{n}\right)\right]\right\} \cdot \frac{1}{n^{\lambda+1}}\left(\frac{TW}{n}\right)^{\frac{1}{n^\lambda}} \tag{5-6}$$

由式（5-6）可见，随着 λ 增加，n 对集群成员企业所得的负效应越大；随着 n 的增加，dw_i/dn 与 $d^2 w_i/dn^2$ 均递减，如果集群规模超过了一定数量，企业集群的集聚效应将大幅度地递减；集群效应和集群规模存在一个极值约束，令 $dw_i/dn = 0$，此时 $d^2 w_i/dn^2 < 0$，就是集群内成员企业分享的集群利益最大时集群的最佳规模。

美国的硅谷和 128 公路地区高科技产业群的发展很好地说明了这一点。硅谷地区日趋繁荣，而 128 公路地区走向衰落的根本原因，是社会文化、制度、工业体系差异等因素之间的非协调性抑制了"集群"效应，并产生负外部性。企业集群相互依赖的网络在最初阶段是力量源泉，但由于环境动荡可能成为企业集群僵化、失去弹性的源泉，继而使集群中企业对外界动荡的反应能力变得缓慢。此外，不完全契约、道德风险、机会主义和

"搭便车"都会引起网络成本的增加，从而削弱网络的优势。

5.1.2 创新模式与创新系统

自从经济学家熊比特提出创新理论以来，众多学者从不同视角对创新模式和创新过程进行了大量研究。熊彼特的学生和后继者围绕技术创新过程、影响技术创新的因素、技术创新的市场体制、扩散模式、与企业经营的关系、对企业、行业、国民经济增长的贡献的测度方法，以及企业的组织结构、管理策略、企业内外因素等与技术创新的关系等开展了深入的研究。从企业管理的角度看，技术创新就是从一种新思想或新发现的产生，到概念形成、研究、开发、试制、评价、生产制造、首次商业化和扩散的过程，成功的技术创新就是发明＋研究开发＋企业家精神＋管理＋满足市场需求，因此，技术创新的管理学解释强调了创新的过程与结果的重要性。这里，我们主要讨论技术创新模式与集群创新过程。

1. 技术创新模式的演化

随着生产力的发展和生产方式的变革，技术创新模式也在发生转变。对于技术创新模式的探讨由来已久，其中主要有以下几种观点。

把技术作为一个整体，技术创新模式可以分为：自主创新、模仿创新与合作创新。自主创新战略是指企业不依靠外部的技术，而是依靠企业内部的研究开发力量，独立自主地进行技术的研究开发和创新活动。模仿创新就是企业通过学习模仿率先创新者的创新思路和创新行为，吸收成功的经验和失败的教训，引进购买或破译率先者的核心技术，并在此基础上改进完善的创造性活动。模仿创新则因其风险小、投入少、效率高的特征，有利于企业享受到市场中的外溢效益。合作创新战略，即企业间或企业与科研机构、高等院校之间联合开展技术创新合作。它可以有效地利用有限的资金和技术力量，资源优势互补，克服单个企业无法克服的难题，取得规模经济效益。合作创新战略是优化创新资源配置、提高创新有效性和效率的手段。

把技术分解为多个部分，技术创新模式可以分为：产品创新、工艺创新和服务创新。产品创新是对产品的功能进行改造、升级，或者设计制造出新的产品。产品创新有利于企业开拓新的市场，创造超额的利润，实现企业快速发展。工艺创新是对原有的产品生产线进行改造，这样可以调高产品的质量，或者降低产品的成本。工艺创新可以巩固和拓展原有市场，实现利润的增长。伯纳西和厄特巴克（Abernathy & Utterback，1975）提出了产品创新与工艺创新之间关系的 A－U 创新模型，认为企业技术创新包括新产品的创造和改进，以及新制造工艺的采用和改进，这两种创新是相关联的。在技术发展不同阶段，产品创新和工艺创新出现的频率不同，它们之间有一个时差（见图 5.2）。服务创新是对原有的物流系统和营销系统进行创新，提高企业的客户服务水平。服务创新有利于提高市场占有率，通过增加销售收入来提高企业利润总额。

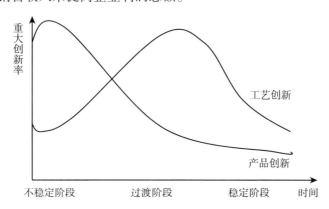

图 5.2　产业创新动态过程模型

资料来源：李亦亮. 企业集群发展的框架分析［M］. 中国经济出版社，2006：182.

　　按照技术创新的动力划分，技术创新模式可分为线性技术创新模式和网络技术创新模式。传统的创新过程被看成一个线性过程的展开，即伴随着科学研究、创新的开始，通过产品开发、生产和营销，最后结束于新产品的销售或新的工艺和服务过程。其进一步又可以分为技术推动模式、需求拉动模式和综合作用模式。线性创新的主要源泉来自研究开发活动，提高创新绩效的关键在于增加研究开发资源的投入。直到 20 世纪 80 年代初，线性创新模式一直是对创新过程进行管理以及制定创新政策的主要理论依据。但是，随着技术经济的进步，现代经济的发展越来越明显地表现出知识经济和网络经济的特征，线性创新理论强调的依靠研发活动和内部创新的观点越来越缺乏灵活性。现代经济已日益变成网络经济，在变化速率和学习速率加速推动的情况下，单个企业依靠自身的力量已不足以完成技术创新活动，技术创新也不再以纯线性序列发生，而是在一种新型的交互作用中，经过反馈循环发生。在这种创新过程中，创新很大程度上产生于科学、工程、产品开发、生产、营销之间的反馈环路和连续的交互作用，由不同机构和个人—企业、实验室、大学和消费者——之间的作用提供动力。这种模式强调系统性和综合性，因此也被称为系统集成创新过程。阿歇姆（Asheim T.，1998）曾对线性创新模式与网络创新模式进行了比较（见表5.1）。比较表明，网络创新的模式已经由企业技术创新走上了集群创新的道路，是企业技术创新的一种高级形态。

表 5.1　　　　　　　　　　线性创新模式与网络创新模式比较

项目	线性创新模式	网络创新模式
创新主体	大企业和研究开发部门	小企业和大企业、研发部门、客商、供应商、技术性大学、公共机构
创新源泉	研究开发	研发、市场信息、技术竞争、非正式实践知识
地理后果	大多数创新活动发生在中心区域	创新活动在地理空间上扩散
典型的工业部门	福特时代的制造业	柔性工业部门

资料来源：笔者根据相关资料整理而成。

2. 集群创新系统

企业集群的发展方向是实现价值最大化，技术创新是其实现价值最大化的重要手段。集群创新是其行动主体（从事同一或相关产业的企业及其他地方机构）在特定的各种正式、非正式制度的协同作用下，通过正式、非正式的方式，促进知识在集群内部创造、储存、转移和应用的各种活动和相互关系的总和。集群创新系统是指在狭窄的地理区域内，以企业集群为基础并结合规章制度而组成的创新网络与机构，通过正式和非正式的方式，促进知识在集群内部创造、储存、转移和应用的各种活动和相互关系。帕特卯和吉博森（Padmore & Gibson，1998）分析提出了以企业集群为基础的区域创新系统构成 GEM 模型。其中包括环境（groundings）、产业（enterprises）和市场（markets）三要素。第一个，环境要素是整个创新系统的供应要素，即在生产过程中投入的要素。具体包括两个因素：资源和基础结构设施。第二个，企业要素是整个系统的结构要素，它决定了集群的生产效率。该要素又由两个因素构成：供货商和相关产业；企业结构、战略和竞争，包括集群内部的组织结构，信任和灵活性，竞争和增长战略。第三个，市场要素是整个集群的需求要素。该要素还包括两个因素：外部市场和内部市场。内部市场方面分析市场规模、市场份额、增长和前景、当地购买者资源、购买者与当地集群合作的意愿等。而外部市场方面分析处于集群地理区域之外的需求特点。马丁·安德森和查理·卡尔松（Martin Andersson & Charlie Karlsson）在 2002 年从人力市场、供应市场、知识市场几个角度来分析并提出了集群创新系统的构成要素①（见图 5.3）。

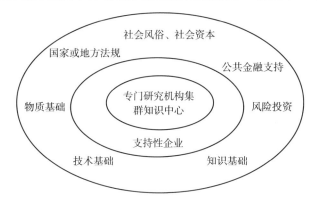

图 5.3　创新系统构成

魏江在 2003 年提出了集群创新系统要素模型②，该集群创新系统要素模型包括三要素：核心价值链要素、可控支持要素和不可控支持要素。核心价值链要素：包括供应商、竞争企业、用户和相关企业四因素，并由这四因素构成了集群及其创新网络的核心主体，它们之间通过产业价值链、

———————

①　Martin Anderson, Charlie Karlsson. Regional Innovation Systems in Small & Medium. Sized Regions [J]. A Critical Review & Assessment, JIBS Working Paper Series, 2002（2）.

②　魏江，申军. 产业集群学习模式和演进路径研究 [J]. 研究与发展管理，2003（2）：44 – 48.

竞争合作或其他内部联结模式实现互动。可控支持要素：即基础设施要素，包括三个因素，硬件技术基础设施、集群代理机构和公共服务机构。可控支持要素服务于集群创新系统的持续创新产出，离开核心要素，可控支持要素就失去存在意义。不可控支持要素：包括政府、正式和非正式制度规定、外部市场关系三因素。这些因素为集群所处的环境因素所构成，它们同样作用于集群创新活动，但没有集群这些要素同样存在，因此，这些要素为集群不可控要素。

相对于上述一般企业集群创新体系而言，嵌入式企业集群创新系统具有独特的特征。如前文所述，嵌入式企业集群中的企业多属于高新技术企业，而高新技术企业具有的知识特性和对国家竞争力的独特作用，它与外界的联系非常广泛。实际上，高新技术企业集群是个典型的、开放的社会创新网络系统，它以创新网络为核心，具有创新系统性、良好的企业衍生机制、要素流动快捷以及高度的产业关联等特征。因此应该将其放在更高层面上进行研究，即以区域创新网络为核心，同时考虑区域外部更高层次的创新体系与其形成的网络及连动关系，才能真正揭示高新技术企业集群的特性、机制及其演化动态，如图5.4所示。

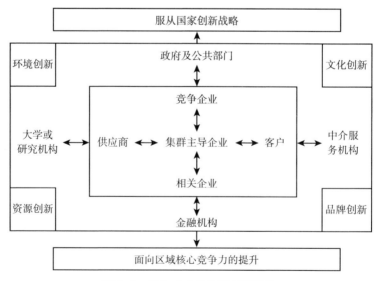

图5.4 嵌入式企业集群创新系统
资料来源：笔者根据相关资料整理而成。

图 5.4 描述了嵌入式企业集群创新系统的构成及其相互关系。嵌入式企业集群的自主创新活动是一个复杂的系统工程，而并非单个因素的创新，它需要各种因素共同发挥作用才能实现。其通过自主创新提升核心竞争力的关键竞争因子包括：资源因子、环境因子、品牌因子和文化因子。自主创新的各种主体包括：政府、科研机构、大学、中介机构、企业、金融机构等，只有实现战略联盟式互动，在特定的时空范围内，与不同的资源因子、环境因子、品牌因子和文化因子发生重组和配置，自主创新水平才能达到最优，核心竞争力才能极大增强。

嵌入式业集群创新模式的构成要素中，最为关键的要素是企业集群中的相关企业集合以及由它们所组成的网络。相关企业以内部企业为主体，它们主要通过相关的信息流和内部联结模式进行互动（如供应链关系，合作和信息网络）。此外，也包括集群外部相关企业。其次是外部支撑要素，包括作为集群建设参与建设者和协助者角色的政府，作为知识生产和提供者的研究开发机构、实验室和大学，人力资源与培训机构，及其他如金融机构、产业协会、技术服务机构等各种服务机构。其中政府及其政策及大学与科研机构的作用也是影响嵌入式企业集群创新的实施效果的关键因素。

3. 集群创新过程

集群创新是一个由众多活性决策结点构成的非线性联结机制、动态演化的复杂系统，具有群体自学习性、自组织性、自匹配性和行为自协调性，它由群体目标导引、信息流驱动、组织文化维护，依次经过交流、竞争、合作、分享和评价五个阶段的动态循环累进过程（刘有金，2002；刘春芝，2005）。

第一阶段称为交流阶段。在这一阶段，群体内企业通过正式渠道和非正式渠道的信息沟通和人员接触，进行群体学习，这种学习包括精英成员之间的学习、普通员工之间的学习以及正式组织之间的学习，在这种信息交流和学习过程中发现创新机会，确认创新目标。

第二阶段称为竞争阶段。最先洞察到创新机会并确认了创新目标的企业组织，通过进一步的分析和论证，进行创新决策，将其具体化为创新项目，然后进行合作伙伴的寻找和筛选，在此基础上建立与能力要求匹配的网络型创新组织或虚拟创新组织，做好创新工作的前期准备。

第三阶段称为合作阶段。合作伙伴选定以后，接下来就是确定合作模式，进行资源整合，从而进入实质性的协作创新阶段。在这一阶段，如何有效地配置资源以及合作者之间的默契变得非常重要。

第四阶段称为分享阶段。到了这个阶段，创新目标已经按计划完成，参与创新各方通过多种可能的方式分享创新成果。这些可能的方式有：建厂生产新产品，改进生产工艺，转让技术以及申请知识产权等。但不管采用哪种方式，创新利益一般是按参与创新的要素进行分配。另外，集群中那些未能直接参与创新的企业，也可以从溢出效应中受益。

第五阶段称为评价阶段。创新项目完成以后，参与各方对合作创新目标、合作创新模式、合作创新效果进行正式或非正式的评价，总结合作过程中的经验，分析合作过程中存在的问题，指出合作过程中应改进的地方，最后创新项目组解体，集群式创新进入下一轮新的循环（见图 5.5）。

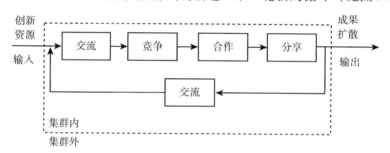

图 5.5　集群创新过程模型

资料来源：改编自刘友金. 论集群式创新的组织模式［J］. 中国软科学，2002（2）.

5.1.3　外部环境对集群创新的影响

如上章节所述，集群创新是一个复杂的系统，其能否有效实施是多种因素共同作用的结果，除了内在的制度因素，外部环境对其也有着重要影响。特别是对于嵌入式企业集群而言，外部环境更是一个关键性的因素。

本节将就政府政策、中介机构、文化等外部制度环境因素进行探讨。

1. 政府及政策因素

著名经济学家吴敬琏教授认为"制度重于技术"。集群创新的实现，更需要制度与政策的激励与引导。技术创新是一个完整的系统，系统各部分的联系是有机的，对系统中任何一个子系统的忽视，都会引起系统功能的缺陷，即使系统中某一个子系统的功能很强，如果没有其相关系统的支持、协调、配合，系统整体功能也不能得到发挥。制度创新为技术创新提供了制度基础，只有科学的制度"土壤"存在，才能产生有效的企业技术创新激励机制。因此，集群创新的健康发展，首先有赖于一个合理的制度安排。

地方政府是企业集群创新系统的重要组成部分，是制度创新的主体，为整个集群的创新活动提供政策保障。政府能给集群创造一个公平、开放、健康的市场环境，并能通过中介机构协调企业之间的行为，增进企业之间的信任，引导集群内不同主体共同形成竞争与合作的网络关系；同时，政府能提供良好的各种公共基础设施和服务，如公共技术支持、教育、通信、治安等，为整个集群区域创造一个良好的创新环境。

另外，根据集群的特点，当地政府应该鼓励形成与当地产业相适应的教育与科研体系，集群创新是以与其相适应的教育与科研作为后盾的。政府是教育的最主要提供者，良好的职业技术教育为企业集群提供了熟练的技术人员与工人，而后者又吸引着外部投资者在集群内部投资。科研方面，政府同样是主要的提供者之一。政府的科研机构更应注重基础科学研究，企业的科研机构则更注重应用技术研究。但无论是政府的科研机构还是企业的科研机构，政府都应该积极参与投资，鼓励创新研究。

当然，不同国家，经济发展的不同阶段，政府在制度创新过程中应注意适用性问题，着眼于提升高新技术企业集群创新能力的诸多因素。对比美国和日本政府在发展高新技术企业集群中的行为模式和作用，美国政府在高新技术产业的促进作用主要表现在：在宏观调控上，政府倾向于采用财政政策和货币政策创造有利于高新技术产业发展的宏观经济环境；在微观层次上，美国政府担负起维护平等竞争和反垄断等第三方规制职能。必须指出的是，硅谷模式的研发模块化、子系统间信息包裹等组织信息传递结构是美国政府采取财政政策和货币政策进行宏观调控的微观组织基础。硅谷模式的高新技术企业集群中的大多数初创公司（startups）采用了模块化、信息包裹式的研发组织，一个大项目分成诸多子项目，从而各子系统与政府之间的面对面沟通减少，政府与高新技术产业的联系结点随之减少，取而代之的是各种中介组织的兴起和作用的增大。硅谷的发展有一个制度网络提供专业支持，这个制度网络由会计师、法律公司、风险投资、专业签约制造商、商业不动产、银行、董事会、执行研究、咨询家、营销专家、投资银行家等构成一个适应企业家团队创新的生态系统。政府是通过作用于企业家团队外围的构成生态系统的诸多中介组织来实现对硅谷这一高科技企业集群的支持。硅谷正是有了成熟完善的中介组织提供几乎无所不包服务，才能真正吸引更多的同质高科技企业集聚于此，才能使现有企业衍生出更多更具活力的公司，才能充分发挥技术创新扩散网络和互相学习机制的作用。在微观产业组织层面上，美国政府主要通过反垄断等措施维护市场竞争秩序。但是，这一切都得益于美国长时期市场经济自然进化过程，在自然进化过程中形成了模块化设计研发和信息包裹式的组织信息传递模式。但是，包括日本、韩国和中国等在内的东亚各国家在发展高新技术产业时，不约而同地采用了倾斜性政策，即政府通过建立一套制度动员和集中配置金融与劳动资源、制定优惠政策优先发展高新技术产业，在研发模式上仍然采用政府主导的模式。

2. 集群政策

集群政策指由政府及相关公共主体（包括大小企业、大学、研究机构、金融组织、行业协会和中介机构等）共同制定和实施，以集群为服务对象的各种政策和措施的总和（蒋自然和朱华友，2007）。集群政策不同于传统的产业政策，产业政策往往关注的是国民经济的重要部门或企业，是建立在对市场的高度保护和对大企业的政策倾斜之上的，扭曲了市场环境的公平竞争。而集群政策的目标则是集群所包含的广泛的网络价值链，有效的集群政策能够促进集群形成发展和激励创新。集群内公共机构与私人机构创造知识、产品或服务方面的方式和目的有所不同，在经营理念和发展目标方面也存在差异。在个体利益最大化的驱动下，各企业、机构之间相互独立，形成一种松散的无组织集聚现象，导致冲突时常发生。而且，集群企业之间的网络关系和集体行为的"锁定"可能阻碍集群的创新，从而难以发挥相应的集群整体效应。在集群的形成和发展过程中，制订集群政策可以避免集群过多浪费时间和能量。在集群发展初期，特别需要依靠政府的干预来制订和实施适当的规则，为集群培育市场力量和集群自组织力量，并创造价值。一般情况下，政府可以为企业提供补贴或税收优惠以激励企业的研发活动，提供风险投资援助，建立集群社会网络和协作平台（而市场不具备这项功能），强化企业与外界利益相关者的供应链关系等。在这方面，近年来日本政府制定和实施的有关企业集群政策，值得我们借鉴。

自 20 世纪 90 年代初，日本陷入泡沫经济崩溃以后长达十年的经济低迷时期，与此同时，日本被迫进行全面的经济结构调整。在这一过程中，日本政府越来越认识到中小企业、企业集群以及公司内部网络的重要性。

第一，日本把企业集群政策纳入促进中小企业发展政策体系之中。1995 年日本政府颁布了《支持中小企业创新临时法》；1999 年，日本政府又将 1963 年颁布的《中小企业现代化法》和 1995 年颁布的《支持中小企业创新临时法》两个法案综合起来形成了《支持中小企业创新法》；1999 年 12 月，日本政府从根本上修订了《中小企业基本法》，新的中小企业基本法以促进各种独立中小企业成长与发展为指导思想。1999 年，日本经济产业省（METI）决定将集群相关的政策纳入中小企业促进政策中来。2001 年日本政府推行了新的产业与区域发展政策，即企业集群政策。政府集群政策主要体现于两个政府行动计划：一个是由 METI 制订和推动的"产业集群计划"；另一个是由日本文部科学省（MEXT）制订和推动的"知识集群计划"。其中产业集群政策方案分为组织结构与管理结构两个方面：（1）组织结构：提供财政支持和大规模组织人事支持，形成产业—学术—政府的"看得见的网络"，以这样的网络构成产业集群的核心。区域基层组织和核心产业支持组织通过各种活动，支持和促进这一网络的发展；（2）管理结构：一方面，对企业活动给予支持。向参与企业集群形成活动的特定企业提供支持，尤其是向中小企业、具有战略意义的科技促进、跨产业合作、管理创新、R&D、市场培育、企业及孵化器建立提供财政支持；另一方面，促进企业与相关组织的合作。促进集群参与者在融资、市场培育、人力资源开发及其他集群活动中，与地方金融机构、商品流通机构及教育机构的合作关系。

第二，制定系统的企业集群整体规划。日本的企业集群计划是由中央政府和地方联合实施的，中央政府的主管机构是经济产业省的中小企业厅，地方的主管机构是对应的经济产业局。中小企业厅负责制订企业集群计划，地方经济产业局的主要职责是制订促进本地区集群发展计划，以及成为整个企业集群网络的协调者，提供吸引投资的优惠政策，促进企业发展；通过制定具有挑战性的地区经济构想，创造促进创新的环境；建立有竞争力的合作研发的方案和计划，为企业之间的合作提供恰当的支持激励方案；构建集群内的科技创新平台，引导与支持企业创新，促进企业集群的产品、技术升级。在日本政府 2006 年 3 月出台的"第三期科技基本计划"中，产学研合作被视为日本实现创新的重要手段，并提出要建立持续发展的产学研合作体系。该计划指出，在过去的技术转移活动的基础之上，产学研各方要在研究课题立题阶段就开始对话，立足于长远的观点开展共同研究，建立产学研之间的信赖关系，提高合作的效果。文部科学省根据"第三期科技基本计划"中关于推进产学研合作的要求，出台了"产学共同研究成果创新化事业""独创性研究成果实用化事业""产学研合作活动高度化促进事业"三项事业。

第三，政府在税收、金融、组织合理化和市场开拓等方面对中小企业创立和发展给予支持。如日本制定了对中小企业有特别优惠的税收政策，其中明确规定减少中小企业的法人税率，资本金在 1 亿日元以上的税率为37.5%，资本金在 1 亿日元以下的分两部分征税，即总所得在 800 万日元以下的部分按 28% 的税率征税，超过 800 万日元的部分按 37.5% 的税率征税。另外，为了促进、中小企业经营管理现代化和科学化，建立培训制度为中小企业提供经营骨干力量，建立企业诊断制度，加强对中小企业的经营管理指导等①。

第四，推动大企业与中小企业以及中小企业之间的协作。据统计资料表明，日本 80% 的中小型加工企业都与大企业有着承包关系，日本政府在协调大企业与中小企业之间的关系上做出了积极的努力，如设立"公平交易委员会"，负责处理交易活动中的各种不合理现象等；制定相应的法律法令，对大企业任意延缓支付中小企业的承包费以及向中小企业传统生产领域渗透等也都进行了一定的限制。这种做法既降低了中小企业的生存风险，又加强了与大企业的联系，有效地促进了企业集群的形成和发展。为加强中小企业之间的联系，促进技术创新，日本政府建立了"园地协同组合"制度，作为扶植中小企业高度化事业的一种主要形式。所谓"园地协同组合"就是将分散在市区的中小企业组织起来；迁移到市郊指定地区集中在一起，建设现代化的生产和生活设施，使中小企业的技术水平和结构得以改善，同时也有利于整顿市容市貌、防止污染、解决交通运输困难等。这一制度有效解决了单一中小企业由于规模小、资金匮乏、无力进行独立的技术创新或者存在严重的技术创新规模不经济等问题，通过中小企业之间在地域、产业、生活等方面的联合协作，共同进行对各方有利的技术创新活动，从而提高了单一企业的技术创新能力与效率。

事实表明，日本的企业集群政策取得了良好的效果。2001 年实施企业集群计划之初，大约有 3700 个面向国际市场的中小企业和 190 所大学参与到该计划中，这些企业每年创造大约 12 万亿日元的销售额，大约占日本制造业的 4%；雇用了 40 万名工人，大约是日本制造业员工总数的 4%。自实行企业集群计划以来，参与有关项目的公司和大学逐年增加，到 2005 年 4 月，参与"产业集群计划"项目的公司已经发展到约 6100 个，大学发展到约 250 所；创建新企业数逐年增加，2001 年度新创建企业 1200 个，2002 年度 7000 个，2003 年度 17000 个，2005 年度达到 40000 个；截至 2006 年，通过企业集群计划，参加企业的销售额增长 12.3%，利润增长

---

① 俞培果. 日本的产业集群政策及其对我国的启示 [J]. 现代日本经济，2006 (5).

9%，就业人数增长 7.2%，参与企业的上述三项指标超过了全国平均水平；17.2% 的企业通过参加该计划建立了业务联系，21.8% 的企业与高校、政府等关联部门建立了合作关系；大学创建了风险企业 133 个，占同期创立的大学风险企业总数的 20%①。

3. 中介机构

中介机构多指各种行业协会、社团、联盟等组织，是保证市场经济顺利运行的润滑剂，是企业集群正常运作的支持系统。这些组织的交流活动既是创新的主要因素，又是创新扩散的主要渠道，因为它们有共同的知识基础、相似的文化背景或便利的交流条件。

企业集群创新能力的提升离不开规范的中介服务体系的参与，构建完善的中介服务体系包括科技成果评估认定机构、技术交易经纪机构、风险投资管理顾问机构、监督和信息披露机构、行业自律组织等。吸引金融、投资、会计、审计、评估、交易、法律、专利、咨询等方面的中介机构参与，使中介服务社会化，中介服务机构要按照诚信、公正、科学的原则依法开展经营活动，并承担相应责任。

我们知道，企业集群不仅是同行业的企业的集聚，还包括相关联的服务机构的集聚。经济学原理表明，信息充分、资源透明度高是交易市场良性运转的重要保障。我们生活在一个信息不对称的世界中，在这种情况下，为了使经营者能及时获取所需要的信息，中介组织便应运而生。中介机构的加入可以降低集群运作成本，提高集群效率；加强集群企业与上游供应商以及国际市场的联系，促进企业间互助协作以及同业对话，如共同营销、共同设计、合作培训等，提高企业间合作的效率，还可以在提供信息、提供基础设施等方面提高政策质量，改善政府行为。

4. 创新文化

集群创新的发展离不开企业之间的合作，而社会文化传统对企业的合

---

① Industrial Cluster Program monitoring research for member companies（March 2006）［OL］.（2008 - 3 - 1）.

作行为有非常重要的影响，集群创新的实现与发展，是与地域的文化背景、群体的价值观念甚至宗教信仰密切联系的。国内外许多学者研究表明，硅谷的成功是根植于硅谷地区深层次的不同于传统商业文化的区域创新文化，只有营造和拥有这种区域创新文化，才能真正实现集群创新。包括自由平等的工作氛围、模糊的管理制度、鼓励冒险的创业机制、崇尚创新的文化氛围等。在硅谷工作的人可以根据工作需要和生活习惯，完全自由地安排工作时间，他们在一个宽松的工作环境中，在最佳的时间内发挥了最佳创造效能和工作效能。在硅谷，任何人都可以成为成功的企业家。白手起家时，没有任何年龄、地位或社会阶层的限制。就算经营失败，也不必感到惭愧。许多经济学家在研究了美国硅谷以后，认为硅谷的成功因素之一就是允许失败，这种宽容的氛围使人人都跃跃欲试，创办新企业和进行不断地研究与开发。虽然其中不乏失败者，但仍然受到青睐和尊敬。

此外，塑造有利于创新的良好集群环境是保持企业集群持续创新能力的保障。就集群内部而言，每一个企业集群都有其特有的文化氛围、文化需求和文化渊源。由于企业集群地理上的邻近，使文化氛围、文化需求和文化创新进一步强化了企业间不断重复的互动和信任，从而维持并促进了各方面的合作。实践证明，集群内形成有利于新知识、新技术快速扩散的文化氛围可以促进企业集群的发展。在企业集群内，高新技术企业集群的各行为主体通过接触与交流，能够在交易或合作中建立起一种创新的区域集群文化。人们在集群文化的指导下，互相信任和交流，从而加快了新思想、新观念以及创新的扩散速度，节省了组织的交易成本。重要的是，社会创新文化可产生一种非正式的沟通和交流，这种沟通与技术网络、交易网络层面的非正式交流有机结合，促进了技术的扩散和创新。萨克森宁（Saxenian，1994）指出，知识在非正式的网络中传递与扩散的方式，往往是通过人与人之间有效的非正式交流和频繁接触而进行的。这种网络形式能够更加有效地传递和扩散知识，从而推动人力资本和知识产生的社会化过程，提高知识创新效率。

5.2 集群创新的势能

5.2.1 创新势能的一般模型

由相互作用的物体之间的相对位置，或由物体内部各部分之间的相对位置所确定的能叫作"势能"。物理学中势能有引力势能、重力势能和弹力势能等。其中重力势能的公式为：$Ep = mg \times h$，即重力势能等于质量与高度的乘积，反映的是物体做功的潜在能力。这里借用势能概念来说明企业集群创新的潜在能力，集群创新首先要求集群及集群成员有创新的动力，然后以一定的创新资源作为保障，才能实施创新活动。因此，集群创新势能是创新动力与创新资源的乘积（李亦亮，2006）。

从技术创新的角度看，影响企业技术创新动力最基本的因素可以分为产权和市场两项因素。所谓产权，是指一个社会所强制实施的选择一种经济品使用的权利（傅家骥，1998）。由于产权规定了人们与创新成果的所有关系，这自然使产权成为激励创新的一个重要制度，产权因素决定创新者能否获得创新利益。创新者获得的创新利益越大，创新者技术创新动力越高。企业技术创新中产权因素包括两个方面：一是企业创新收益和企业创新者利益之间的关系。创新者占有企业创新收益比重越大，创新欲越高；二是技术创新收益的外溢程度。技术创新具有公共品的性质，存在着一定的外溢性。对二者造成影响的因素包括专利制度、税收制度、企业内部激励制度等。市场是商品和劳务买卖关系发生交换的场所，市场过程本身就是一个对技术创新进行自组织的过程。市场因素决定企业需不需要创新。具体而言，市场因素又包括需求、竞争等因素。消费者需求的变化，在市场上通过价格反映出来，诱导企业不断进行技术创新；市场又通过竞争给企业压力，迫使企业不断创新。竞争越激烈，企业越需要走差异化的发展道路，就越需要创新。竞争又可以分为同行业企业之间的横向竞争以及上下游企业之间的纵向竞争。

企业技术创新行为的发生除了上述激励因素，还需要一定的创新资源保证。创新资源包括企业资源积累和外部可利用资源两个方面。企业资源积累又可以分为物质积累和技术积累，前者是指企业研发资金在设备等有形资产上的投入，后者指研发资金在技术、培训、人才引进等方面的投入，是企业的知识和技能的积累。企业外部可利用资源包括外部可利用物质资源和外部可利用的知识资源（见图 5.6）。

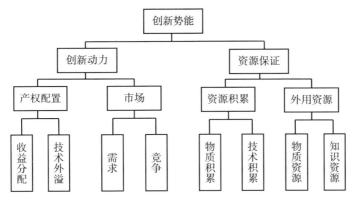

图 5.6　技术创新势能结构模型

资料来源：改编自李亦亮．企业集群发展的框架分析［M］．北京：中国经济出版社，2006；傅家骥．技术创新学［M］．北京：清华大学出版社，1998.

5.2.2　嵌入式企业集群创新动力

对于集群创新的动力，早期学者们也进行了大量研究。萨克森宁（1992）在研究硅谷的发展时认为当地良好的社会交往氛围加快了新知识的产生与传播；恩赖特（Enright，1996）认为知识外溢和熟练劳动力市场推动了集群创新的发展。与此同时，贝斯特（Best，2001）认为集群创新的发展动力有四种：集中专业化、知识外溢、技术多样化和水平整合及再整合，它们依次对集群创新的发展产生作用，并形成循环状的稳定结构。还有许多学者强调知识传播对集群创新的推动作用。摩根和诺维拉（Morgan & Nauwelaer，1999）认为知识网络、学习机制和社会资本是集群创新的发展动力；巴普蒂斯塔（Baptasta，2001）通过理论与实证研究发现，由紧密的个人联系和完备的企业网络、充分的企业间相互作用所促进的知识传播是集群创新发展的内在原因。

由此可见，相对于一般意义上的技术创新，集群创新又有其特殊性。嵌入式企业集群本身就是一个由关联性很强的企业、知识生产机构、中介机构等"通过一个直接附加值生产链相互联系形成的网络"①。作为一个独特的区域创新系统，与一般的区域创新系统不同的是，嵌入式企业集群中的企业机构是在一个价值链或知识生产网络上。简单的企业聚集并不必然形成集群，集群内的企业必然要求有紧密的分工合作，这些分工合作是围绕某一类产品或服务展开的。集群内的分工合作加上网络成员间的激烈竞争，共同促进了集群知识库的成长，从而提升集群的竞争力。而集群创新，就是运用集群优势进行技术创新，是在比较稳定的技术创新、非正规学习、合作竞争、知识共享和溢出、网络协作、区域品牌意识等驱动力的作用下得以发展并显示出强劲的竞争优势。

具体而言，嵌入式企业集群创新动力包括以下几点。

（1）集群创新的外溢效应。技术创新外溢效应的存在表明实施创新的企业难以占有一项技术创新的全部收益，企业技术创新的利益可能受到侵犯。然而，从企业集群的角度考察技术外溢，其作用方式是双向的。集群企业在地理位置上更为接近，技术相似性更高，其技术外溢性比非集群企业要高；但是从另一个角度看，集群内企业技术创新外溢的相互性导致外溢的正效应增强，负效应减弱。所以，只要双方有长期互动关系，企业某一具体技术创新即使预期收益比较低，企业也有创新动力（Carter，1989）。集群内企业之间的博弈关系是长期的，企业之间不仅在经济方面存在交换，而且在社会领域也关系密切，所以集群内企业在技术创新方面能够承受更高的技术外溢性。另外，企业集群主要由中小企业构成，嵌入式企业集群大部分是高科技产业的中小企业，应该说其本身就有创新的动力，借此来应对大企业的竞争威胁和自身所处产业的快速发展。

（2）竞争挤压效应。在市场存在较大空间的情况下，企业并没有创新的积极性。随着企业集群规模的扩张，企业的市场空间会变得越来越有

---

① 郭兴方. 论我国高新技术企业创新的模式提升：集群创新［J］. 中州学刊，2005（9）.

限，企业的生存和发展客观上需要不断进行创新。特别是在企业集群发展进入分工专业化阶段，"竞争挤压"不断加剧，企业要想生存就必须不断创新。竞争挤压主要体现在两个方面，一方面是横向竞争挤压，即来自同行业企业的挤压。同行业企业数量越大，企业资产专用性越高，企业受到的横向竞争挤压就越大，企业的创新动力越大；另一方面是纵向竞争挤压，即来自价值链上下游企业的挤压。集群内的企业既有竞争又有合作，既有分工又有协作，彼此间形成一种互动性的关联，这种互动形成的潜在压力有利于构成集群内企业持续的创新动力，并由此带来一系列的产品创新，促进产业升级的加快。傅家骥（2001）认为，当创新在某一企业率先实现时，整个集群就面临新的机遇和挑战。率先创新者的成功，会打破原来的竞争格局和企业间的利益分配格局，使其他企业先前的创新贬值或完全失去价值，处于不利的竞争地位或面临生存危机，落后的企业为了在激烈的竞争中占有一席之地也必须进行创新。集群中企业间的合作表现为协同竞争关系，集群中企业创新行为又是一种协同行为。由于技术创新的高投入、市场的不确定性导致单个中小企业技术创新活动的高风险，再加上中小企业普遍存在的创新资源不足的问题，单个企业难以有效地进行技术创新。而集群中的企业可以利用地理位置上的接近和产业上的关联，通过资源共享、优势互补提高创新绩效。

（3）市场需求。技术创新主要受市场需求的引导，厄特巴克（J. M. Utterback，1974）的研究表明，60%~80%的重要创新是受市场需求拉动的。市场需求的不断变化为企业提供了新的市场机会和创新诱因。而以此为导向的技术创新活动在给企业带来利润的同时，又变更了市场需求，形成了一个由市场需求—技术创新—再创新的向上发展的良性循环。某种市场需求一旦形成，它就会在较长时间内影响企业的技术创新。对于企业集群而言也是如此，而且企业集群地理上的集中本身就有助于在商品制造者、供给者与顾客之间产生一种更为自由的信息传播，"相当数量的革新正是由于正确了解顾客的需要，以及发现供给上的特殊问题而产生的结果"[①]。

---

① 冯德连. 经济全球化下产业集群的创新机制研究［J］. 广州大学学报，2006，5（5）.

（4）集群发展惯性。企业是企业集群的主体和基本单位，企业集群发展的基础是企业的发展，只有企业生机勃勃，企业集群才具有生命力。而企业保持生机与活力的一个有效方法就是技术创新。企业只有进行技术创新，才能不断降低成本，不断提高产品质量和服务水平，从而更好地适应市场需求的变化，最终才能在激烈的市场竞争中生存和发展。企业发展了，由企业组成的企业集群才能生存、发展。同时企业只有进行技术创新才能实现产品、工艺的升级和换代，这也推动了企业集群技术水平和产业结构的优化和升级，从而增强了企业集群的活力，延长了企业集群的生命周期。

（5）"追赶效应"和"拉拔效应"。企业彼此的接近和了解使它们的互相影响加强。由于竞争障碍的减少和攀比心理的作用，企业间的竞争会加剧，后进企业更容易模仿先进企业，先进企业为保持竞争优势会更努力创新。尤其当一个强有力的新竞争者出现时，模仿效应会使其新思想往前、往后、横向传递，从而使整个行业受益。同时，由于相互支撑的相关产业之间存在密切关联，其本质上讲就是一个特定的供应链和技术链，群内某些行业的创新可以对相关行业产生拉拔作用从而提升整个集群的竞争力。

（6）植根性。以格兰诺维特为代表的新经济社会学认为，经济行为是植根在网络与制度之中，这种网络与制度是由社会构筑并有文化意义。企业之间非贸易的相互依赖，提供了通过非正式的安排来增强创新和地方才智的途径。在不完全的信息世界里，寻找合作伙伴的过程在很大程度上取决于企业最初的关系及其他企业之间的相互关系。通过企业在本地的扎根和结网所形成的地方集聚，可以使企业构筑起交流和合作的系统，从而增强技术创新的能力和竞争力。高技术产业区的企业集群，其经济主体之间容易形成一种相互依存的产业关联和共同的产业文化，并且创建一套大家共同遵守的行业规范。在这一套行为规范的指导下，人们相互信任和交流，从而加快新思想、新观念、信息和创新的扩散速度，节省企业集群组织的交易成本。库克（Cook，1997）认为，一个有效运行的区域创新系统的构成中，区域自有的融资能力、有利于创新主体间学习的制度安排和一种支撑学习的文化氛围是一个创新系统的三个关键维度。建立于植根性基础上的集群创新文化进一步推动着创新行为的发生。在这样的集群内，产业秘密对集群内的每个人都是公开的，频繁的交流与合作碰撞着创新的火花，推动着地方生产系统的持续发展。在一个信任度高的制度环境下，交易成本的降低，信息和知识的交流通畅，企业的本地联系因此增强，集群中技术溢出效应更强，默会知识更容易扩散，从而进一步推动创新行为的发生。

5.2.3　集群创新资源保证

创新动力给集群提供的是创新的激情，要真正演变为企业集群的创新能力，还需要依托一定的创新资源才能保障集群创新有效实施。创新资源越容易获取，创新越有优势。萨克森宁认为，"如果这些资源就在手边，就比较容易做出决策。①"集群创新资源主要包括企业家精神、人力资本积累、组织学习等集群内部资源以及金融机构、知识资源等外部资源。

（1）企业家精神。杜拉克认为，创新是企业家的本质特征，创新的发起者与实施者就是企业家。"创新是企业家特有的工具，也是他们借以利用变化作为开创一种新的实业和一项新的服务的机会的手段。……企业家应该有意识地去寻找创新的源泉，去寻找表明存在进行成功创新机会的变化和征兆。他们还应该懂得并应用成功创新的原理。②"企业家精神就是这种勇于创新和冒险的精神。集群中企业家精神的存在正是集群创新的重要源泉。企业家作为重要的人力资源，其对企业集群创新活动产生至关重要的影响。他们以自己的创新性行为推动着其他个体的创新、创业活动，并由此逐步带动整个集群创新的萌发和兴起。这种影响主要通过以下几种途径来实现：首先是企业家自身的经营绩效；其次是企业家活动的外部性，也就是他们在经济活动过程中对其他行为主体产生的直接或间接的影响，

---

① 　A. 萨克森宁. 地区优势：硅谷和 128 公路地区的文化与竞争 ［M］. 上海：上海远东出版社，1999.

② 　［美］彼德·杜拉克. 创新与企业家精神 ［M］. 海口：海南出版社，2000：1.

这种影响是一种无意识的过程；最后是企业家在经济活动中结成的本地网络与外部网络。企业家活动在进行这些影响时并非孤立的，而是以社会网络的方式密切联系的。这些企业家往往也是地方网络的发动者，地方网络不仅增加了企业家自身的创新机会，同时还将他们的创新成果在企业集群内扩散。

（2）人力资本积累。人才是企业技术创新的基础，企业人力资本积累越丰厚，企业的技术创新能力越高。诸多因素影响着企业集群内企业人力资本的积累，包括人才培养机制、人才发展环境、集群发展态势等。人力资本具有公共物品的性质，嵌入式企业集群人力资本流动性大，这决定其人力资本培养主要取决于公共资源的投入，而不是企业自身，因此政府提供的公共教育和群内企业联合人才培养情况会直接影响企业集群人力资本积累；人才发展环境和企业集群文化及人才观有密切关联，良好的人才发展环境一方面能推动存量人才素质的提高，另一方面还能吸引大量外部人才进入集群；企业集群自身发展态势影响着集群对人力资本的吸引力，规模比较大的企业集群由于选择机会比较多，对人力资本吸引力会更强。集群内企业不断深化的分工使得人力资本专用性不断提高，又在一定程度上提高了人力资本技术创新能力。

（3）组织学习。组织学习理论是20世纪中叶以后兴起的，现已成为管理学、组织行为学、社会学、心理学、人类学等社会科学研究的一个重要领域，该理论在企业组织运行实践中得到了广泛运用。学习理论认为，组织学习是知识在不同企业间的转移。知识有显性知识和隐性知识，前者可以通过知识编码进行传播，后者则不能通过知识编码进行传播。知识构成中隐性知识占绝大部分并在技术创新中具有根本性作用。隐性知识的高效传递要求个人必须具有相似的知识、经验、价值观以及社会文化，并主要通过非正式交流的途径实现。而集群企业由于地理位置上的接近和文化共性为此提供了比集群外部企业更好的条件。知识资源是构成嵌入式企业集群发展的战略性资源，在高技术企业集群中存在大量的显性知识和隐性知识，因此集群内的企业通过组织学习行为对这些知识进行吸收和转化，从而促进自身及至整个集群创新能力的提升。

（4）融资机构。集群发展和创新都离不开资金的支持，规模较大的企业集群由于聚集了众多企业，对资本有比较大的需求和供给，以及足够的市场和资金来源，因此对金融机构和风险投资机构会有更大的吸引力；而且由于嵌入式企业集群的特殊形成原因，地方政府也会大力支持官方金融机构乃至私人金融机构进入企业集群；企业集群内部一般都有较好的合作环境，也可能使企业集群内部产生出一些新的私人金融机构、企业合作性金融机构以及联合信贷担保机构等。这些机构加入集群为集群企业提供了较群外企业更便利的技术创新融资条件。

（5）外部可用知识资源。在知识经济时代，知识已经成为市场竞争中的关键因素，特别对于以高科技企业为主体的嵌入式企业集群来说，随着技术的迅猛发展，企业研发的周期越来越短，风险越来越大；虽然企业可以通过自身技术积累获取创新知识资源，但技术创新的知识交叉融合性特点决定了许多企业难以具备技术创新的全部知识。外部创新知识资源获得的难易程度直接影响企业技术创新，尤其是在企业自身缺乏创新知识资源的情况下。外部创新知识资源的获得主要取决于合作环境，而企业集群在这方面具有内在优势。对于集群内企业来讲，由于有集群这个知识共享的平台，所以能够有效地节省研发成本，提高整体的技术进步速度，从而增强竞争能力。集群由于生产的集中，必然带来知识技术的外溢，从而使集群中的知识具有一定的共享性，不同企业的知识技术都可能通过集群这个平台进行交互式使用。集群内的企业在集群这个平台上，一方面将自身的部分知识技术外溢，这种外溢有可能是主动的也有可能是被动的，其结果是为集群中的知识技术流动提供基本的素材；另一方面又通过这种知识技术的流动获得其他企业的外溢知识，各个企业将自身的知识与其他企业的外溢知识进行整合，极大地提高了创新的速度和质量。进一步来看，企业集群作为一种开放性的区域空间生产体系，作为国际或区际生产链中的一个环节，必然与外界在物流、信息流、资金流等方面存在诸多的联系。因此，企业集群的这种知识的交流不仅局限在集群内部。集群内的企业可以在内部知识共享平台的基础上引进外部交流机制，这种交流往往通过正式和非正式两种途径实现。通过这种交流，集群内企业能够吸收先进的知识来冲击和更新本身的知识网络，在内外部知识的碰撞中产生更多的创新，为集群的技术创新开辟更多的路径，防止路径依赖的出现。

5.3 知识溢出与集群创新

如上节所述，知识是推动嵌入式企业集群创新的动力和基础，是高科技企业赖以生存和发展的关键。在一个"不确定"是唯一可确定之因素的经济环境中，知识无疑是企业获得持续竞争优势的源泉（野中郁次郎，1991）。本章节将就知识溢出与企业集群创新的关系进行深入研究。

5.3.1 企业集群知识溢出的一般理论

1. 知识溢出的内涵

知识理论对于研究企业技术创新及竞争优势的来源具有重要作用，随着科学技术的飞速发展以及企业竞争优势来源从静态的价格竞争优势转向动态优势的转变，知识越来越成为企业动态竞争优势的来源，企业需要不断修改、精练与创造新知识以维持竞争优势。因此，知识理论（the theory of knowledge）近年来受到广泛的关注。对于企业集群与知识理论关系的研究，在最近 15 年来取得了相当的进展，尤其是集群内知识溢出（local knowledge spillovers，LKS）作为一个主题更是得到了高度的重视（金祥荣等，2004）。

知识溢出的理论来源可以追溯到马歇尔对产业集聚的外部性的有关论述和新古典经济增长理论对技术进步的认识，知识溢出概念的提出始于 20 世纪 60 年代，由道格尔（MacDougall，1960）在探讨东道国接受外国直接投资（FDI）的收益时第一次把知识的溢出效应视为 FDI 的一个重要现象提出来。他认为，在国际范围不存在限制资本流动的因素时，资本可以自由地从资本要素丰裕的国家流向资本要素短缺的国家，结果将通过资本存量的调整使各国的资本的边际生产力趋于均等，从而提高世界资源的利用率，增加世界的总产量和各国的福利①。以罗默（Romer，1990）、琼斯（Jones，1995）等为代表的新增长理论着重探讨了现代经济发展中最重要的要素——知识，并详细分析了技术创新、人力资本积累和知识溢出对经济增长的影响，使该理论成为"知识经济"的理论基础。杰夫（Jaffe，1989）、弗尔德曼（Feldman，1994；2000）、安瑟兰等（Anselin et al.，1997）、奥德斯等（Audretsch et al.，1996）、博德（Bode，2004）等则从另一个角度研究了知识溢出在经济增长和创新过程中的重要性，利用知识生产函数框架验证了地理（空间）媒介知识溢出在区域创新行为中存在的事实。奥德斯和弗尔德曼（1996）、博德（2004）等学者从不同侧面专门对大学、私营企业的知识溢出与区域创新之间的关系进行了理论与实证研究。弗尔德曼（2000）在《区位与创新：创新、溢出和集聚的新经济地理》一文中对与区位和创新相关的文献做了详细的梳理和总结，认为知识溢出是限定于一定的地理空间内的，在这一地理空间内相互作用和交流变得便利起来了，研究活动的富集程度也上升了，企业合作得到提升②。

格里利切斯（Griliches，1992）把知识溢出定义为"做相似的工作（即模仿创新）并从彼此研究（被模仿的创新研究）中受惠"。乌利齐（Ulrich，2002）认为，企业通过创新努力所创造的知识，不能被该企业所独占的部分，称为知识溢出。法拉赫和依布拉欣（Fallah & Ibrahim，2004）认为，知识溢出是知识在主体间无意识的传递。侯汉平与王浣尘（2001）认为，知识是一种非排他性的公共物品，一个厂商使用了 R&D 知识，并不能阻碍其他厂商也使用这一知识，一旦 R&D 知识被发现，他会立即扩散并引起经济社会、技术和生产力的进步，但拥有 R&D 知识的厂商并没有从中获取全部收益。这种经济的外部性表现称之为"知识溢出

---

① 转引自：孙兆刚. 知识溢出的发生机制与路径研究［D］. 大连：大连理工大学，2005：20.

② 吴玉鸣，何建坤. R&D 合作、局域知识溢出与区域创新集群［A］. 第六届中国经济学年会论文，2006.

效应"（knowledge spillover effect）。刘柯杰（2002）将知识外部性定义为：一个行为主体通过非交易的方式对其他行为主体的影响。张明龙（2004）认为，知识外溢是指知识一经产生就会很快扩散到其他地方，进而增进整个社会的福利。祁红梅（2004）认为，知识的外溢性是知识自身的本质特征之一，源于知识本身的稀缺性、流动性和扩散性。谢富纪与徐恒敏（2001）认为，知识溢出是指一个部门在对外经济、业务交往中，其知识会自然输出和外露。金祥荣（2004）认为，企业集群内的知识溢出就是在特定企业集群内的知识外部性，相比于集群外的企业，集群内的企业可以利用附近的重要知识资源更快地进行创新活动。

由此可见，尽管学者们对知识溢出的概念说法不一，但从本质上看，对知识溢出的本质存在一致性看法。知识溢出是指一个部门在对外进行经济、业务交往活动时，其知识和技术的自然输出和外露，是造成产业集聚的主要动力。同时，知识溢出是知识的非自愿性扩散，是经济外部性的一种表现。它能够推动企业集群内部成员企业的技术创新和企业集群整体的技术升级，使个体及群体的竞争力都得到提升，是企业发展和集群创新的动力和主要源泉。从整体来看，知识溢出可以增进整个社会的福利，提高整个社会的知识存量。

2. 知识溢出的路径

知识溢出发生的原因在于知识本身所具有的、可以同时为众多人共同消费的性质，而畅通的传导路径是知识溢出效应有效发挥的前提。如果没有畅通的渠道，知识溢出就很难发生。朱秀梅、蔡莉和张危宁（2006）从高新技术产业的角度深入研究了企业集群知识溢出的途径，认为集群内知识溢出是一个复杂的过程，只有具备了畅通的传导路径，来自核心企业或其他创新活动的知识溢出才能比较容易被地理上接近的其他企业吸收、利用，作为结果的知识溢出效应才会产生。企业集群中知识溢出的传导表现为从知识溢出源对集群中企业的知识输入到集群中企业知识产出的一个动态过程。由于知识的累积性，知识溢出的动态过程使集群中知识存量不断增加，从而产生更多的知识溢出，形成持续的竞争优势。隐性知识需要显性化才能便于在企业中进行交流和共享。隐性知识通过外化转化为显性知识，而显性知识通过内化转化为隐性知识。

具体来看，集群中知识溢出的传导过程可以分解为三个阶段（朱秀梅，2006）：第一，知识从知识源的溢出过程。高新技术企业集群的知识溢出源可以分为集群内和集群外知识源，集群内企业可以通过某种途径获得显性知识溢出和隐性知识溢出。由于隐性知识的传递受地理距离的限制，通常需要面对面交流才能实现，集群内的知识溢出源通常可以传递隐性知识，集群外知识溢出源通常传递的是显性知识。在这一阶段，集群社会网络为知识溢出提供通道，对知识溢出具有重要的促进作用。第二，知识溢出转化为企业创新绩效的过程。知识源通过某种途径传递的知识，并不能全部被企业所吸收，吸收多少受企业吸收能力的影响。对知识溢出的吸收导致企业知识存量增加，企业知识可以分为冗余知识（obsolescence knowledge）和适宜知识（appropriate knowledge）两类，冗余知识作为一种新的溢出源参加整个集群的知识溢出循环，而适宜知识会促使企业开展创新活动，产生新的知识。第三，企业的创新产出在集群中的扩散。企业的创新产出通过企业间学习在集群中扩散，影响并促进其他企业的技术创新活动及创新绩效的提高，产生更多的创新成果，提高整个集群的知识存量，这些知识作为新知识源参加整个集群的知识溢出循环（见图5.7）。

知识管理理论认为，隐性知识需要经过显性化过程才能便于在企业中进行交流和共享。隐性知识通过外化转化为显性知识，而显性知识通过内化转化为隐性知识。由于隐性知识的特点决定了它不像显性知识那样能够编码，并借助计算机进行处理。因而对于企业更为关注的隐性知识，为了使它更容易在人们中进行交流和共享，就需要一种方式将其显性化。"外化"就是这样的一种模式（见图5.8）。图5.8是隐性知识与显性知识的转化机制，隐性知识的转化从存在于人脑中的未表述的隐性知识开始，这种知识通过外化过程转化为显性知识，这种显性知识最初是以未编码形式存在，再通过编码化转化为编码知识。而情景知识和语义知识需要在特定的环境中或共同的文化背景下进行吸收才能转化为显性知识。对显性知识的

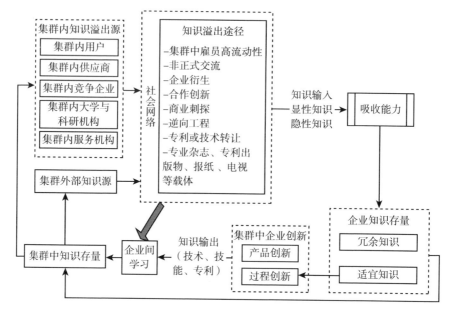

图 5.7　集群知识溢出传导路径

资料来源：朱秀梅. 知识溢出、吸收能力对高技术产业集群创新的影响研究［D］. 长春：吉林大学，2006：84.

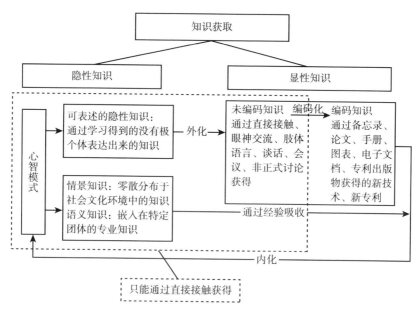

图 5.8　隐性知识与显性知识的转化过程

资料来源：朱秀梅. 知识溢出、吸收能力对高技术产业集群创新的影响研究［D］. 长春：吉林大学，2006：95.

吸收需要一个内化过程，在这一内化过程中，需要利用个体的心智模式。
这种心智模式是嵌入在人脑中的模糊知识，是不能够被其他个体获取的。
一种能够使隐性知识与显性知识产生互动机制的平台，使存在于员工头脑
中的隐性知识能够充分地表述出来，并转化为集群所需要，就必须利用个
体的心智模式。这种心智模式是嵌入在人脑中的模糊知识，是不能够被其
他个体获取的。而集群的知识库和信息交流平台，其功能在于帮助每一个
人内化集体的隐性知识而达到知识共享的目的，通过知识共享及持续的技
术创新给集群企业带来竞争优势。

5.3.2　嵌入式企业集群的知识溢出机制

由上节的分析可知，企业集群知识溢出是一个动态演化的复杂过程，
其中既有知识的转化过程，又包括集群成员间的相互作用过程。而嵌入式
企业集群作为一种特殊的集群存在形式，除了具有上述特征外，由于其特
定的形成机理和生存环境，本书认为其知识溢出机制更进一步受到环境、
文化、技术等因素影响。如图 5.9 所示，嵌入式企业集群的知识溢出是从
知识源经过一定的途径（知识通道）到知识接收者的过程，这一过程既受
到政策、文化等因素的约束，又受空间距离、技术距离等的驱动或影响。
由于企业集群本身即意味着空间上的聚集，以及技术距离是所有知识溢出
发生的共性影响机制，所以本章节将主要研究政府政策、文化等因素对嵌
入式企业集群知识溢出的作用和影响。

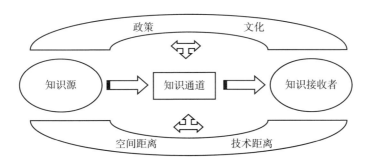

图 5.9　嵌入式企业集群知识溢出机制

1. 政府及其政策

政府职能是政府对社会承担的职责和管理社会所具有的功能的规定，表现为政府"要做什么""能做什么"，其往往都要通过法律的形式予以规定和规范。政府的作用在于提供经济环境，为有效的经济活动设定正确的刺激机制；提供能促进长期投资机构性基础设施；确保提供基础教育、医疗保健以及经济活动所必需的物质基础设施，并保护自然环境。按照市场经济理论，政府不应该代替市场去配置资源，更不用说制定各种产业政策，干预产业的发展。但是市场存在着失灵，市场不能保持经济的综合平衡和稳定协调的发展；自由放任的市场竞争最终必然会走向自己的反面——垄断；市场机制无法补偿和纠正经济外在效应，不利于组织与实现公共产品的供给。

地方政府的经济职能主要是提供地方性公共服务，依法监管市场，维护市场秩序，直接参与地方性基础设施建设。地方政府在保证和促进知识溢出方面的作用，主要体现在地方公共基础设施建设和本地公用事业服务方面，并通过引导、激励、保护和协调等方式影响着企业集群的整个创新过程。

（1）制定规则，并保证规则实施。市场机制不能有效协调私人成本（收益）和社会成本（收益）的转移，也无法处理知识溢出问题，解决知识溢出问题，离不开政府政策。政府制定便利知识溢出的政策，将会使得经济增长率提高。

政府通过法律、经济和组织管理手段在制度、环境和政策层面引导集群企业知识创造与吸收，创建集群内部的研究开发体系，刺激大学和企业之间的协调创新、保证创新成果和协调创新主体之间的矛盾。政策设计以鼓励学习、创新为目标，从而提高整个集群的竞争力。创建网络的进入与退出机制，尽量降低沉没成本的存在与发生；制定有利于网络内部形成有效的选择创新者的程序和机制；增加共同性知识和促进以集群网络为特征的学习政策设计以鼓励学习、创新为目标，从而提高整个集群的竞争力。创造一种能够让所有集群内学习主体对未来有稳定预期的政治与经济环境。缺乏这种环境，容易造成企业行为短期化和机会主义倾向，而通过合作所获得的好处则需要在一个较长的时间内才能够显现出来。鼓励集群内企业在研究方面互相学习、互相合作，为集群技术学习创造活跃的气氛。吴玉鸣、何建坤（2006）采用格里利切斯（Griliches，1979）和杰夫（Jeffe，1989）提出的知识生产函数和安瑟林（Anselin，1988）提出的空间计量经济学模型框架，对我国省域的官产学 R&D 合作、局域知识溢出与区域创新集群及其关系作用做了实证检验。研究显示，政府引导下的产学 R&D 合作是促进企业和大学专利创新产出增长的有效途径。政府通过制定优惠政策、财税政策刺激促进"官产学"R&D 互动，改善区域创新环境，可明显提高区域专利创新能力，并对中国 31 个区域（港澳台除外）创新集群进行了实证分析。

（2）政府在企业之间以及企业和大学、研究机构之间建立合作关系的过程中充当媒介。政府积极出头为企业与外部研究机构和科研机构的合作牵线搭桥，真正服务于企业。政府应成为促进产学研合作的主要推动者，通过制定相应的制度，积极为集群与公共研发机构、辅助机构间（包括外部的公共研究机构和教育机构）建立长久合作计划的牵线搭桥，这使集群成员企业可以从大学等教育和公共研究机构获取创新所需的知识、技能和技术，使得企业在这种合作中得到了成长，充实了集群内部的知识基础和知识储备，而教育机构，如大学、公共研究机构也可以从与产业界的合作中受益。

（3）技术创新产权和知识产权的保护。知识的溢出渠道主要有：技术许可，专利技术公开，公开出版物与各种技术会议，与创新企业雇员的交谈，雇佣创新企业的雇员，产品反向工程及独立的 R&D，而其中最有效的渠道是技术许可，产品反向工程以及 R&D。因此集群内部建立技术许可证制度，知识产权制度等法律制度环境，对于保护集群技术学习积极性及创新企业的创新成果不被他人随意占用，激励集群成员企业开展技术学习和创新活动，提高他们的正当竞争和法律保护意识具有重要作用。集群技术学习行为的实现需要好的制度与政策来激励与引导。最根本的是，需要保障与尊重企业通过合法手段获取的财富成果，由此可以换取集群企业技术学习的根本动力；知识产权在现代企业发展要素中的比重越来越大，知识产权的高附加值成为企业获得高效益的重要源泉，知识产权自身所显示的价值和使用价值，使越来越多的技术成果作为知识形态的商品而独立存在。尽管东道国知识产权保护的力度越弱，更易产生知识溢出，以至于更少的 R&D 开支降低消费者剩余，本国厂商以低成本获得国外技术的可能性更大，但是不完善的知识产权制度首先通过减少技术转移双方的经济利益阻碍经济循环，使知识溢出良性循环过程难以完成，很难引进外国的先进技术。知识产权保护有助于鼓励 R&D 活动，增加 R&D 经费，创造出新产品，提高劳动生产率，从而降低产品价格。刺激国内的研究与开发和技术进步，保护知识产权是必要的。正确认识和处理知识产权，是新的企业运行机制下迫切需要探讨和解决的问题，从长期看，是知识溢出良性循环的宏观控制的必要条件。

（4）创新激励。利用财政和税收政策等经济杠杆，激励集群技术学习和企业的创新行为，是那些取得快速发展的企业集群的共同经验，政府应充分运用经济杠杆的作用，把它作为技术创新的助推器。目前，运用得比较好的政策有：财政贴息、地方返税、所得税减免等。好的制度与政策可以激励人们通过合法手段追求财富，而坏的制度与政策则不仅导致人们通过非法手段追求财富，而且会破坏人们追求财富动力的源泉。同理，好的制度与政策会促使人们追求创造更好的产品，坏的制度与政策不仅会导致人们不思进取、原地踏步，而且压制创新产品的动力。因此，概括来说，好的制度与政策会激励人们向好的方向发展，而坏的制度与政策则会破坏这种向好的方向发展的动力。

（5）支持建立有效的竞争机制。市场竞争状况对知识溢出有正负两方面的影响，对溢出接受者而言，市场竞争越激烈，吸收知识溢出的意愿就越强，因为在激烈的竞争中，技术差距对产品销售和利润的影响是非常关键的，市场竞争与溢出效应呈正相关；但市场竞争越激烈，吸收知识溢出后带来的收益相对于竞争温和的市场而言是比较低的，这会降低溢出接受者对知识溢出的需求。对知识溢出者而言，市场的激烈竞争可能会使知识溢出者将更多或更先进的技术转移到分公司，增加了获得先进技术的机会，知识溢出效应随之增加，但市场竞争过于激烈，知识溢出者为了生存必须不断转移高级技术，使得知识溢出者面临的扩散成本过大，可能减少投资。因此，在我国当前的情况下，既要反垄断又要防止过度竞争，从法律的高度保证有效竞争的建立和发展，保证市场竞争的适当性和市场行为不受到行政指令的不当干预，强化企业的自律经营行为，消除不正当竞争行为的存在，完善市场进入和退出机制，使市场竞争结果达到优化，提高企业的竞争效率，提高知识溢出的水准。

此外，政府还应协助培育社会中介机构。政府在合作中的中介作用主要在集群形成的初始期，而不能长期以政府的介入为主。当集群发展到一定规模后，社会中介组织在促进集群技术学习活动中就可以发挥主要作用，如行业协会等。

2. 区域文化

经济是文化发展的基础，而文化又影响和制约着经济的发展，二者之间存在着相互促进、相互影响的关系。同时，文化又深深影响着人们的行为，从而对行为结果产生影响。

从最本质意义上讲，文化就是"人化"，它是由物质文化、行为文化、制度文化、观念文化以一定的方式构成的一个复杂整体。文化的核心是一定的价值体系，没有价值，就没有文化。文化转型的核心是价值体系的转型，生产活动方式、交往活动方式以及精神活动方式的整体转型；是人的观念的转变。因此，文化转型最终要归结到人的转型上，人的转型最终要归结到观念、价值层面，也就是有学者所称"文化的隐结构"的转型。我国的嵌入式企业集群是伴随着改革开放以及高新技术开发区的建立而发展起来的，具有鲜明的地域特征，并深受地域文化的影响。而且改革开放以来伴随着经济社会转型，文化转型对人们行为乃至集群行为的影响也日益凸显。

弗里曼（1991）认为，人际关系中的信任和信誉，文化因素中的语言、教育背景、意识理念、地域忠诚度和共同的兴趣爱好影响着缄默性知识的学习。科恩迪特（Cohendet，2000）与布利尔（Bunell，2001）描述了知识溢出过程中重要的不是地理上的距离关系，而是人们是否能够把共享的目标理解内化或者基于他们自身的隐性的非编码化的理解方式进行翻译的特殊行为。文化是一种复杂联合体，包括知识、信仰、艺术、道德、法律、风俗以及社会中成员所得到的能力和习惯。同一文化体系下的人们分享同样的隐性知识背景和意识形态，他们采取相似的思维方式、行为举止、是非标准而不需要过多的交流以便向其他成员解释他们的观点，因为生活在同一社区里的人们关于事情的经过、原因、内容和人物基于同样的预存和积累，在现实生活中采纳或忽略同样的信息和知识，而其他有着不同的观念体系和不同的文化背景的群体会作出不同的选择。科恩迪特（1999）认为人们更倾向于和相似精神状态和思维框架的人进行交流和沟通，这会增加知识移转过程中的网络效应。无论在什么文化体系内，人们交流信息是均等的，但是不同文化背景的交流则可能理解也可能误解，在不同文化之间信息交流的数量比起来文化内部的群体之间显得微不足道。因此，文化的近邻关系对知识溢出有一定的影响。

不同的价值观影响知识创新者对创新和知识溢出的态度和行为。企业集群的知识溢出源有内部和外部之分，但无论是外部溢出源还是内部溢出源的行为都会受到文化的影响，包括对合作与创新的态度、对知识生产的激励等；知识溢出的途径之一就是人员流动，集群内人员的流动有两种形式，即企业间的人员流动和非企业机构向企业的人员流动。集群内企业间的人员流动一般要快于集群外的企业，这是因为当地稳定的专业人才市场的存在，使得雇员与企业的需求信息在一个相对狭小的地域内迅速传播，降低了双方的搜寻成本及交易成本，同时群内企业良好的声誉和集体品牌，不仅加大政府对集群所需人才的培养力度，还吸引了外部劳动力的流入。从理论上讲，企业集群具有支持人员流动的优势，这主要是因为集群内从业人员具有的相似文化背景。但对于来源于外部的嵌入式企业集群而言，却面临与当地地域文化不同的文化背景，这势必对人员流动产生影响。

人员之间的非正式沟通，产生了非正式渠道的知识分享，而这些非正式渠道——人员之间面对面交流产生的信息是企业的成长的重要支柱。

不同的文化价值观也会造成非正式沟通的障碍，从而影响集群知识外溢效应。隐性知识需要转化为显性知识才能真正成为企业的知识积累，而这种转化很多时候是依靠非正式沟通才能完成的。另外，不同的文化对政策和政策制定者的行为也会产生影响，进而影响嵌入式企业集群的知识溢出。

基于霍夫斯泰德（Hofstede）文化模型的跨文化研究证明了上述观点。霍夫斯泰德（Hofstede，1980；1991）提出的衡量文化差异模型将社会文化差异归结于 4 个问题：人与群体的关系、社会不公正的程度、社会生活态度所表现出的性别暗示、在社会经济过程中处理不确定性的态度。处理这些问题就形成衡量一种文化特征的 4 个维度：权力距离（power distance）指人们如何对待社会承认的权力在组织中分配的不平等性；个人主义（individualism）关系到个人与其同伴间人际关系的本质；不确定性规避（uncertainty avoidance）涉及人们对未来不确定性的态度；男性特征（masculinity）反映了社会对不同性别扮演角色的看法。利用斯巴根和莫塞斯（Verspagen & Mauseth）对欧洲专利局数据库的研究所得数据得到的统计分析的结果显示，文化距离对知识溢出的影响中，男子主义指标的增大会在两个国家或地域之间增加溢出的数量，不确定性避免的大小则是完全相反的（孙兆刚，2005）。面对不明晰的形势，不同行为的企业都表现为希望受益于彼此大量的知识溢出。有着相似水平的权力距离、个人主义和男子主义，而不确定性规避的程度与大量的知识流动有密切关系。例如，在不确定性规避较低的组织中，往往产生不太正式的组织形式，几乎不用写出规则和程序。在这些组织中的成员流动比不确定性规避较高的组织更加频繁，员工对企业的忠诚也不太受重视，组织成员之间的竞争和冲突更容易接受，事实上，他们将这种情况看作积极的过程，会导致创新和进步，采取创新行为更容易接受。

5.3.3　集群知识溢出对创新的影响

知识溢出效应是知识的接受者或需求者消化吸收创新知识促进经济增

长而产生的关联效应。这种影响与促进作用表现为：先进技术知识一旦得到应用，就会带动本行业甚至相关行业的技术化，促进经济结构的调整及当地技术和生产力的提高。知识溢出效应是经济外在性的一种表现形式。从社会福利的角度看，知识溢出效应带来了整个社会新知识的扩散和劳动生产率的提高。当然，知识溢出效应也可能是负的，即知识的溢出会使知识的生产者不能获得新知识的全部收益。当知识生产者的收益小于知识生产的成本时，对个人而言，他就会丧失生产新知识的积极性；对企业而言，它就会丧失技术创新的积极性；对国家而言，整个社会的知识积累速度就会减慢。这里，我们主要探讨知识溢出对集群创新的正效应。

企业集群的知识溢出正效应主要表现为：（1）链锁效应：链锁效应通过与供应商和客户之间向前向后的联系中表现出来。先进企业在产品和加工工艺以及营销等方面，具有相对丰富的知识，处在先进企业的供应链或销售链上的企业会从中获取利益而没有支付有关的费用时，就形成了溢出效应。（2）模仿效应：由于知识流动势能较低的企业或地区，技术、管理水平也相对较低，势能较大的企业的进入打破了原有的市场均衡，加剧了市场竞争，诱使较多的企业竞相模仿来分割利益，促使它们更有效地利用技术和知识来提高市场竞争力。（3）交流效应：交流效应是指企业之间人员的交流互动而产生的溢出效应。由于滞后企业或地区人力资本的水平较低，先进企业或发达地区对当地雇员进行培训，当这些雇员流向当地企业或自创企业时，其在先进企业工作时所学的专业技术和经营管理技术也随之外流，从而产生溢出效应。（4）竞争效应：市场竞争打破原有的市场均衡，向同类产品生产企业展示了先进的产品、工艺、管理方式以及它们的盈利性，其他企业了解先进技术和管理水平，增强危机感和竞争的意识，就会迅速地、全方位地卷入竞争之中，企业相互竞争就需要进行技术创新。（5）带动效应：产业结构高级化本质上是指技术的集约化，即采用先进技术的部门在数量上和比例上的增加。对其他部门增长有广泛的直接影响和间接影响，进一步提高整个产业的技术集约化程度，推动产业结构向高级化方向演进，导致技术进步和经济增长。先进技术进入，技术上相近的其他企业可能对其进行模仿、消化吸收，一项先进技术被产业内多个企业竞相模仿甚至创新的结果，促使带来更为先进的技术，从而增加各产业的新技术含量。

正是因为上述知识溢出效应的存在，对企业集群创新会产生以下几个方面的影响。

1. 提升创新能力，降低创新成本

企业知识存量是一个动态概念，随着时间的变化会使原来的知识老化，研究开发又使企业知识增加。企业技术创新所需的知识来自集群内部，那么企业的存量知识就来自两部分，一是企业创新所形成的自有知识，二是企业从集群中获取的共享知识。集群内部的共享知识是由于知识的溢出形成的，集群内的每个成员都可以无偿地获取。集群环境加速了企业间的知识溢出，使群内企业能低成本地获取溢出知识，从而降低企业获取创新资源的成本与创新的不确定性，提高企业的创新产出。李新安（2003）认为，企业集群的主体是中小企业，受规模、资金等因素影响，单个企业自主创新的能力较弱，但当它们进行有机的集聚时就会产生信息共享的邻近效应和社会化效应，促进企业之间在技术上的相互学习和创新。集群内企业因知识溢出而产生的创新优势效应，在高新技术企业集群等知识密集型产业中表现得尤为突出。

2. 形成学习网络，提高知识积累水平

处于企业集群内的众多企业存在很多的共同需求，为了能够使自身的技术与竞争者既趋同又保持一定差异，各企业在竞争的压力下，会通过各种途径向对方学习和搜索相关技术信息，进而形成高效知识交流渠道和交错的学习网络，推动整个群体内浓厚学习氛围的树立。集群内企业可利用集群优势，同区域内的产学研机构组成联合体，参加行业协会和地方经济组织，大量的专业信息通过个人关系、各种社区联系、人员流动等进行交流，节省了研发和交易成本。新知识的利用速度大大加快，利用效率也大大提高。拉凯什（Rakesh）在 2002 年的研究表明雇员从集群中的一个企业流动到另一个企业能够形成集群中知识创造与扩散的自增强机制，尤其

是促进集群中隐性知识的流动。同时集群内相关行为主体的非正式交流网络的形成，也提升了集群内成员企业间知识的共享水平。集群内这种基于知识溢出的知识积累机制的存在，使集群能够创造出独特的知识，通过知识溢出机制转化为集群水平的共享知识，从而不断提高集群整体的知识积累水平。

3. 降低生产成本，提高生产效率

弗尔曼（Freeman，1991）的研究表明集群内知识溢出效应促进了集群创新网络发展和集群经济的增长，是集群创新产出和生产率提高的源泉。布伦纳（Brenner，2000）也认为劳动力的高流动性是集群知识增加与转移的持续源泉。劳森（Lawson，1999）发现在剑桥高技术企业集群，雇员在企业之间及大学与企业之间的经常流动，不但能够提供广泛的技术、技能，也能够促进知识的流动。雇员不但本身拥有技术，他们也会与以前工作的大学或企业保持联系，这种具有历史延续性、建立在共同信任及理解基础上的联系，能够促进集群中知识的持续流动。可见企业集群的知识溢出加速技术在各企业之间的交流和创新，整个群体的生产建立在不断更新的技术体系上，生产效率持续提高，产品性能持续改进，生产组织方法更加有效。各类人员从集群的知识溢出中学会更有效的工作方法。并且知识溢出为集群内企业的衍生和发展提供了技术、劳动力、企业家能力和市场拓展等完善的便利条件，降低了开办新企业的创业风险。因此，知识溢出可使生产成本下降，提高企业及集群的生产效率。

4. 扩大显性知识来源，提升创新能力

集群知识溢出效应的存在，使一些研发能力相对较弱的企业可以通过技术许可、公开的专利和出版物、各种技术会议及产品反向工程等方式获得新技术和新专利等显性知识，从而在短时间内掌握比较先进的技术，提升自身创新能力。这些知识进入企业内部转化为员工个体及企业知识积累的一部分，激发出创新思想，形成创新理念或创新设计，将这种创新理念或创新设计应用于产品创新或过程创新，进而提高企业的创新绩效。知识

溢出在企业内部的交流与共享过程。企业的创新成果通过循环和反馈，反过来成为企业知识存量的一部分，有利于企业从外部搜索和吸收更多的新显性知识，因此企业对外部显性知识的利用具有自增强效果。

尽管新专利和新技术等对提高企业创新绩效具有重要作用的显性知识可以通过知识产权得到保护，但知识产权的保护程度是有限的。研究表明，尽管存在着知识产权和专利权这样的法律保护，企业和大学在研发上的投资仍然不同程度地溢出给第三方企业，因此知识的溢出是普遍的。

5. 激活隐性知识，提升整体竞争力

集群内部的隐性知识包括具有成员企业自身特性的默会知识和具有集群特性的隐性知识。从技术创新的观点看，隐性知识是企业创新之源，这是因为，隐性知识既包含着发现创新问题的启发性期待，也孕育着解决该问题的方法预期。同时，隐性知识又具有二元性，一方面，它蕴含着巨大的价值，另一方面，它又是难以学习的。隐性知识嵌入在个体与企业中，通常需要通过人的行为反映出来，因此人与人之间的面对面交流是隐性知识溢出的主要途径，而企业集群恰好提供了这种面对面交流的条件。

隐性知识一般难以模仿与吸收，集群内部成员企业间的同一产业基础、相互作用、相互依赖以及共同利益使得它们具有理解这些隐性知识的基础。这种基于交互作用和非贸易相互依赖性的集群水平的系统知识的形成，不仅使集群内企业间的隐性知识溢出变得容易，而且还提高了群内企业对其他企业的隐性知识的理解与吸收能力。隐性知识流动与转化是企业技术创新的起点和关键，是形成企业创新、核心竞争力的重要基础，激活企业和集群的隐性知识，有助于企业和集群获得特殊的持续的竞争优势。企业集群内知识溢出效应，使企业能够在较短的时间内以较低的成本获得所需的各种知识，为企业的创新活动提供重要依据，提高了企业和集群的知识积累水平和创新水平，增强了整体的竞争能力。

当然，知识溢出效应的产生需要一定的条件。除了上节阐述的政策、文化等因素外，大量文献表明，吸收能力与知识溢出效应之间存在正相关关系，其主要原因是外部知识进入企业以后不能被企业马上利用，而是要

经过加工整理以及内化为企业的知识后才能发挥作用；另外，集群社会资本无论是对显性知识和隐性知识溢出都有重要影响，包括集群网络成员之间的紧密程度、信任关系、接触频率等因素。

5.4 本章小结

本章从集群创新的角度研究了嵌入式企业集群持续成长问题。研究表明，集群创新的有效实施需要一定的内外环境，集群内部组织结构、创新模式和创新系统等内部制度因素是影响集群创新效应的关键性因素；政府政策、中介机构、文化等外部环境因素也关系着集群创新实施的效果。在此基础上的集群创新的发生是在创新动力和创新资源共同构成的创新势能作用下的结果。本章最后一节重点讨论了企业集群知识溢出机制及其对集群创新的影响，研究表明地方政府、文化等外因会影响嵌入式企业集群知识溢出的效果，集群知识溢出对集群创新的正效应主要包括提高企业创新能力、增加显性知识累积以及激活隐性知识提高竞争力等方面。因此，为了集群持续健康发展，包括企业自身、地方政府、行业协会等都应该在集群创新效应发挥方面有所作为。

第 **6** 章

嵌入式企业集群的成长测评与实证研究

6.1 嵌入式企业集群发展状况测度

6.1.1 企业集群发展状况测度的理论基础

如前文所述，在当今经济全球化和区域经济一体化的背景下，企业集群作为经济发展的一种组织形式，其独特的作用已经显而易见。因此对企业集群相关评价研究也日益成为各国学者，政府及相关部门关注的热点问题。现有的研究基本趋于两个方向：一是定性解析集群的状况，从规范角度来分析；二是通过构建企业集群的相关评价指标体系或评价模型，收集企业集群各方面的统计数据来进行定量演算进行分析。

1. 定性评价研究

企业集群质量的评价主要集中于分析对企业集群发展影响的各个因素，综合评价这些因素及其相互作用关系的质量水平，从而得到企业集群质量的总体概况。笔者按照时间先后顺序选取了最具代表性的对企业集群进行定性评价的观点（见图6.1）。

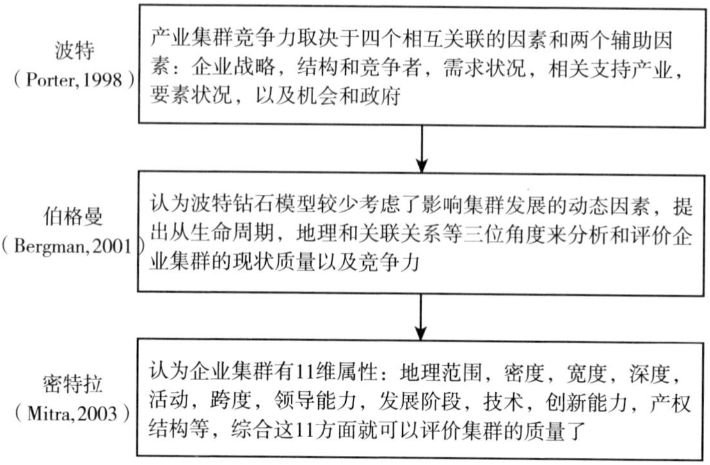

波特
（Porter, 1998）

> 产业集群竞争力取决于四个相互关联的因素和两个辅助因素：企业战略，结构和竞争者，需求状况，相关支持产业，要素状况，以及机会和政府

伯格曼
（Bergman, 2001）

> 认为波特钻石模型较少考虑了影响集群发展的动态因素，提出从生命周期，地理和关联关系等三位角度来分析和评价企业集群的现状质量以及竞争力

密特拉
（Mitra, 2003）

> 认为企业集群有11维属性：地理范围，密度，宽度，深度，活动，跨度，领导能力，发展阶段，技术，创新能力，产权结构等，综合这11方面就可以评价集群的质量了

图 6.1　企业集群评价观点总结

此外，费泽（Feser，2001）考虑了企业集群竞争力的诸多动态影响因素，从生命周期（时间）、地理（空间）和关联关系等三个维度来分析和评价企业集群竞争力。密特拉（Mitra，2003）认为企业集群有 11 种属性：地域范围（geographic scope）、密度（density）、宽度（breadth）、深度（depth）、活动（activity）、跨度（span）、领导能力（leadership）、发展阶段（stage of development）、技术（technologies）、创新能力（innovative capacity）和产权结构（ownership structure）等，综合这 11 个方面的能力表现，就可评判企业集群竞争力状况。定性评价的特点是主观性较强，所得到的结果也比较模糊，一般难以对企业集群竞争力的强弱作出明确定论。

2. 定量评价研究

（1）国外研究。

随着欧美国家企业集群统计工作的发展，人们可以更方便地得到翔实的企业集群统计资料，这无疑极大地促进了企业集群竞争力评价的定量研究和应用，所以近几年来许多学者试图在基于定性研究成果的基础上，探讨评价企业集群竞争力的定量分析工具和方法模型。

美国哈佛大学战略与竞争力研究所（Institute for Strategy and Competitiveness）在波特产业集群竞争力理论的基础上，发起了"集群分布测定项目"（Cluster Mapping Project）。该项目应用现代统计学方法和工具，对美国各州产业集群进行了详细的统计分析，从集群内的规模、劳动生产率、集群出口额、集群收入、经济贡献率、员工雇用总量、员工增长率、平均工资、人均专利数和创造就业等多方面的统计指标来比较不同集群的竞争实力。

帕德莫尔和吉布森（Padmore & Gibson，1998）在波特钻石模型的基础上，建立了企业集群竞争力评价的 GEM（groundings-enterprises-markets）模型。该模型采用一种系统方法来评估产业集群的优势和劣势，它的方便性在于能把握集群的关键症状，并提供解决这些症状的分析框架。GEM 模型涉及三对六个决定因素：基础（groundings）——供给决定因素（supply determinants）、企业（enterprises）——结构决定因素（structural determinants）和市场（markets）——需求决定因素（demand determinants），以世界范围的集群竞争标准给六个因素打分。分值从 1 到 10，最后计算产业集群竞争力的总得分，并借此评价企业集群的竞争力水平。

彼得罗贝利（Pietrobelli，1998）认为，有六个因素影响产业集群的竞争力，它们分别是：人力资本和技术熟练程度、企业经营的家族性程度、相关的制度机构、企业家文化、地方提供不动产和资金的能力、企业之间合作的习惯等。具体设定为 14 个指标（见表 6.1）。

表 6.1　　　　　　　　　产业集群竞争力的影响因素

理论假设	变量	描述
部门变量	XPROP	出口额/销售额
人力资本和技能	GENSK	基础教育人口/区域总人口
	GENSK2	中等教育人口/区域总人口
	HSK	高等教育人口/区域总人口
	TECSK	职业技术教育人口/区域总人口
	APPLSK	产业中自我创业人口/总劳动人口
家族企业绩效	FAM	家庭企业雇员人数/总劳动人口
	INST	绩效指标

续表

理论假设	变量	描述
企业家	ENTR	企业家专家人数/总劳动人口
不动产及资金服务状况	FSERV	金融机构人员数/总劳动人口
	RSERV	不动产服务机构人员数/总劳动人口
	RSERV2	服务业企业家和专门管理人员数/总劳动人口
组织间关系	AVGSIZE	产业区内平均企业规模
	NFIRMS	产业区内企业数量

资料来源：转引自李雄诒，许卫华. 产业集群竞争力评价理论研究综述［J］. 商业时代，2007（6）.

（2）国内研究。

从 20 世纪 90 年代开始，随着大量企业集群的出现，国内的一些学者展开了对企业集群、集群竞争力以及集群质量的跟踪研究。其中比较著名的著作有 1999 年仇保兴的《小企业集群》，2001 年王缉慈的《创新的空间》以及 2002 年张金昌的《国际竞争力评价的理论和方法》等，这些著作的出版对于我国企业集群及其实证研究起到了很好的促进作用。除了上述著作还有很多文章对集群进行定量分析。

郑海天和盛军锋（2003）通过对广东省产业集群竞争力的宏观模型分析，构建了集群竞争力评价指标体系来量化集群竞争力，并进行了实证研究。他们认为结构状况是集群竞争力的决定性因素。而结构状况则包括集群内企业的地理空间结构和组织结构。

梁宏（2005）采用了斯科特的观点即"当集群在一个地区形成后，这个地区的区域优势随之升级，可以说集群塑造了高层次的区域优势，因此可以用区域优势的基本评价指标来描述集群的发展状况。"并以此为基础建立了指标体系。该体系由经济竞争力、集聚竞争力、环境竞争力构成，分别从显性实力、隐性潜力以及环境条件三个方面对产业集群竞争力进行描述和刻画。

潘慧明、李荣华和李必强（2006）根据集群竞争表现的三个方面即：集群层面的竞争力，企业层面的竞争力和政府政策层面的竞争力来设计完整的指标体系（见表 6.2）。

表 6.2　　　　　　　　　　　产业集群竞争力指标体系

	一级指标（B）	二级指标（C）	三级指标（D）
产业集群竞争力评价指标体系	集群层面竞争力	网络关系结构	空间结构
			组织结构
		协作程度	协调程度
			合作程度
		集体效率	主导企业获取集群效益程度
		集聚程度	地均产值系数
			集群内主导产业相对比重
	企业层面竞争力	生产制造能力	生产可利用率
			设备先进程度
			集群全员工劳动生产率
		营销能力	市场占有率
			营销网络和分销渠道
			快速反应能力
		创新能力	创新机制健全程度
			新产品收益率
			高科技人员相对比重
			R&D 投入程度
		学习能力	吸收能力
			转化能力
		资本利用率	总资产贡献率
			固定资产原价实现的利税指数
			流动资产周转速度
		发展能力	技术进步指数
			集群规模发展指数
	政府层面竞争力	宏观政策	政策发展力度
			环境适应能力
		环境禀赋	基础设施建设力度
			市场开发程度

　　蒋录全等（2006）在"从影响主体确定到系统结构分解"的竞争力评价体系设计方法论原理指导下，对产业集群竞争力评价体系进行系统分析与设计，构建了一套涵盖 12 个因素、46 个子因素和 97 项显性观测指标的五层测评体系。

6.1.2 嵌入式企业集群竞争力要素的基本假设

由上述可知，对于企业集群成长状况的测度大多是从集群竞争力角度展开的。对于企业集群竞争力的概念，目前还缺乏明确统一的说法。刘恒江、陈继祥通过对前人有关企业集群竞争力的解释，将其内涵归纳为三种观点，即因素观点、结构观点和能力观点，并提出了企业集群竞争力的概念，即以企业集群的各种资产要素（包括企业、资源、基础设施和技术条件等）为基础，以企业间的动态网络关系及其层次性递进为运行方式，具有对环境的利用能力和规避能力，在全球市场竞争中能为产业集群的整体绩效带来实质性功效的强劲竞争优势。而谢红珍（2005）认为，企业集群竞争力是以一个国家或区域内部"生产同类产品或可以互相替代的产品"的企业集群作为主体，它不是单个企业的竞争力，且其竞争力体现在它所提供的产品或服务的能力上，并将企业集群竞争力定义为某一企业集群在区域间的市场竞争中，提供有效产品和服务的能力。

本书认为，企业集群竞争力的评价是一个系统、复杂的工程，面临的是一个相互关联、相互制约、目标分散、层次重叠的复杂系统。对于这样的系统，是无法完全依照定量模型和定量指标来分析评价。为此，根据嵌入式企业集群竞争力评价的目标特点，本书在评价方法和指标体系选择上采用定性与定量相结合的方法，结合模糊评价手段，运用建立在层次分析法基础上的蜘蛛图原理对企业集群竞争力进行评价。

综上所述，本书认为嵌入式企业集群竞争力是企业集群成员企业、集群整体以及集群所在区域等各要素的有机结合和互动基础上所形成的持久的整体竞争能力。集群所在区域的资源、设施以及政府因素构成嵌入式企业集群成长的基础，因为嵌入式企业集群正是在这样的环境下形成发展起来的；企业自身的创新能力、生产效率和盈利能力构成的企业要素从内部制约和影响着集群的竞争力；集群的集聚程度、规模、市场占有率以及品牌反映了嵌入式企业集群的整体竞争力的基本因素，而其本身又是宏观的基础要素与微观的企业要素共同作用的结果。因此，根据国内外对企业集群竞争力评价的指标体系设计，本书结合帕德莫尔和吉布森（1998）的

GEM（groundings – enterprises – markets）模型，提出嵌入式企业集群竞争力体系三个层次的假设：第一层次，嵌入式企业集群竞争力的影响因素包括基础因素、企业因素和集群因素。第二层次，基础因素包括资源、设施与政府；企业因素包括创新能力、生产效率与盈利能力；集群因素包括集聚程度、规模、市场占有率和品牌。第三层次，（1）资源因素我们用人力资本和资金来源两方面指标表示，设施因素主要包括开发区面积、基础设施投入和中介服务机构数量，政府因素主要从集群政策和开发区管理两个方面去衡量；（2）企业创新能力包括专利数量与研发投入，生产效率包括劳动生产率和总资产贡献率，盈利能力用销售利润率衡量；（3）集群因素中的集聚程度因素包括地均产值和企业密度，规模因素包括企业数量、规模以上企业比例以及总产值，市场占有情况包括国内市场占有率和国外市场占有率，品牌因素主要用著名商标数量表示（见表6.3）。

表6.3　企业集群竞争力评价指标体系

	准则层	一级指标	二级指标
企业集群竞争力评价指标体系	基础	资源	人力资本
			资金来源
		设施	占地面积
			基础设施投入
			中介服务机构数量
		政府因素	集群政策
			开发区管理
	企业	创新能力	专利授权数
			科研开发投入强度
		产品生产效率	全员劳动生产率
			总资产贡献率
		产品盈利能力	销售利润率
	集群	集聚程度	地均产值
			企业密度指标
		规模	企业数量
			规模以上企业比例
			总产值
		市场占有情况	国内市场占有率
			国外市场占有率
		品牌	著名商标数

6.1.3　研究方法与假设检验

根据本书提出的嵌入式企业集群竞争力假设模型，以及对长春高新区医药企业集群的实地调查，我们对假设模型进行了分析。针对假设模型的各项指标的具体权重设置问题向专家发放了问卷，详细问卷如附录一所示。

本书采用层次分析法对嵌入式企业集群竞争力评价指标进行了实证分析。通过层次分析，试图说明哪些因素对嵌入式企业集群竞争力有重大影响；哪些因素对企业集群竞争力影响程度较弱，即确定对嵌入式企业集群竞争力产生影响的各个因素的影响程度。

在企业集群评价指标体系中，各项指标与竞争力的相关程度有异，这主要通过权重系数来反映，相对重要的指标的权重系数就会大一些。在进行竞争力评价时，权重的确定是基本的问题之一，也是关键问题之一。权重的确定方法很多，主要包括主观赋权法和客观赋权法。就主观赋权而言，主要包括综合指数法、德尔菲法、层次分析法（AHP）、环比法、模糊法等。客观赋权法主要包括主成分分析法、因子分析法、变异系数法、复相关系数法等。考虑到数据获取的难易程度和成本，本书采用层次分析法，首先，在查阅企业集群相关文献基础上获取一些影响企业集群竞争力的主要因素，如人力资本 U111、资金来源 U112、占地面积 U121、基础设施 U122 等，根据这些影响因素之间的关系构建层级结构模型。其次，围绕三个维度——基础 U1、企业 U2 和集群 U3 以及三个维度下的 20 个影响因素设计问卷，再以调查问卷的形式向有关专家进行意见咨询，给每个层级因素评定权重，然后在此基础上求均值。最后，根据层次分析法中的层次总排序确定各层级因素对嵌入式企业集群竞争力的影响程度，即权重值。由九位专家对各项指标的重要性权重作出判断，对第一层指标确定权重，然后对每个第二子层评价因素予以分值，取加权权重计算出各个第二子层评价因素的分值以此计算第三层指标加权权重。

根据层次分析法的层次总排序思路计算同一层次所有因素对于它上层级及最高层相对重要性的排序权值，其计算方法如表 6.4 所示。表中的 A_1，A_2，…，A_m 是层次 A 包含的因素，a_1，a_2，…，a_m 是相应因素的排序权值；B_1，B_2，…，B_n 是层次 B 包含的因素，b_{1j}，b_{2j}，…，b_{nj} 是层次 B 对层次 A 中因素 A_m 的排序权重值。

表 6.4　　　　　　　　　　　　层次总排序计算方式矩阵

层次 B	层次 A		层次 B 总排序权重值
	A_1，A_2，…，…，…，A_m		
	a_1，a_2，…，…，…，a_m		
B_1	b_{11}，b_{12}，…，…，…，b_{1m}		$\sum_{j=1}^{m} a_j b_{1j}$
B_2	b_{21}，b_{22}，…，…，…，b_{2m}		$\sum_{j=1}^{m} a_j b_{2j}$
…			
B_n	b_{n1}，b_{n2}，…，…，…，b_{nm}		$\sum_{j=1}^{m} a_j b_{nj}$

　　根据表 6.4 所列的计算方式计算得出指标一层对目标层、指标二层对准则层、指标二层对目标层的相对重要性的排序权重值，最后可获得排序汇总表（见表 6.5）。

表 6.5　　　　　　　　　　　　　　　　排序汇总

目标层	准则层	指标层一			指标层二			
		因素	对准则层	对目标层	因素	对指标层一	对准则层	对目标层
企业集群质量评价指标体系	基础 0.353	U11	0.496	0.175088	U111	0.587	0.291152	0.102777
					U112	0.413	0.204848	0.072311
		U12	0.251	0.088603	U121	0.248	0.062248	0.021974
					U122	0.407	0.102157	0.036061
					U123	0.345	0.086595	0.030568
		U13	0.253	0.089309	U131	0.448	0.113344	0.04001
					U132	0.552	0.139656	0.049299
	企业 0.298	U21	0.348	0.103704	U211	0.473	0.164604	0.049052
					U212	0.527	0.183396	0.054652
		U22	0.351	0.104598	U221	0.501	0.175851	0.052404
					U222	0.499	0.175149	0.052194
		U23	0.301	0.089698	U231	1	0.301	0.089698
	集群 0.349	U31	0.253	0.088297	U311	0.584	0.147752	0.051565
					U312	0.416	0.105248	0.036732
		U32	0.216	0.075284	U321	0.248	0.053568	0.01867
					U322	0.364	0.078624	0.027403
					U323	0.388	0.083808	0.02921
		U33	0.199	0.069451	U331	0.584	0.116216	0.040559
					U332	0.416	0.082784	0.028892
		U34	0.332	0.115868	U341	1	0.332	0.115868

根据调研和理论研究，我们对嵌入式企业集群的竞争力指标体系进行了系统分析，最终确定了基础、企业、集群三个层面的指标。基础层面的评价指标借鉴了 Porter 钻石模型与 GEM 模型的生产要素、政府以及资源等思想。

企业集群的发展离不开当地各种资源的支持，上述学者的模型也都强调了这一点。本书在借鉴这些模型的基础上，结合我国开发区企业集群形成机制，认为资源方面的人才和资本对企业集群竞争力有比较大的影响。基础设施是一个内涵广泛的术语，按照 GEM 模型对基础设施的理解，基础设施包括硬件设施和制度安排，硬件设施方面主要指道路、港口、管道和通信设施等；制度安排包括研究机构、培训体系、商业环境、生活环境等。本书主要考察开发区企业集群，因此构建的指标体系主要从开发区面积、投入、中介机构等方面设计。世界各国的经验表明政府支持对集群发展的重要性，本书研究的主题——嵌入式集群更是离不开区域政府以及区域政策。已有的研究往往对政府因素对集群发展中的作用反映不足，或者干脆不予考虑。本书将政府因素融入嵌入式企业集群评价指标体系中，主要通过开发区管理和集群政策指标来测量其对嵌入式企业集群发展的影响。集群竞争力的提高根本上要依托集群企业的支撑和发展，集群企业层面的评价指标借鉴了潘慧明、李荣华和李必强（2006）等关于企业生产制造能力、创新能力、发展能力的竞争力体系的思想，指标体系包括创新能力、生产效率以及盈利能力。集群层面的评价指标借鉴了 Porter 钻石模型与 GEM 模型的"企业战略、结构和竞争者"、潘慧明等评价指标体系中的"集群层面竞争力"的思想，并结合嵌入式企业集群的本质提出，从集群集聚程度、集群规模、市场占有率以及品牌四个方面构建指标体系。与以前的观点不同的是，集群层面的指标体系中本书没有考虑集群企业之间的联动关系以及集群产业链问题，而代之以市场占有率以及品牌指标，原因在于本书研究的嵌入式集群的特殊性质。特别是品牌因素等无形资产，以往的模型中很少从集群的角度起作用，而随着经济发展和科技的进步，品牌等无形资产无论是对企业、对集群发挥的作用日益显著，对集群的竞争力具有重要影响。

6.1.4　指标说明与评价方法

如前文所述，本书在借鉴 Porter 的钻石模型和 GEM 模型以及潘慧明的集群竞争力与企业竞争力模型的基础上，结合嵌入式企业集群的特征提出的，主要从基础、企业和集群三个层面考虑嵌入式企业集群的竞争力。这三个层面代表了嵌入式企业集群的宏观基础、中观环境和微观核心三个方面，基本较全面地反映了嵌入式企业集群的成长发展环境。

1. 基础

（1）资源。主要是指企业集群外为集群内部企业的生产过程所提供的资源要素。波特指出，在实际竞争中，丰富的资源或廉价的成本因素往往造成没有效率的资源配置；另外，人工短缺、资源不足、地理气候条件恶劣等不利因素，反而会形成一股刺激产业创新的压力，促进企业竞争优势的持久升级。一个集群的竞争优势其实可以从不利的生产要素中形成。虽然随着技术基础设施对集群的发展越来越重要，但初级生产要素仍然对企业集群竞争力有一定的影响。由于地理位置优势、自然资源等因素无法量化，只能通过定性评估来考察，而资金与人力资源较容易量化，所以本书主要通过量化这两个资源因素来反映其对集群竞争力的影响。

① 人力资本：专科以上人员/地区职工人数。反映了集群的文化水平和职员的质量水平。

② 资金资源：贷款额/地区储蓄

（2）设施。① 基础设施投入（万元）。这是指集群内水、电、热、气、通信、网络、仓储、生产、生活等基础设施建设的投入，反映集群为企业提供的生产和办公条件、生活环境、设施设备的完备程度。

② 中介服务机构比例（%）。这是指集群内各类中介服务机构，包括政府办事机构、会计师和律师事务所、风险投资机构、银行、科技中介机构、咨询机构、培训机构等机构数量占全部企业的比例，反映集群中介服务体系的完善程度。

（3）政府因素。① 集群政策。集群政策首先是衡量政府目前制定的产业政策是否科学完善，其次是集群政策能否引导开发区企业朝着集群化方向发展。政府在企业集群发展中最重要的职能之一是制定科学、合理的集群政策体系，借此为企业集群的发展提供明确的发展规划、产业布局、规模标准、重点建设项目，并引导重点产业选择集群化发展方向；或者通过集群政策杠杆引导或限制相关企业的进入，避免开发区资源的浪费。

② 开发区管理。开发区管理主要是指政府通过立法和执法来规范开发区的发展，维护市场秩序，确保集群企业拥有一个公平竞争的环境。只有创造一个良好的开发区环境，才能形成吸引力，产生集聚效应。

2. 企业

（1）创新能力。研发能力是创新能力的一个重要标志，也是衡量企业发展潜力的重要指标。

科研开发经费投入强度 = 科研开发经费/销售收入

（2）生产效率。全员劳动生产率是反映生产发展水平和经济效益的重要指标，它的提高是产品生产技术水平、经营管理水平、职工技术熟练程度和劳动积极性的综合表现。总资产贡献率则反映了资金占用的经济效益。

① 全员劳动生产率 = 工业增加值/从业人员。

② 总资产贡献率 = （利润 + 税金 + 利息）/资产总额 × 100%。

（3）产品盈利能力。盈利是每个企业集群经营活动的最终目的，盈利状况是影响企业集群竞争力的一个最基本的因素。

销售利润率 = 利润/销售收入总额

3. 集群

（1）集聚程度。用地均产值来计算反映单位土地面积上的产出：

① 地均产值 = 产值/土地面积

② 企业密度指标 = 企业数量/平方公里

（2）规模。企业数量。规模以上企业比例指集群中年产品销售收入在500万元以上的企业占全部企业的比例，反映集群的企业规模结构。

计算公式为：（规模以上企业数/全部企业数）×100%

（3）市场占有情况。市场占有率体现该集群主导企业在国际国内市场上所占的份额。既是企业集群的实现指标，同时又是影响企业集群的重要因素。在评估国内企业集群竞争力时主要使用国内市场占有率；在评估国际竞争力时，主要使用国际市场占有率。

① 国际市场占有率＝某产品出口额/该产品的全世界出口份额

② 国内市场占有率＝地区某产品销售收入/全国同类产品销售收入

（4）品牌。著名商标数（个）。是指集群企业拥有的国际、国家和省级著名商标的数量，反映集群的市场经营效果、品牌知名度以及发展潜力。

计算公式为：国际著名商标数＋0.5×中国著名商标数＋0.2×省级著名商标数。同一个商标，不重复计算，以最高级别为准。

鉴于研究的实际需要和方法适用性，本书在计算出上述指标后拟采用基于模糊综合评判的蜘蛛图工具对嵌入式企业集群进行分析。蜘蛛图是由我国的孙班军教授在研究集团公司竞争力评价时提出。在《集团公司竞争力》一书中以集团公司的竞争力的评价指标体系及各指标的评价值和权重为基础，将模糊综合评价技术中的一些方法与其中的饼状图有机地结合在一起，形成了若干个占据不同面积的小扇形，这些小扇形的面积总和就代表集团公司竞争力的大小。由于最后描绘出来的图近似蜘蛛图，因此他将这种方法命名为"蜘蛛图法"。

由于企业集群和集团公司有许多相似之处，其差异主要体现在评价指标上，因而借用蜘蛛图来综合评价企业集群的质量是有效的。

6.2 嵌入式企业集群发展的实证分析

6.2.1 长春高新开发区医药园企业集群现状

长春高新技术产业开发区是1991年由国务院批准设立的国家级高新技术产业开发区，是吉林省第一家国家级开发区，也是国家重点先进高新区

之一（2016 年长春高新技术产业开发区已经统一归入长春新区）。2004 年
下半年，一个集研发和高标准的药材基地于一体的医药产业平台在长春市
高新技术开发区动工。医药科技园的总投资约为 10 亿元，其中企业自筹资
金 3 亿元，高新区配套资金 7 亿元。参与筹资的修正药业集团在高新区内
征地 30 万平方米。为了加快新产品开发力度，2007 年该集团在研发上的
投入就高达 1.7 亿元。以 2008 年 1～4 月的统计数据为例，全市完成工业
指标 610 亿元，其中汽车 490 亿元，粮食 45 亿元，光电子 9.6 亿元，医药
9.4 亿元。2009 年，为了更好应对国内外政治经济形势的变化，长春高新
制定了新的发展战略①。特别是 2016 年设立长春新区以来，长春高新区对
全市的贡献率进一步获得提升。根据相关机构的研究结果显示，2022 年长
春高新区软实力价值 437.61 亿元，较上年增 47.21 亿元，增幅 12.09%；
软实力指数 0.5760，较上年提升 0.44 个点；价值创造指数 0.8735，较上
年提升 67 个基点。2022 年长春高新区软实力位列 169 个国家高新区软实
力价值排序第 26 名；软实力指数排序第 50 名。从国家高新区对所在城市
软实力价值贡献率看，长春高新区对长春市软实力价值贡献率为 18.00%，
较上年 17.47% 的贡献率提升 0.53 个百分点②。

　　以医药产业为例，自从当年确定了作为长春高新区重点培育的支柱产
业以来，医药产业发展迅速，已经和光电子产业一样，成为长春经济新的
热点，成为四大产业支柱之一。相对于政府的乐观态度和积极行动，企业
也对产业前景抱有信心。国家发展和教育改革委员会当年搞生物产业基地
建设给吉林省医药产业提供了发展良机，并且在国家的产业定位当中，生
物医药产业国家发改委认定的国家首批生物产业基地之一。为了把医药产
业打造成为长春市四大支柱产业之一，长春市医药产业的集中地——高新
技术开发区也在医药知识产权的保护、资金、税收等方面对医药企业给予
大力支持。并且当时海虹集团、敖东药业等省内外知名企业已经决定共同
投资组建吉林省医药物流中心，政府也在组建过程中予以政策、资金等方

---

① 根据长春高新技术产业开发区管委会相关规划文件总结整理.
② 邓正红软实力 [EB/OL]. 搜狐网, 2021–11–06.

面的支持。目前，长春高新区已成为国内最大的基因药物生产基地、亚洲最大的疫苗细胞因子产品生产基地。2021 年，全区集聚医药健康企业 600 余户，医药产业产值保持较快增长，占全区产业比重由 11.2% 上升到目前的 26.5%，对拉动经济、产业结构调整的作用逐步凸显。长春高新区医药健康产业产值达到 223.7 亿元，占全市的 80%，占全省的 30%，成为新区经济增长的有力支撑。国药新冠疫苗实现产值 30 亿元，成为国药在全国第二大疫苗生产基地，P3 生产车间获批，正推动六部委生物安全审查和 GMP 认证，P3 实验室待进入 CANS 认证①。

6.2.2　长春高新开发区医药园企业集群的实证分析

为了更深入地了解长春高新区医药产业的发展规律，我们通过发展脉络的梳理，以及根据对长春高新技术开发区医药企业历史数据调研所获得资料，运用上节中的模型和建立起的评价方法，对长春高新区医药企业集群的竞争力进行评价。数据选择上利用 2007 年国家"火炬计划"相关报告和长春高新技术管理委员会公布的数据以及问卷调查的方法综合获得，按照上述设计的分析模型进行医药园企业集群的实证分析（见表 6.6）。政府因素采用问卷调查方式予以量化（调查问卷见附录二）。

表 6.6　　　　　长春高新医药园与全国高新开发区数据对比

数据名称	长春高新开发区 医药园企业集群	全国高新开发区数据 （"火炬计划"中的高新开发区）
大专以上员工人数（人）	4.43 万	75.2 万
员工总人数（人）	9.85 万	196.9 万
贷款额（元）	248900000	3235.7 亿
储蓄额（元）	118203000.96	1418.4 亿
基础设施投入（亿元）	11.9	1608.7
中介服务机构数量（家）	41	3170

---

① 2022 年国家高新区软实力巡礼［EB/OL］. 搜狐网，2022 - 09 - 13.

续表

数据名称	长春高新开发区医药园企业集群	全国高新开发区数据（"火炬计划"中的高新开发区）
专利授权数（个）	1400	50880
企业总数（家）	172	9056
科研开发投入（亿元）	2.21	440.3
销售收入（亿元）	25.32	16934.6
工业增加值（亿元）	8.86573	452.5
净利润（元）	41018542.76	2128.5亿
税金（元）	25083090.08	1977.1亿
利息（元）	30419470.43	386.327亿
资产总额（元）	1511770492.07	19216.7亿
工业总产值（元）	950亿	35898.9亿
土地面积（平方公里）	49	2870
规模以上企业数（个）	51	3169
产品出口额（亿元）	8.3	689
全国销售收入（亿元）	17.02	1624.6
国际著名商标数（个）	4	424
中国著名商标数（个）	9	742
省级著名商标数（个）	23	1643

1. 计算指标

根据以上数据进行指标计算（见表6.7）。

表6.7　　　　长春高新开发区医药园企业集群评价指标数据

三级指标	长春数据（1）	全国高新平均值（2）（53家）
本科以上人员/地区职工人数（％）	44.97	38.2
贷款额/地区储蓄（元）	2.10	2.28
占地面积（平方公里）	49	54.2
基础设施投入（亿元）	11.9	30.3
中介服务机构数量（家）	41	60

续表

三级指标	长春数据（1）	全国高新平均值（2）（53 家）
专利授权数（个）	1400	960
科研开发投入强度（%）	8.7	2.6
全员劳动生产率	9000.74	22981.2
总资产贡献率（%）	6.38	23.3
销售利润率（%）	1.62	12.5
地均产值	19.39	12.51
企业密度指标	3.51	3.15
企业数量（家）	172	170
规模以上企业比例（%）	29.65	35
国内市场占有率（%）	1.05	1.89
著名商标数（个）	13.1	21.2

2. 权重分配

在对指标进行直线型无量纲化之前，需要对各项指标加以权重。本书采用层次分析法，将由专家和医药企业管理者等 33 名相关人员组成的专家小组，对其进行了问卷调查，给予三个层面直接因素进行了权重分配。

从调查问卷一我们可以得到关于一级指标权重的成对比较矩阵。现以一位调查对象的调查情况为例，来求解评价指标权重。

$$A_1 = \begin{pmatrix} 1 & 5 & 3 \\ 1/5 & 1 & 1/2 \\ 1/3 & 2 & 1 \end{pmatrix}$$

根据一致性检验公式：$CR = \dfrac{CI}{RI}$，$CI = \dfrac{\lambda max - n}{n - 1}$和 Satty 给出的随机一致性指标数值，计算出 $CR = 0.0043 < 0.1$，矩阵 A_1 通过一致性检验。A_1 的最大特征根对应的特征向量为（2.46621，0.46416，0.87358），归一化为（0.648，0.122，0.230），此即为该调查者对一级指标基础、企业、集群在企业集群竞争力评价中所占的权重向量。仿照上述步骤，可以得到所有

33位调查对象的权重向量，综合平均后可以求得一级指标最终的权重向量。

仿照上述方法，我们可以求解出33位被调查者对二级指标和三级指标的权重，具体如表6.8所示。

表6.8　　　　长春高新开发区医药园企业集群指标权重

一级指标	权重	二级指标	权重	加权权重	三级指标	权重	加权权重
企业集群质量评价指标体系		资源	0.45	0.1575	本科以上人员/地区职工人数	0.6	0.0945
					贷款额/地区储蓄	0.4	0.063
基础	0.35	设施	0.25	0.0875	占地面积	0.25	0.021875
					基础设施投入	0.4	0.035
					中介服务机构数量	0.35	0.030625
		政府	0.30	0.105	集群政策	0.5	0.0525
					开发区管理	0.5	0.0525
企业	0.3	创新能力	0.35	0.105	专利授权数	0.45	0.04725
					科研开发投入强度	0.55	0.05775
		产品生产效率	0.35	0.105	全员劳动生产率	0.55	0.05775
					总资产贡献率	0.45	0.04725
		产品盈利能力	0.3	0.09	销售利润率	1.0	0.09
集群	0.35	集聚程度	0.25	0.0875	地均产值	0.6	0.0525
					企业密度指标	0.4	0.035
		规模	0.2	0.07	企业数量	0.25	0.0175
					规模以上企业比例	0.35	0.0245
					总产值	0.4	0.028
		市场占有情况	0.2	0.07	国内市场占有率	0.55	0.0385
					国外市场占有率	0.45	0.0315
		品牌	0.35	0.1225	著名商标数	1.0	0.1225
合计							1.0

3. 无量纲化

按照公式 T = R/S 对指标进行直线型无量纲化，即用表6-7中数据(1)/(2)，具体如表6.9所示。

表 6.9	长春高新开发区医药园企业集群指标的无量纲化
本科以上人员/地区职工人数	1.18
贷款额/地区储蓄	0.92
占地面积	0.90
基础设施投入	0.39
中介服务机构数量	0.68
集群政策	0.75
开发区管理	0.82
专利授权数	1.46
科研开发投入强度	1.31
全员劳动生产率	0.39
总资产贡献率	0.27
销售利润率	0.13
地均产值	1.54
企业密度指标	1.11
企业数量	1.01
规模以上企业比例	0.85
国内市场占有率	0.56
国外市场占有率	0.68
著名商标数	0.62

4. 对数据进行蜘蛛图分析

下面根据蜘蛛图 6.2 原则把评价值代入：

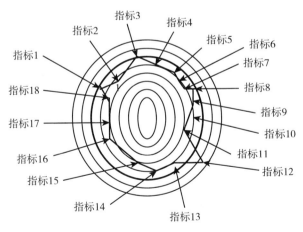

图 6.2   蜘蛛图

注：根据表 6.8 列出的 18 项指标，在蜘蛛图中依次为指标 1 到指标 18；图中粗圆为集群标准值（相当于 1），当线高于该圆时说明其代表的指标值高于集群标准值，反之低于标准值。

6.2.3 长春高新开发区医药园企业集群质量综合分析

由前述数据统计分析可知，基础、企业、集群三大类因素对嵌入式企业集群发展都有重要影响，其权重分别为 0.35、0.3 和 0.35，在第一类因素中，资源是影响嵌入式企业集群竞争力的主要因素，其权重值为 0.45；政府因素居其次，其权重值为 0.35。集群因素作为另一个主要影响因素，特别是其中的品牌因素，其权重在总排序中是最高的，达到 0.1225，由此可见，无形资产的竞争变得越来越重要，也是今后嵌入式企业集群发展过程中特别要重视的因素。

此外，从上述蜘蛛图中，我们可以清晰地看出长春高新开发区医药园企业集群的优势和劣势，分析如下。

1. 优势

（1）长春高新开发区医药园企业集群的科研开发投入，员工学历以及专利授权数都有很好的发展水平。主要得益于长春市高新开发区集中了吉林大学、长春应化所等一批高水平的研究机构和国家及省部级重点实验室、药物安全评价中心、药品临床研究基地和新药研发机构 100 多家，已初步形成了从基础研究、小试、中试直至产业化的研发平台和创新体系。目前，在基因工程技术、细胞工程技术、酶工程技术、组织工程技术以及血浆综合利用技术、生物发酵技术和中药二次开发等研究上，取得了一批具有国际先进水平的成果。

（2）反映集群集聚程度的两个指标地均产值和企业密集程度的值都高出行业标准值，说明该集群的集聚程度很好。企业集聚的集聚程度反映了集群内企业间联系紧密，互相交流沟通顺畅，这样利于集群内资源共享，减少恶性竞争，利于集群整体的长远发展。

2. 劣势

（1）虽然该企业集群创新能力较强，但总资产贡献率、销售利润率、全员劳动生产率这些效率指标都比较低。深入研究，我们看到这与"品牌"有着重要的关系。品牌指标评价数仅仅是个中等值，也就是在前期创新研发中投入了很多，但由于市场营销做得不好，效果收获甚微，这也就是长春高新医药园企业集群目前的症结所在。长春市医药园注册医药品种4036 个，其中生物药品种 120 个，主导品种 164 个，主要剂型 30 个，基因工程药物 10 个，疫苗产品 26 种，但真正成为国际知名、国家知名的品牌少之甚少。

（2）明显看到长春市高新开发区医药园企业集群内的基础设施投入大幅度低于行业标准值，中介服务机构也低于行业标准值。这样会深刻影响到该企业集群的招商引资，也削弱了医药园集群的吸引客户的能力，并带来影响集群形象等一系列问题。这都阻碍了高新开发区医药园企业集群的发展。

6.2.4　对长春高新开发区医药园企业集群的建议

通过前文的分析，可以看出该集群的优劣势所在，所以应该保持优势，并针对劣势进行改进和完善。

1. 以现代营销理念推动市场营销

突出现代中药、生物制药特色，打造有口皆碑、享誉世界品牌，巨大市场份额擎起产业发展无限空间。树立现代市场营销理念，全力实施品牌支撑战略。长春高新开发区医药园企业集群要大力实施名牌战略，要生产出像"哈药制药六厂""斯达舒"等名牌产品，享誉全国、增大市场份额，增加单品种销售额。同时大力培育高新技术品种，推广现代中药工艺技术，提高市场容量大、有再开发前途品种的质量标准，实现老药新做和产品升级换代，依靠新药形成品牌，抢占市场份额。另外，积极推动营销创新，逐步建立适应市场机制的营销体系，实行"宣销分离"的营销策略，运用网上营销、联销经营、代理营销等现代营销方式，不断加大市场策划、广告宣传投入。与此同时，该集群要积极推动医药企业"走出去"，抢占国际市场，鼓励药企与国外建立良好联系，争取在国外设立驻外机构和分公司，初步形成较为稳定的国际市场销售渠道，增加出口。长春市高新开发区医药园企业集群要突出自己的强项生物制药特色，在基因、细胞、酶工程等领域开发自主知识产权药，着力打造强势品牌，争取在生物药领域占据全国市场"半壁江山"。与此同时，长春各方机构包括政府，医药产业协会等要大力协助充当"医药产品推销员"，积极推介医药企业和产品，举办长春国际医药博览会，组织企业参加国内外"药品交易会"等宣传推介活动，借此提升"长春医药"知名度。

2. 加大中介机构设立和基础设施投入

基础设施和中介服务机构是企业集群中的黏合剂。高新开发区政府必须强化中介机构的功能，推动和引导一批公益性中介机构，筛选和鼓励一批服务意识强、服务水平高、管理运作规范的商业化中介机构，大力发展行业协会，加强法律服务和金融服务建设，推动企业与中介机构的有机融合，建立专业化的中介机构，为医药园企业集群内企业合作创新起到必要的"黏合"和支撑作用。

集群服务体系一般包括融资服务体系、人才服务体系、信息服务体系、物流仓储服务体系、技术服务体系等。高新开发区政府可以把某些服务功能从行政职能中剥离出来，使隶属政府的中介机构尽快与政府脱钩，变"国营"为"官助民营"最终实现按市场机制运作，支持建立融资担保机构、产业投资基金、专业化的培训机构、生产力促进中心、创新中心、科技开发中心、信息服务中心、网络中心、行业协会、商会等中介服务组织。

3. 提高自主创新能力，推动企业集群由低成本型向创新型转变

企业集群有两种差异明显的发展道路，即"高架道路（highroad）"（创新型集群）和"下层道路（lowroad）"（低成本型集群）。"高架道路"是指欧洲成功企业群的发展道路，即企业群具有创新、高质量、功能柔性和良好的工作环境等为特征。"下层道路"则以低价格、廉价材料、大量劳动力柔性和较低的劳动力价格为基础。长春高新区医药企业集群大多数只是具有低价格优势，产品质量较低，无法进入高价值市场，也即具有明显的"下层道路"或"高架道路"与"下层道路"混合型的特征。自 20世纪 90 年代以来，一方面，更低工资的国家和地区进入了全球市场，另一方面，世界市场朝着较高质量、较快反应、较少批量的方向发展，对于长春高新区医药企业集群的企业来说，也就是要以较低的价格生产出符合世界标准的产品。此外，由于贸易自由化，我们将不得不放弃刺激产品出口的政策。以上因素都会导致医药集群企业的价格比较优势不断削弱。因此，各级政府要通过对技术教育的支持、研究开发税收优惠政策以及资助龙头制造商的创新活动来提高企业集群的自主创新能力，以推动企业集群从低成本型向创新型攀升。

4. 推进有利于企业集群发展的区域制度建设

地方制度是指各种关系不同的组织形式。它是一个内涵广泛的概念，既可以包括一些正式的政治、经济制度（如具有法律效力的合约），也可以是非正式的社会文化制度（如习惯和风俗）。尤其后者因为具有不易模仿性以及历史继承性而成为区域竞争的根本性优势。斯各特（Scott）认为，现代产业系统中的竞争不可能都是纯粹市场化的，而是还要受制度框架的影响。这些制度框架把买卖双方企业按照他们熟悉的和互惠的惯例联系起来，这反过来又促进多种合作形式，因此加强了特定产业区的比较经济优势。他在理论和实践的基础上总结出，最具发展动力的产业群通常需要以现有的社会文化准则为基础的集体制度安排，以此来克服市场失效。

通过实证分析发现，比较低的效率指标如：总资产贡献率，销售利润率，全员劳动生产率和比较低的基础设施投入和中介机构是制约长春高新开发区医药园企业集群发展的关键因素。在振兴东北老工业基地的时代背景下，为了加快长春高新开发区医药园企业集群的发展，应该注意从加强市场营销理念，加强中介机构服务等方面着手进行提高。

6.3 本章小结

　　本章从集群竞争力的角度对嵌入式企业集群成长状况进行了深入研究，在总结前人研究经验的基础上，本书从基础、企业与集群三个层面构建了嵌入式企业集群竞争力评价指标体系，并结合蜘蛛图工具对长春高新开发区医药企业集群进行了实证分析。研究表明，开发区所在区域的人力资源、资本资源、基础设施、中介机构、开发区管理、集群政策、品牌等因素都会对嵌入式企业集群的持续成长产生重大影响。从宏观上看，开发区应注重完善配套设施建设，改善服务质量，科学地制定集群政策；从微观上看，集群企业要注重研发投入，提高生产效率；特别是在无形资产价值日益受到重视，品牌建设是集群发展不可忽视的主题，甚至已经成为影响集群竞争力的重要因素。品牌的建设需要当地管理部门、集群企业共同努力，才能有效提升集群竞争力，促进集群产业升级，从而避免集群走向衰落。

第 **7** 章

中外嵌入式企业集群的
发展现状与启示

理论研究的最终目的是指导实践，本章以前面的理论分析及相关结论为基础，结合中外嵌入式企业集群成长的历史与现状，对我国高新开发区集群化发展进行启发性思考，并为各级政府发展本地集群经济和制定政府政策提供决策支持。

7.1 中国嵌入式企业集群发展纵览

7.1.1 我国高新技术产业区的发展历程

我国的开发区是在面临世界新技术革命挑战，各国不断加强高新技术产业发展，国内不断深化改革和对外开放的背景下发展起来的。自 1984 年 9 月起，国务院先后批准了大连、天津、青岛等 53 家国家级开发区，二十多年来，这些开发区的经济以超常规的速度发展，创造了巨大的财富。经过二十多年的超常规快速增长，几乎所有开发区都已完成了工业化。而且，伴随着工业化的脚步，城市化率也快速提升，多数开发区的人均 GDP 都已经达到或超过中等发达国家水平，开发区目前的发展已经到了一个新的阶段。总的看来，我国高新区的发展经历了四个时期。

(1) 准备孕育阶段（1983～1988年）。1984年6月，原国家科委向中共中央、国务院递交了关于迎接新技术革命的对策报告，其中明确提出了要研究和制定新技术园区和企业孵化器的优惠政策，跟上新技术革命的步伐。1985年3月，中央通过决定，在全国选择若干智力密集区域，采取特殊政策，逐步形成具有不同特色的新兴产业开发区；同年4月，国家科委提出在北京、上海、武汉、广州等城市试办高新区的设想；同年7月，我国第一个高新区深圳科技工业园正式开办，拉开了我国创办高新区的序幕。1988年6月，国务院正式批准建立北京高新技术产业开发试验区，并制定了有关试验区的18项优惠政策，从而奠定了我国高新技术产业开发区发展的制度基础。同年8月，我国政府正式提出以发展高技术产业为目标的"火炬计划"，明确把创办高新区、企业孵化器作为"火炬计划"的重要组成部分。至此，我国高新区完成了酝酿阶段，开始进入创办时期。

(2) 初创阶段（1988～1992年）。从1988年开始，在"863计划""火炬计划"的推动和北京高新技术产业开发试验区的示范作用下，我国绝大部分省、自治区、市和计划单列市纷纷结合当地特点和条件积极创办各种类型的高新技术产业园区。1991年3月，国务院在全国37家地方兴办的高新区基础上，正式批准建立了第一批27个国家级高新区，同时制定了一整套扶持高新区发展的优惠政策。至此，我国的高新技术产业园区形成了一定的规模；此后一年，全国各地兴起了建设高新技术产业园区的热潮，先后有近100个城市要求批准建立国家级高新区，最后批准了苏州、无锡、常州等25个城市的申请。这一时期，开发区建设的主要特征是：区域选择靠近或处于智力、知识密集区，以高等院校、科研院所为依托，交通便利，有一定的产业基础；地方政府设立专门的管理机构进行综合管理，资金来源多渠道，形成企业自筹、银行贷款、政府适当补贴建设格局；各地相继依据自身特点，制定了相应的配套政策体系，初步形成比较完善的政策支撑环境；各地开发区注重发挥自身优势，成片规划，集中开发，从项目做起，滚动发展，努力探索各自的发展模式。

(3) 快速成长阶段（1992～2006年）。从1992年开始，开发区经过了从无到有的历史跨越后，进入从小到大的成长发展阶段。1997年6月，在全国高新开发区蓬勃发展的基础上，为推动农村高新技术产业的发展，国务院经过慎重研究，在北方农业科技、教育实力最为密集的陕西杨凌批准建立了国家农业高新技术产业开发示范区。至此，经国务院批准的国家开发区已经达到 53 个，加上 61 个省级开发区及大学科技园、民营科技园等不同层次的高新技术产业基地，整体布局基本完成。根据其在全国的地理分布，大体可以分为环渤海地区、长江三角洲地区、珠江三角洲地区、中部地区、西部地区等五个集聚区。这一时期开发区的几个明显特征为：从"一次创业"阶段进入"二次创业"阶段，一次创业求生存，二次创业求发展，将大力发展具有自主知识产权和国际竞争力的支柱产业，为我国产业开发和结构调整，提高经济发展的质量和效益，为科教兴国和可持续发展作出贡献；更加注重综合环境特别是软环境的营造；由主要依靠政策驱动逐步转入功能驱动，各地开发区为在激烈的竞争中求得发展，均加强了自身建设，向发挥其功能优势的方向发展，这是近几年来开发区建设的又一重要转变①。

（4）国家级新区的探索与发展阶段（1992 年至今）。1992 年，我国第一个国家级新区浦东新区设立，标志着我国改革开放进入一个全新的发展阶段。此后，根据经济发展的需要，我国各地相继设立了 19 个国家级新区。新区的发展已经成为我国新时代经济发展的重要驱动力之一，乃至关系着国家战略部署过程中的引领示范作用，如西部大开发战略、振兴东北老工业基地战略、"一带一路"倡议等。特别是 2017 年雄安新区的设立更具深远意义，这势必在我国经济发展过程中发挥创新引领示范作用，不断推进理论创新、制度创新、科技创新及文化创新。

现如今，以高新区依托的新区已经成为我国经济发展的重要基地，自建区以来，在推动技术创新环境建设与高新技术产业化方面，取得了丰硕成果，为形成新兴支柱产业和带动区域经济发展作出了突出贡献，发挥了重要的引领和带动作用，成为我国依靠科技进步推进经济社会发展，国民

经济持续强劲增长和提高自主创新能力、建设创新型国家有力支柱①。

7.1.2 我国高新技术产业园区的发展现状

1. 高新技术产业持续增长，竞争力不断提高

2001～2011 年，我国高新区的发展经过第一个阶段的历练，迎来了二次创业阶段。不可否认，第一阶段的发展取得了巨大的成就，以 2006 年为例，经过二十多年的发展和建设，我国的高新技术开发区本身从数量、质量上已具备一定实力，取得了明显的效果。2006 年 53 个高新区营业总收入突破了 4 万亿元，达到 43319.9 亿元，工业总产值 35898.9 亿元，工业销售产值 34624 亿元，工业增加值 8520.5 亿元，实现利润 2128.5 亿元，实现上缴税额 1977.1 亿元，实现出口创汇 1360.9 亿美元。高新区现有就业人员已达 573.7 万人，是高新区建区初期 1992 年的 16.9 倍，高出 2005 年就业人数 52.5 万人，同比增长 10.1%②。

高新区对区域经济的贡献体现在企业创造的经济效益，对促进区域经济发展的作用，特别是一部分高新区企业创造的工业增加值在其所在的城市中占有的份额越来越大，2006 年占到 30% 以上的有 21 个高新区，高新区创造的 GDP 占当地城市 GDP 达到 20% 以上的有 11 个，从中可以看出，无论高新区经济规模大小，在当地城市发展过程中都起到了显著的作用，成为当地经济发展的一个闪光点③。

高新区在吸引各类资金方面较 2005 年也有了较大的增长。用于对科技型中小企业创新基金配套的资金已达到 13.6 亿元，用于扶持创业投资机构的资金已达到 37.8 亿元，用于扶持担保机构的资金已达到 46.3 亿元，以上三种资金共计达到 97.7 亿元。是高新区建区以来吸引各类资金最多的一

---

① 数据来源：证券之星网站。
② 2006 年国家高新技术产业开发区经济发展概况 [EB/OL]. 中华人民共和国科学技术部，2007 - 04 - 02.
③ 2006 年国家高新区发展态势 [EB/OL]. 中华人民共和国科学技术部，2007 - 06 - 28.

年。2006 年外商在高新区内投资了 108.4 亿美元，占到高新区建区以来外商累计实际投资额的 14.2%，至此高新区累计外商合同投资额为 1431.4 亿美元，年末累计实际投资额为 760.8 亿美元①。

2006 年高新区各主要经济指标与 2005 年比较，营业总收入年增长 25.9%，工业销售产值 24.2%，工业总产值 24.0%，工业增加值 24.9%，净利润 32.8%；实现上缴税额 22.4%，出口创汇 21.9%。高新区的出口创汇占全国外贸出口的比重达到 14%。高新区营业总收入、工业总产值、实现利润、上缴税额、出口创汇以上五项经济指标自 1992 年以来，保持的年均增长率分别为 45.3%、45.6%、37.8%、46.0% 和 51.4%。以下为 53 个高新区经济发展状况一览表（见表 7.1）。

表 7.1　　　　　　　　2006 年高新区主要经济指标

地区	企业数（家）	营业总收入（亿元）	工业总产值（亿元）	工业增加值（亿元）	净利润（亿元）	上缴税额（亿元）	出口创汇（亿美元）
北京	18096	6744.1	3449.4	615.2	396.1	242.3	137.3
天津	3058	966.0	781.4	148.4	68.6	46.4	30.8
石家庄	517	507.5	408.7	108.5	14.8	22.9	2.7
保定	136	222.4	214.5	40.0	15.6	7.5	6.0
太原	659	638.0	608.8	158.0	26.1	39.1	1.3
包头	427	421.5	430.9	138.7	16.8	13.7	4.5
沈阳	871	902.2	751.3	168.7	43.3	58.0	8.1
大连	1732	881.3	701.3	197.9	42.8	36.8	21.5
鞍山	432	362.6	312.5	86.6	15.0	19.0	1.1
长春	831	1106.2	1060.7	300.3	35.2	115.4	3.2
吉林	607	652.5	613.7	187.3	24.2	35.1	1.8
哈尔滨	420	634.0	535.1	128.1	26.7	27.0	3.4
大庆	311	430.3	412.8	107.7	23.0	24.3	0.7
上海	755	3055.9	2430.1	571.4	180.3	105.7	173.3
南京	224	1784.0	1670.6	203.7	73.9	57.0	64.4
常州	601	577.9	580.3	133.4	28.9	23.9	14.8

① 2005 年国家高新技术产业开发区综合发展情况分析［EB/OL］. 中华人民共和国科学技术部，2006 - 08 - 23.

续表

地区	企业数（家）	营业总收入（亿元）	工业总产值（亿元）	工业增加值（亿元）	净利润（亿元）	上缴税额（亿元）	出口创汇（亿美元）
无锡	608	1649.9	1643.9	369.3	88.2	46.1	110.1
苏州	625	1787.8	1505.1	360.8	55.6	38.1	203.5
杭州	675	1047.0	804.9	111.6	43.4	37.2	62.3
合肥	274	587.0	538.0	192.0	38.7	94.1	5.1
福州	179	261.5	271.7	63.5	7.9	10.9	8.7
厦门	180	733.0	735.6	179.7	43.8	39.3	41.3
南昌	283	387.2	358.4	113.5	18.0	40.7	3.3
济南	380	665.9	587.5	150.9	8.7	51.6	8.1
青岛	186	668.6	636.4	175.1	18.4	27.9	16.7
淄博	209	628.1	603.0	164.0	45.8	43.8	9.1
潍坊	299	620.9	586.4	153.9	31.1	29.4	8.0
威海	187	491.3	476.5	137.4	24.0	24.9	25.5
郑州	474	499.8	430.4	137.6	39.5	35.2	2.3
洛阳	319	373.2	314.0	60.5	13.2	19.8	4.1
中山	394	706.4	675.1	152.7	22.0	13.7	45.9
佛山	98	436.1	445.0	84.1	15.3	13.1	29.3
南宁	329	325.4	227.0	71.3	18.5	15.6	1.3
桂林	247	220.0	220.4	70.6	11.7	15.3	2.9
海口	125	163.2	169.4	33.3	12.2	13.1	1.6
成都	828	1053.1	841.3	288.4	86.7	49.7	8.7
重庆	425	522.4	400.4	113.6	23.6	27.9	7.1
绵阳	112	261.0	246.8	46.1	5.3	7.9	4.3
贵阳	115	176.7	173.9	48.7	5.1	10.2	2.2
昆明	97	392.9	372.3	58.8	23.4	16.8	6.4
西安	3200	1380.0	957.7	292.6	65.4	90.3	14.6
宝鸡	246	277.3	277.1	81.1	19.1	22.8	2.9
杨凌	104	39.7	27.0	8.2	1.2	0.9	0.7
兰州	463	201.9	179.1	39.1	10.7	11.4	0.6
乌鲁木齐	177	117.3	50.4	13.4	3.8	3.9	5.5
合计	45828	43319.9	35898.9	8520.5	2128.5	1977.1	1360.9

资料来源：2006 年国家高新区发展态势分析［EB/OL］. 科技部网站，2007－6－28.

2. 高新区企业创新活动情况

开发区高新技术企业的创新能力主要表现在两个方面：一是 R&D 经费投入，二是人才状况。在 R&D 经费投入方面，总体来看开发区高新技术企业的 R&D 经费投入总额呈现逐年增长的趋势，企业技术创新支撑条件进一步完善。

高新技术产业是建立在充满活力的研究开发基础上的，企业 R&D 经费支出水平反映了高新技术企业的本质特征，也是评价其技术创新能力的重要标准。2006 年高新区企业的科技经费支出总额为 1584.5 亿元，其中 R&D 经费支出为 1054 亿元，占到高新区营业总收入的 2.4%，占到产品销售收入的 2.9%，R&D 经费支出占到 GDP 的比重为 8.7%。从 R&D 经费支出的情况看，外商投资企业投入的经费最高为 295.4 亿元。其次是有限责任公司 282.1 亿元、股份有限公司 168 亿元、国有企业投入经费 114.4 亿元。

2006 年，我国高新区企业用于科技活动筹集到的资金总额已达到 1765.4 亿元，高出上年 381.3 亿元，比上年同期增长 27.6%。其中，由企业筹集的资金达到 1468.3 亿元，来自金融机构的贷款 118.3 亿元，来自各级政府部门的资金 90.2 亿元，来自各事业单位的资金 13.3 亿元，来自国外的资金 32.2 亿元，来自其他方面的资金 43.1 亿元。

科技人才是构成高新技术产业技术创新能力的关键决定因素。2006 年，我国高新区大专学历以上人员达到 231.8 万人，占到高新区从业人员总数的 40.4%。按学位分类：具有学士学位毕业生 103.8 万人、硕士学位毕业生 16.8 万人、博士学位毕业生 2.5 万人，并且吸引了近 2.2 万名留学归国人员回国创业。高新区从事科技活动的人员超过 98.6 万人，比上年高出 11.6 万人，占高新区从业人员总数的 17.2%。其中研发人员达到 59.8 万人，占科技活动人员总数的 60.7%。在参加科技活动人员中具有高中级技术职称人员 32.9 万人，无职称的大学本科及以上人员 36.1 万人。

2006 年在高新区从业人员的构成中，具有中高级职称的人员达到 80.6 万人，占到从业人员总量的 14.0%。2006 年，高新区共吸纳了 22.5 万名应届高校毕业生，为国家吸引就业人才提供了良好的渠道。高新区从建区初期的 1992～2006 年，就业人数以年均 22.4% 的速度增长，有效地缓解了国家的就业压力，为社会和谐稳定作出了较大的贡献（见表 7.2）。

表 7.2 高新区从业人员 单位：万人

年份	大专以上学历	硕士	博士	留学人员	科技活动人员	研发人员	中高级职称
2005	211.7	14	2.3	2.1	87	52.3	74.6
2006	231.8	16.8	2.5	2.2	98.6	59.8	80.6

资料来源：2006 年国家高新区发展态势分析［EB/OL］. 工业和信息化部火炬高技术产业开发中心，2007 - 09.

2006 年高新区企业的各种技术性收入已经达到 2825.3 亿元，占营业总收入的 6.5%。高新区企业在科技活动中参与的科技项目数量已达到 128179 项，其中新产品开发项目数 63472 项，R&D 项目数 60159 项；创办的科技机构数量达 6863 个，在科技机构中从事的科技活动人员已达 24 万人。从科技活动产出情况看，2006 年，高新区的新产品产值达到 8456.5 亿元，新产品销售收入为 8119.8 亿元，新产品销售收入占产品销售收入的比重为 22.5%。新产品的出口达到 195.2 亿美元，占高新区出口创汇的 14.3%[1]。

2006 年，高新区企业已拥有发明专利数为 32600 件，每万人拥有的发明专利数量为 56.8 件；当年申请专利数量为 37872 件，其中申请的发明专利数有 20707 件，占高新区拥有发明专利数的 63.5%。从当年专利授权情况看，2006 年高新区的专利授权数达到了 17618 件，其中授权的发明专利数有 6145 件，欧美日专利授权数 406 件，欧美日发明专利授权数 180 件。在 2006 年当年授权的发明专利中，有限责任公司 1738 件，股份有限公司 1384 件，外商投资企业 1249 件[2]。

营造创新环境是创新活动的基石和源泉。在政策支持方面中关村科技园区通过地方立法，在全国率先试点了不核定经营范围、有限合伙制等新型的企业组织形式。在全国率先实行了"一站式"办公的政府管理模式，

---

① ② 2006 年相关研究报告［R/OL］. 工业和信息化部火炬高技术产业开发中心.

建立了企业家参与决策和管理的中关村企业家咨询委员会。截至 2006 年，在全国 53 个高新区都建立了"小机构、大服务"的管理和服务体系，"一站式"的管理模式已经在高新区得到了普及，包括为中小企业申报各类项目所提供的咨询和服务已经日臻完善。他们所创造的"一站式管理""一条龙服务"等经验已被很多行政窗口单位广为采用，推进了我国行政管理体制的创新发展。不少高新区积极探索创新的理念，已经形成了全新的创新文化氛围，促进了高新区在新的环境下勇于探索、不断创新，成为了推动高新区自主创新的强大精神动力。

3. 集聚作用明显，集群化趋势加速

我国自建立高新开发区以来，截至 2008 年，经过近 20 年的发展，在科技成果商品化和产业化、推动扩大就业、技术扩散等方面发挥了较强的作用，大部分国家级高新区已经成为高新技术产业发展的重要基地，成为我国新的经济增长区域和参加国际竞争与合作的有竞争力的企业集群，比较典型的是环渤海地区、长江三角洲地区和珠江三角洲地区三个嵌入式企业集群带。

由于独特的区位优势和经济基础，近若干年来外商投资正大举向长江三角洲地区转移，尤其是最近投资高科技产业的台商。长三角地区是我国科技实力最雄厚的地区，区内拥有众多家科研机构和高等院校，每年有 3000 多项重大科研成果问世，其中相当一部分达到国际先进水平。随着浦东的开发开放，上海加速产业调整，加快发展高新技术产业，进一步带动了长江三角洲地区高新技术产业的发展。珠江三角洲从"三来一补"起步，以服装、玩具等劳动密集型加工基地著称，已经成为我国最大的制造业基地。近年来，随着产业结构调整取得成效，珠江三角洲现已发展成为全国最大的高新技术产业带和世界级电子、电器产品制造基地，是我国和全球化接轨最快的地区，其经济国际化和外向程度较高，已形成一批专业化的产业集群和比较完整的产业配套链。目前，广东省是全球最大的计算机产品生产出口基地，消费类电子产品与国际发展同步。广东省的计算机产量约占全国产量的 50% 以上，硬盘占世界产量的 30%。计算机板卡、软

磁盘占世界产量的10%，程控交换机约占全国的30%。环渤海湾地区（京津唐地区）高新技术产业发展密集区，以北京为龙头包括天津、河北、辽宁、山东等。在这个地区拥有近20个大中城市，60多个大小港口，是我国城市群、工业群、港口群最为密集的区域，具备发展高新技术产业的良好基础和条件①。京津唐地区科技力量雄厚，经济发展基础较好。尤其是北京的高校、科研机构数量以及技术人员密度居全国前列。天津IT制造业在全国处于领先地位，河北省制药业产值在全国居首位，山东已成为全国重要的家电、电子产品生产基地。环渤海湾地区已成为我国三大经济核心区之一，也是我国重要的高新技术产业、装备制造业和重化学工业基地。

我国各级高新技术开发区一般位于城市近郊，可以充分利用城市原有的基础设施、交通条件、智力优势和文化影响，降低基地开发成本，有利于吸引技术、人才和资金。同时由于纳入城市建设总体发展计划和经济发展计划，成为城市建设的重要组成部分，使高新技术产业基地可依托原有城市的人才、技术优势和当地资源与工业基础，迅速形成各具特色的支柱产业。在促进高新技术产业空间集聚的过程中，由于各个高新区根据自身发展基础选择了不同的行业重点领域和专业化程度，所以几乎每一个高新区在逐步注重主导产业的合理选择和产业的空间地域分工同时，也不断推动高新技术产业规模化和专业化的发展，并逐步将高新区发展成为具有竞争力的高新技术集群。如长春高新区的发展，园区重点发展生物医药、光电技术、先进制造技术、信息技术和新材料五大主导产业，依托自身优势，逐步建立和完善比较齐全的产业发展体系。生物医药产业发展迅速，企业规模不断扩大，拥有各类医药企业79户，年销售额超亿元企业13户②。金赛药业、海王生物、基因药业、百克生物等为代表的一批生物制药企业已经进入高速发展的快车道。汽车工程产业发展势头良好，成为高新区重要的支柱产业，依托一汽集团、一汽大众这个国内最大的汽车生产基地，面向全国乃至国际汽车市场，大力发展高水平、高科技、大规模的

---

① 邓丽君. 我国高技术产业空间聚集及其影响因素分析［D］. 合肥：合肥工业大学，2007：36－39.

② 资料来源：根据长春高新技术产业开发区2008年统计公报整理.

汽车零部件生产企业。到 2002 年底，共发展企业 112 户，长春高新区已成为一汽和一汽大众关键零部件配套企业密集区。信息技术产业实现了跨越式发展。长春高新区从 1999 年开始着力发展信息技术产业，取得了显著成绩。国内外 IT 界著名企业中软、四通、清华同方等均进入长春高新区发展。目前，区内软件企业已发展到 182 户，产值超千万元企业 30 户，超亿元企业 2 户。光电技术产业显示了较强的发展势头。以华禹光谷股份公司为主体的光电企业群正在形成，华禹光谷目前已完成投资 7.35 亿元，5 条生产线已建成投产①。新材料产业取得长足发展，以应化所和吉林大学为依托的新材料企业大批涌现。长春热缩材料公司已有多项新产品填补了国内空白，成为国内生产规模最大，产品科技含量最高的生产厂家。随着产业规模、经济总量的不断扩大，在全市经济发展中的地位和作用日益突出。2001 年，高新技术产业产值占全市的 50% 以上，工业总产值占全市的 20% 以上，财政收入占全市的 15%，引进外资占全市的 22%。从业人员占全市二三产业从业人员的 10% 以上，区内企业人均年收入是全市城市职工年均收入的 1.5 倍②。经过十几年的发展，长春高新区对于带动长春市乃至吉林省高新技术产业的快速发展，加快产业结构的战略性调整，提高整体经济实力和参与国内外的竞争能力，都产生了极其重要的促进作用。

总体看来，我国高新技术产业已经形成了以高新区为主要基地的、比较成熟的高新技术企业群体，并随着交通通信设施及城市群的发展和联系日益向规模化、集群化方向发展。因此可以判断，从目前（2007 年）高新技术产业发展的整体情况看，我国高新区"二次创业"发展战略的关键是促进高新技术产业专业化、规模化和集群化发展③，从而不断提升我国高新技术集群的国际竞争力。

---

① 资料来源：根据长春高新技术产业开发区 2008 年统计公报整理.
② 资料来源：长春国家高新技术产业开发区网站。
③ 高新区阶段发展理论认为，在高新区发展的过程中存在着较为明显的阶段性，其主要发展历程可以分为四个阶段，即要素群集阶段、产业主导阶段、创新突破阶段和财富凝聚阶段。目前，我国大部分高新区已经完成了从要素群集阶段上升到产业主导阶段的第一次创业，开始进入由产业主导阶段向创新突破阶段转化的"二次创业"时期。

7.1.3　我国高新技术产业园区企业集群化发展中的问题

我国高新技术开发区经过近 20 年的发展，虽然取得了巨大的成就，但是也还存在不少的问题，与国际上成功的高新技术产业集群区相比，还存在着很大的差距。这一方面固然是因为发展中国家的一些先天因素如科学技术水平较低造成的，但另一方面也是因为在我们的高新技术开发区发展过程中一些内在的因素最终影响了资源的配置。从集群化发展的角度考察，我国高新技术开发区尽管已有一定规模企业的空间聚集，但大多尚未真正形成分工合作、相互延伸、协同创新企业集群，导致高新技术产业竞争力不强，没有充分发挥集群的优势。

1. 高新技术开发区企业集群形成机制尚未健全

集群的一个主要特征是协同作用与协同效果，而我国大多数高新开发区还没有形成相互关联、相互依存、相互支援的专业化分工协作的产业体系。大多数高新技术开发区企业所需要的关键零配件国产化程度低，主要依靠进口。高新技术开发区内企业之间的业务联系性不强，中小企业和大企业之间缺乏必要的协作关系，很难获得大企业的订单，为大企业提供配套的产品。

"产学研"合作机制不完善。我国大多数高新技术开发区都邻近一些大学和科研机构，而且这些研究机构也都有相当的研究开发能力，但是由于长期以来在大学科技界和工商企业界之间合作互动机制不健全，因此大多数高新技术开发区的大学和科研机构并没有成为高新技术开发区内企业的创新来源。另外，高新技术开发区内企业仅仅靠自行研制或是引进国外技术，但消化吸收能力又不强，缺乏发展后劲。高新技术开发区内虽然科技企业孵化器等服务机构发展态势良好，但整体看来缺乏规范、依然处于独立分散的运作状态，风险投资、信用担保、创新孵化基金等投资服务体系仍然处于探索阶段，资本市场缺少政策支持，企业研发成果市场化与产业化难以实现。具备企业家精神的创业者得不到资金支持其创新成果也无法转化为现实的生产力，创新能力受到制约。

2. 政府集群政策缺乏完善

集群政策指由政府及相关公共主体（包括大小企业、大学、研究机构、金融组织、行业协会和中介机构等）共同制定和实施，以集群为服务对象的各种政策和措施的总和。集群政策则不同于传统的产业政策，产业政策往往关注的是国民经济的重要部门或企业，而集群政策的目标则是集群所包含的广泛的网络价值链，其作用方式也与传统产业政策"由上而下"的强迫执行不同，而是"由下而上"的主动接受。由于集群的众多好处，西方国家政府都把集群政策当作一种政策工具，取代传统产业政策来刺激集群所在地区的技术创新和提升区域竞争力，使之成为繁荣区域乃至国家经济的新动力。

从我国高新开发区的发展来看，尽管在某些区域已经出现了集群化发展态势，但大多数开发区内的企业还停留在分散发展、各自为政的阶段，各级政府对企业集群的认识不足，尤其不知道在促进企业集群形成和发展过程中政府应该如何发挥作用，其问题主要体现在以下几个方面。

第一，一些地方政府从局部利益出发，制定的集群政策缺乏科学性。如全国有近 10 个省份提出发展汽车产业集群，有一半以上省份提出发展软件产业集群。在县一级，几乎每个县都提出要发展纺织、服装、食品、建材等企业集群。如果这些规划付诸实施，肯定又是新一轮重复建设，造成资源的巨大浪费。由于企业集群不是单个的企业，它的背后是一个产业链和一个协作网络，因此，企业集群的重复建设危害更大。这种规划盲目扩张、重复建设，造成区域产业结构的严重趋同，引起集群之间的恶性竞争，使企业集群在低效益中徘徊。

第二，参与制定集群政策的组成者缺乏普遍性。企业集群由企业、行业协会（中介组织）、政府等共同组成，因此，企业集群的战略和集群政策的制定离不开政府、企业、行业协会的共同努力。企业集群战略和相关政策是为集群发展服务的，而集群政策的需求主体是企业，主要是中小企业，因此，集群战略和集群政策必须立足于企业的需要，服从于企业的意志。行业协会作为企业的代言人，能真实反映企业的愿望，制定的政策能符合当地的发展实际和企业的真正需要，所以在国外，政府往往将制定集群发展战略或集群政策的任务委托给行业协会。但在我国，由于长期的计划经济管理的惯性使然，政府的触角延及经济社会的各个领域，非政府的中间组织发育不全，政府在研究制定企业集群战略和相关政策时，企业和行业协会的参与程度低，甚至缺乏表达意见的渠道，这样容易产生政策偏差。

第三，有些地方政府对集群缺乏正确的引导。在一些开发区，某些行业的企业利润普遍较低或存在大面积的亏损，部分企业为了生存，不惜假偷工减料降低成本，集群企业之间的信任关系瓦解，由个别的偷工减料蔓延至整个行业，整个行业的产品质量出现下降，直到集群衰退或消失。如果政府能够及时对这些企业加以正确的管理和引导，那么上述现象就不会出现。另外，由于我国各地政府机构众多，往往政出多门，互不沟通，甚至出现政策之间冲突，降低了政策的权威性和有效性，导致集群政策功能的低效甚至整体丧失。

3. 空间上的集聚脆弱性

自 20 世纪 80 年代，我国开始考虑设立国家高新技术开发区，由于当时国家对高新技术开发区认识有限以及建设资金不足，政府依靠的是"土地开发、政策优惠"的指导方针来吸引企业进入开发区。这在当时的条件是符合我国的具体国情的，也促进了我国高新技术开发区在设立初期的快速发展。但是随着我国高新技术开发区进入快速发展阶段，这一指导方针暴露出很多问题。

在过去的近 20 年中，各级政府通过提供廉价的土地和优惠的政策等各种措施，成功地吸引到大量的企业进驻开发区内，在一定程度上形成了企业的空间集聚。但是这种不是基于价值链关系而自发聚集在一起的企业，其集聚表现出很大的脆弱性。因为当初这些企业进驻高新技术开发区的原因是基于高新技术开发区所提供的廉价土地、优惠政策。但是这些外在的优惠条件是不可能一直保持下去的，因此当某个高新技术开发区的土地成本、区位优势和税收政策发生变化时，开发区内的企业就有可能向其他政策更优惠的地方流动。而在我国，各级高新技术开发区由于其主管部门的不同，所能享受的政策条件也就不同，这种政策的差异更可能助长各开发区内企业的流动。脆弱的空间集聚、频繁的企业流动所带来的后果便是高新技术开发区内企业持续性技术创新能力不强。

4. 产业结构雷同，同行竞争激烈

我国目前除了有 53 个国家级高新技术开发区外，还有 61 个各省市自己建立的高新技术开发区，多数高新技术开发区并没有依据产业分工为基础，产业间互动发展为核心的原则未建立，因此导致各开发区由于产业机构雷同，相互间竞争激烈。许多高新技术开发区不顾各自的条件，争相发展一般性的高技术工程、新材料、新能源等项目，彼此间缺乏合理的分工，集聚效应不是很明显。实际上，高新区的这种发展模式，使自身成为国外"二流技术"的扩散基地，而依靠国家自主知识产权的科学研究成果开发的项目却很少，而且导致重复建设，浪费资源。

由于多数开发区企业仅仅基于空间上的简单集聚，企业之间关联很小，集聚效应低下，没有形成以龙头企业为主的产业群，园区内的小企业没有起到协作配套的作用，发展缺乏后劲。也正是由于高度专业化协作的产业链关系尚未建立，专业化的服务体系尚未建立。以电子信息产业为例，我国高新区的大部分产品仍然建立在外来平台上，元器件的供应也大多依赖国外进口，没有形成自己的上下游关系。尽管有些高新区内的企业有了自主开发的技术成果，但多数企业在进行商品化合作时，却多与外地企业合作，与本地企业的合作较少，与此同时，大企业和小企业的互动关系尚未建立。

5. 园区管理结构等级化、官僚化

我国的高新区大多数是政府主导型的园区，目的是调动大学、科研机构、企业和银行的作用，通过将研究成果转化为生产力，实现商品化。政府在区域的建设发展中的作用比较大。几乎所有的高新区内都设有管委会，当初的目的是协调管理和服务，但随着高新区经济的发展和区内企

业、人口的增多，一些高新区过分强调规范化管理，把原来的服务职能又转变回来。高新区的政府管理机构急剧膨胀，管理人员大幅度增加，内部的机构设置又增加几十个，大大降低了管理效率。同时，官僚作风在一定程度上还存在，办事效率下降。

盖文启（2007）的研究表明，现在的高新区越来越趋向于一个行政式的管理模式，这种等级式的组织管理模式限制了各行为主体对变化的市场技术条件的应对能力的发挥，阻碍了企业、大学、政府等各创新点之间的有效交流与合作，减少了创新机会。各管理部门的利益在分配和协调过程中矛盾丛生，使得政府在为技术企业服务的过程中效率低下。

6. 人才结构与集群化发展要求存在差距

人才是高新技术产业发展的最关键的要素。高新技术的研究、开发、管理及其风险投资的运作等都需要相应的高级人才。就人力资源的总规模来看，我国高新技术开发区的人才并不少，有些高新技术开发区的技术人才还出现了过多的现象。但是高新技术产业发展所特别需要的高层次专门人才和既懂科技又懂经营管理的复合型人才却十分匮乏，这既表明我国高等教育及其他人才培养系统发展滞后于高新技术产业发展的需要，另一方面也说明我国高新技术开发区尚未成为吸引人才的区域。

我国专业技术人员数量及科技活动人员数量都居世界前列，但传统人才较多，高技术人才和有现代企业管理理论与能力的人才偏少。一些高新技术企业的创立者大多数都是有大学或者研究机构背景、自己创业的工程技术人员，他们了解技术发展的最新动向，但普遍缺乏管理经验和对市场信息的敏锐把握能力。由于高素质的管理和技术开发人才的短缺，各个高新区内的企业所依赖的技术创新仍然是以模仿创新为主，独创型创新不占主导地位，对外依存度大，给企业带来沉重的经济负担，也造成技术创新扩散链条的断裂，阻碍了产业间技术的流动和转移。

导致这种局面的主要原因，一是促进我国高新技术产业健康发展的分配机制尚未建立和健全。高新技术产业一个高风险的产业，只有建立很好的激励机制才能促进从业者乐于创新和承担风险。二是我国人民的风险意识和创新意识还不够，许多人都不愿意到高新技术企业中去工作。三是我国教育体制长期与市场需求脱离，企业与高校联系松散，造成市场需要的人才与学校相应专业不对等，而大学毕业生又经常面临就业的压力。此外，高新技术开发区的环境和生活服务设施的进一步改善也是其更好地吸引人才的必要条件。

除此以外，开发区软环境、区域创新文化等问题也是影响开发区集群发展的重要因素，这些因素已经成为制约我国高新区进一步发展的障碍和瓶颈，特别是面临全球化进程加速、我国经济日益融入世界经济链条的背景下，我们必须尽快完善现有体制和制度、借鉴国际经验、结合我国国情，妥善解决目前高新区企业集群化发展中的问题，以实现高新区的持续超常发展。

7.2　国外嵌入式企业集群发展的经验与启示

高新技术园区作为科学、教育与工业相结合的一种社会经济现象，发端于 20 世纪 50 年代美国的斯坦福研究园。1951 年，美国斯坦福大学在其校园内创办了世界第一个专门化的科学研究公园——斯坦福研究公园，随后发展成为闻名世界的"硅谷"，堪称当今世界科学园区的典范。随后，特别是 20 世纪 80 年代以来，世界各国和地区竞相效仿，纷纷设立了各种形式的高科技园区，成为 20 世纪 80 年代以来世界上最重要的经济现象之一，在全球范围内迅速发展和普及。20 世纪 90 年代以来，高科技产业园区在发展中国家蓬勃兴起，并在各国和地区经济发展、产业升级中发挥着越来越大的作用。

7.2.1　发达国家：英国剑桥工业园生物技术集群的发展

1. 剑桥工业园发展现状

英国剑桥科技园位于英国东南部的剑桥郡，风景秀丽，交通便利。英国的东南部正处于欧洲商业中心地区，也是世界上公认的最重要的技术中心，拥有人口800万人，拥有100多所大学和研究中心，4700家外资公司。该地区的GDP占全英国比重的15.8%，研发开支占该区GDP比重的3.4%，久负盛名的剑桥大学也坐落于此，是该地区研究活动的核心。1969年，为响应英国政府关于大学和工业界联合的呼吁，剑桥大学便开始于当年筹备建立剑桥工业园。园区在20世纪70年代后期和80年代初期曾经高速发展，但是伴随着1989年英国经济的衰退，剑桥地区高新技术产业发展陷入停滞；从1993年开始，剑桥工业园及附近地区再次出现增长的态势。2000年，剑桥地区约有1200家高技术公司，就业数为35000人，年贸易额达40亿英镑。目前，这一区域已形成了以大学、新兴公司和大型跨国公司密切协作的产业网络中开展业务的极具创新特色的经济形态，并不断吸引着来自全世界的投资。剑桥科技园区的经济发展创造了"剑桥现象"，被誉为"欧洲硅谷"。在过去的30年中，科技园区每年不断增加5000个就业机会，园区平均每年的国民生产总值增长率达到了6.3%，大大高出英国3.4%的国民生产总值增长率，累计为英国创造税收550亿英镑，出口总值达到了280亿英镑①。

　　20世纪80年代早期，剑桥生物技术集群兴起，并凭借当地业已存在的电子等高技术产业的支撑不断发展。90年代中期，伴随着金融机构的支持和风险资本的不断进入，当地生物型企业数量稳定增长；随着集群的成长，剑桥大学等科研教育机构越来越积极主动地对科研成果进行产业化。在过去20多年的发展中，该集群中的产业化生物技术企业吸引了相当数量的提供技术及商业社会化服务的企业在这里落户，为集群内的企业提供了良好的社会化服务，营造了浓厚的学术和商业气氛。如今，剑桥生物技术企业集群是由160多家生物技术企业和为数众多的社会服务提供企业所集聚形成的整体，英国的生物技术产业已成为仅次于美国的世界第二大国，在欧洲处于领先地位，在英国国民经济中占有重要地位。其生物

---

① 马兰，郭胜伟．英国硅沼——剑桥科技园的发展与启示 ［J］．科技进步与对策，2004（4）．

技术产业涉及制药、农业和食品等领域，占英国行业产出、就业和出口收入的 1/4。位于东南部的剑桥郡有除美国以外最大的生物技术机构公司群，以及国际知名的研究机构，包括英国医疗研究委员会（MRC）、巴布拉汉姆研究所、维康基金会、欧洲生物信息协会（EBI）等，它们都在为学术界及产业界承担工作，特别是在生物技术、化学、农业和医药行业成果显著。

2. 剑桥生物技术集群发展的成功因素

第一，剑桥地区良好的产业基础和完备的生物技术产业链为集群的形成和发展提供了土壤。在剑桥生物技术集群的传统中，生物技术企业大多直接由有学术背景的人创建。该地区存在的大型制药企业给成立创业企业和衍生企业提供了丰富的土壤。在过去 10 多年间，制药行业内的合并及重组使得一些非核心技术和资深经理人及科研人员开始自己创业。例如，爱得宝迪（Adprotech）公司就是由史克必成（SmithKline Beecham）公司的经理人于 1997 年利用非核心知识产权组建的。

生物技术产业是一个比较特殊的产业，它的产业链比较长，包括基础研究到应用基础研究、开发研究、生产、销售等，在英国所有这些产业链环节都比较健全和突出。英国雄厚的生命科学基础研究，使得创新性技术成果不断涌现，在此基础上，会促进基于技术成果的企业衍生，同时又会推动与专业性技术成果相对应的企业集聚。英国有许多世界领先的生物技术研究机构，如桑格尔中心与罗斯林研究所（The Sanger Centre and Roslin Institute）和国际研究组织如欧洲生物信息协会等。而且政府重视生物技术发展，每年对生物技术研究的投入达到 6.5 亿英镑。此外，慈善团体（如 The Wellcome Trust）、癌症研究协会和皇家癌症研究基金也提供了大量资金。政府和社会机构以及企业在生物技术领域各环节的研究和资金注入，促进了生物技术产业链各环节的不断优化，使从生物原料到生物中间体和最终产品都具有竞争力，极大地促进生物技术企业集群的发展。

第二，坚实的科学基础研究是生物技术集群形成和发展的重要因素。英国的人口仅占世界的 1%，但科技投入则占世界的 4.5%，科学论文的产出占世界总量的8%，论文的引用占世界的9%①。剑桥高技术企业集群与剑桥大学联系紧密，与生物技术产业也关系密切。早在集群出现之前，剑桥大学在提供世界前沿的研究和科研人员方面就发挥着重要作用，特别在生物技术领域。目前，剑桥大学共有近40个系与生物技术相关，每个系都有特定的研究领域。近年来，剑桥大学采取创办创业大赛、设立挑战基金等方式鼓励研究人员将研究成果进行商业化。如今，在作为生物技术产业的科学基础生命科学研究领域，英国已经获得了20多个诺贝尔奖，有着DNA双螺旋结构、DNA指纹技术、抗体工程、单克隆抗体构造等划时代成果，拥有剑桥生物科学公司和重组DNA工厂等闻名于世的企业，这些都为生物技术企业集群的形成和发展奠定了坚实的基础。

第三，良好的投融资环境和活跃的金融市场。伦敦作为世界三大金融中心之一，同全球金融市场存在着密切的联系，促进了资本市场的纵深发展，使其资本市场更具流动性。英国具有较为完善的证券市场和银行体系，这对英国科学园中的科技型中小企业来说有广泛的筹资渠道，以满足企业不同发展阶段的需要。一般的商业银行都设有对技术创新型企业特殊服务项目，这些企业只需要在当地商业银行咨询了解，就可以知道有哪些资金可以利用，并尽快解决资金问题。主要方式有：借贷资金、财产抵押资金、风险投资和其他渠道的投资，还包括欧盟对中小企业的投资计划。在这些资金来源中，风险基金起着极为重要的作用。英国有非常活跃而又成熟的风险投资机构，其风险资本投资额占欧洲的42%。同时，伦敦股票交易市场放宽了发票规则，也刺激了风险投资机构的积极性，使生物技术产业成为该市场发展最快的行业。企业家一般都选择利用风险资金来启动、发展自己的企业。剑桥生物技术集群中的创业资金几乎都是由国内外的风险资金提供的，因为生物技术产业属于高风险产业，对商业银行而言很少愿意参与到其创业中来。此外，英国风险投资行业发展也非常成功，在过去的10年中，已在生物技术领域累计投资3.44亿英镑，这类基金往

---

① 池仁勇，葛传斌. 英国生物技术企业集群发展支撑体系及影响因素分析［J］. 科学学与科学技术管理，2004（9）.

往与特定的大学相关联，如 Kinetique 生物医学种子基金是伦敦国王大学和玛丽皇后学院的合资基金；伦敦股票交易市场灵活的发票规则和退出机制，也刺激了风险投资机构的积极性①。此外，还有生物技术基金可供中小企业申请使用。活跃的金融市场和良好的融资环境为生物技术企业集群注入了活力。

第四，配套的服务机构和健全的劳动力市场。专业化服务机构，如生物协会、专利机构、律师、招聘和合适的顾问对集群内的公司是很重要的。专业化服务机构与集群内企业在地理空间上的邻近对集群的发展具有推动作用，它可以为生物公司提供管理经验、政策咨询、合作机会和联系客户。例如，英国地方生物协会除了为地区的生物技术发展而采取系列措施外，还可以为公司、研究人员等的见面和信息交流提供机会。同时，对既定的有限公共资金来说，由生物协会来统筹运用，会提高资金利用的整体效率。

英国的劳动力市场和用人机制比较健全，一是其劳动力市场的开放性，二是低个人所得税，使其能够招聘到优秀人才，三是股权激励，这一招使得过去几年里从美国吸引了很多生物技术人才回国工作。正因为英国这种独特的人才市场环境，使得生物技术人才集聚成为可能，人才的区域集聚促进了生物技术企业集群的发展。

第五，政府政策扶持。生物技术产业是知识创新（应用基础研究）、技术创新（应用开发）、成果转化、规模化生产各个环节的整合，而这些环节都不是一个机构完成的，任何一个机构，包括作为产业化主体的企业，不可能起这种系统整合的作用，必须发挥政府的组织协调功能。政府可以为集群的形成和发展创造条件，为生物技术创新活动的开展创造良好的宏观环境。在苏格兰、威尔士和北爱尔兰，还专门成立新的部门去履行这些职责，这将使政府在促进生物集群的发展过程中起到更大的作用。例如，为解决企业在研发投入上不堪重负的问题，英国政府制定了针对医药

---

① 池仁勇，王会龙，葛传斌．英国企业集群的演进及分布特征［J］．外国经济与管理，2004（2）．

企业研发投入的减税政策，不仅吸引了大型跨国公司在英国进行研发，还对中小型企业的发展有相当的促进作用，这在一定程度上为重振英国医药产业的竞争力起到了推动作用。此外，英国政府制定的 LINK 计划，自1988 年以来已实施了 25 个有关生物技术方面的项目，投入总经费 2 亿美元[①]。这些政策的实施，促进了生物技术的研发和生物技术成果的转化，在客观上推动了生物技术企业集群的发展。

另外，在与产业相关的法律框架方面，在英格兰几乎不存在针对生物技术的特定法律，最重要的相关法律是关于使用动物进行研究的规定，以及干细胞和克隆等方面的伦理问题。英国在使用胚胎进行干细胞研究上的规定比其他欧洲国家要宽松，通过人工授精及胚胎研究权威机构的许可，可以使用年龄在 14 天之内的胚胎。这种宽松的规定源于干细胞研究的活跃，以及近期所取得的进展对人类健康具有重大意义。除了一些宗教和维护生命权威的团体之外，大部分与保健行业相关的生物技术产品都被人们认为是具有积极意义的。

7.2.2　发展中国家：印度班加罗尔软件园区的发展

1. 班加罗尔地区发展路径

班加罗尔位于印度南部，是卡纳塔克邦的首府，虽然只有 600 多万人，但上缴个人所得税在印度的城市中却名列第二，素有"科技之都"和"印度硅谷"之称。早在 1988 年，班加罗尔就被美国《新闻周刊》评为全球10 大高科技城市之一。班加罗尔的兴盛可以追溯到半个世纪之前，自印度1947 年独立，一系列的科研机构在班加罗尔落户，如印度太空研究机构、国家航空实验室、国家软件科技中心，等等。数以千计的工程师、科学家来这里工作。因此，在外国跨国公司发现班加罗尔的潜力之前，该城已是印度电子工业中心。20 世纪 90 年代初，印度政府制订了重点开发计算机

---

① 池仁勇，葛传斌. 英国生物技术企业集群发展支撑体系及影响因素分析 [J]. 科学学与科学技术管理，2004 (9).

软件的长远战略，并将全国第一个计算机软件技术园区建立在班加罗尔地区。1992 年班加罗尔成为印度第一个设有卫星地面站的城市，以专门的卫星通信渠道，为软件出口提供高速信息交流服务。2000 年 8 月，班加罗尔又在印度率先建立科技孵化中心。

在班加罗尔地区的带动下，马德拉斯、海得拉巴等南部城市的高科技工业园区接踵而起，同班加罗尔交相辉映，成为印度南部著名的计算机软件业金三角。为了进一步发展计算机软件业，印度政府又将园区由南向北推进，发展成由全国各地的 17 个计算机软件技术园区组成的、相互联结的"硅网"。以班加罗尔为核心的计算机软件科技园的发展，使印度已经成为世界上仅次于美国的软件出口大国，近 10 年里，其软件业的总产值年增长率竟接连超过 60%，2008 年已达 520 亿美元，2009 年和 2010 年虽然受全球经济景气状况影响，但增长速度仍然保持在 8% 左右，而班加罗尔三分有其一①。

截至 2010 年，班加罗尔高科技企业达到 5000 家，其中 1000 多家有外资参与，还有大约 250 多家外国公司在这里开展业务。过去几年中几乎平均每周都有一个公司来班加罗尔注册，这个速度在印度是独一无二的。这里集聚了印度本土三大软件企业 INFOSYS、WIPRO 和 TATA 咨询公司以及一批国际知名品牌，集中了一批世界著名的跨国公司，如国际商用机器公司、美国电报电话公司、摩托罗拉公司、朗讯科技公司、微软公司、甲骨文公司、日本索尼公司、东芝公司、德国西门子公司、荷兰飞利浦公司等。在班加罗尔软件园区短短 1.5 公里的核心区内集中了 4.5 万个外包工作机会，仅在通用电器公司的印度研发中心内就有 1800 名博士在从事软件研究开发工作。2007 年印度软件产业实现产值 478 亿美元，其中出口 313 亿美元，出口到世界 97 个国家；2004 ~ 2005 年财年，印度软件出口 128 亿美元，其中卡邦出口达 62.7 亿美元，占了 50%，而卡邦的软件出口以班加罗尔为主。可以说，班加罗尔的软件出口占了整个印度的半壁江山。班加罗尔已经成了全球第五大信息企业集群和世界十大硅谷之一，甚至被

---

① 莫蕾钰. 印度班加罗尔的成功要素分析［J］. 中国高新区，2004（8）.

认为已具备了向美国硅谷挑战的实力①。

2. 班加罗尔的成功因素分析

综观班加罗尔信息企业集群化的发展，其成功不是偶然的，除其自身内在优势外，政府，尤其是印度政府的政策导向起到绝对的影响作用，可以说没有政府的产业引导就没有今天的班加罗尔。具体分析包括以下几个方面。

第一，政府持续的政策引导和扶持。印度是个发展中国家，综合国力不强。同中国一样，印度人口基数庞大，教育水平不高。人力优势亦成为印度国家发展优势之一。曾经的殖民统治虽令印度遭到掠夺及压迫，但也促进了印度同发达国家的紧密接触。针对国内优势，在 20 世纪 80 年代初拉吉夫·甘地政府明确提出："要用电子革命把印度带入 21 世纪。"② 1984 年印度政府颁布了计算机政策，明确了软件业为产业，可以获得相应的补贴和优惠。同年，美国德州仪器公司（Texas Instruments）进驻班加罗尔，并在当地设立了卫星地面站，解决了高速数据传输的问题。德州仪器公司的到来，打破了当地 25 条政策设限。1986 年印度政府又颁布了《计算机软件出口发展和培训政策》，为软件生产提供了一切必需的投入，如提供进出口用汇便利、金融支持、人员培训、高速数额传输、简化投资和进出口手续等；并给予税收优惠。1990 年印度电子工业部第一次批准成立 3 个软件科技园区（STP）：班加罗尔（BangaloRe）、布巴内斯凡尔（Bnubane-shuar）和浦那（Pona）。班加罗尔软件科技园区宣布正式成立。经过一年的试运营，考虑园区发展的实效性同政策延迟的冲突，1991 年印度政府允许 STP 园区注册为独立机构，避免当地政府的不必要干预。至此 STP 园区获得了广泛的权力，为未来园区内欧美跨国企业的进驻扫清了障碍。1992 年设备和产业进口的许可证取消，大大刺激了印度出口导向型的软件业发展。1998 年瓦杰帕伊总理组建了"国家信息技术与软件发展委员会"，发

---

① "印度硅谷"走向行业纵深［EB/OL］. 新浪网，2010－09－06.
② 周博. 对中国与印度软件产业发展及现状的分析［J］. 软科学，2003（4）.

布了著名的《2008 年信息技术发展计划》，明确提出用 10 年时间在印度独立 60 周年之时，实现"软件超级大国"的目标，并确定 2008 年印度软件业出口达 500 亿美元的目标①。

　　1991 年，印度在班加罗尔开始兴建第一个计算机软件园区时，当地连电源供应都很困难，但班加罗尔所在地卡纳塔克邦政府艰苦创业，不遗余力地为发展信息产业，进行基础设施建设，筹资兴建发电厂、供水系统，扩建电信设施，为科研人员提供可与任何发达国家相比的一流工作环境和生活环境。长期由人民党执政的卡纳塔克邦政府对当地高科技企业给予特别的支持，实施了一系列行之有效的举措促进班加罗尔信息产业的发展，包括在印度率先公布完整的地方信息产业政策、建立独立的邦政府信息产业部、接纳并且资助印度科学院入驻班加罗尔、通过优惠政策吸引印度国内私营信息技术企业来班加罗尔落户等。邦政府在吸引外资和向世界宣传推广班加罗尔方面也做了大量的工作，使班加罗尔成为世界企业界的进军目标。如今有 400 多家国际著名的信息产业公司在班加罗尔落户，包括著名的微软、英特尔、苹果、国际商用机器公司、西门子、惠普、康柏、摩托罗拉等。

　　第二，充足的研发投入和完善的融资渠道。印度政府深知研发环节对高科技产业的重要性，因此提供大笔研发经费投并提供政策支持。印度的科技研发经费 85% 由中央及各邦政府提供。第八个"五年"计划时期各级政府的科技研发费用达 2000 亿卢布，是第一个"五年"计划时期的 1000 倍，研发经费占 GDP 比重在 2000 年为 2%②。

　　为了筹集足够的科技研发经费，政府采取增加国家对科研经费的财政开支，鼓励科研机构与企业联合创新开发，促进科研成果商业化、产业化；以印度工业开发银行、印度技术开发与信息有限公司、印度风险资本与技术金融有限公司等专门金融机构为中心，对高新技术的商品化、产业化进行系统的金融扶持；制订配套的优惠政策，大力吸收海外印度科学家

---

① 周博. 对中国与印度软件产业发展及现状的分析［J］. 软科学，2003（4）.
② 印度软件产业发展现状分析（四）［EB/OL］. 中国经济网，2014 – 03 – 28.

（主要是美籍印裔科学家）、印侨以及跨国风险投资公司的风险资金，投入信息技术、软件技术等高新技术产业。

作为发展中国家，印度经济发展的总体水平同发达国家还是有一定的差距，同样存在自主资金不足问题。为鼓励创业，除国家在相应的减免费用之外，班加罗尔鼓励风险投资基金参与到园区中小企业的发展中来。这一举措大大地促进了园区内部产业链的完善，成为中小企业的摇篮。印度所有的风险投资公司都是印度风险投资协会成员，印度最大的风险投资公司如 TDICI、Draper、Walden – Nikko、JumpStartup 和 e4e 都将总部设在班加罗尔。另外两家著名的个人风险投资公司 Chrysalis（总部设在孟买）和 Infinity（总部设在新德里）在班加罗尔也设立办事机构进行风险投资。2002 ~ 2003 年，班加罗尔获得了 197 亿卢布的国外风险投资，这些投资来自 110 个软件和业务外包（BPO）公司。2003 ~ 2004 年第一季度，班加罗尔获得了 30 个国外公司 67 亿卢布的风险投资①。班加罗尔和美国硅谷的风险投资公司聚集地沙丘大街（Sand Hill Road）有着广泛联系。

第三，完善的信息技术教育培训体系。信息技术产业是一个人才密集的产业，不需要大量的厂房、设备，却需要大量的人才。班加罗尔的软件人才远远超过亚洲任何一个其他城市，是印度高等院校和科研机构的集中地。班加罗尔有 7 所大学，其中创办于 1898 年的印度理学院，现在是一所只招收博士、硕士的研究生院，不招本科学生；还有以理工科特别是计算机专业为主的班加罗尔大学以及印度管理学院、农业科技大学、拉吉夫·甘地医科大学等。此外，还有 292 所高等专科学校和高等职业学校。印度国家和邦一级的 28 所科研机构也设立在这里，还有企业内部和其他政府认可的科研机构 100 多家②。

较高的教育水平和大量的人才聚集使班加罗尔具备发展以信息产业为核心、以出口为导向的高科技城市的条件。班加罗尔地区目前拥有 8 万多名高素质信息技术专业人才，这些高素质的专业人才除了部分外来人才以

---

① 王伟，章胜晖. 印度班加罗尔软件科技园投融资环境及模式研究 [J]. 亚太经济，2011 (1).
② 陈平. 印度班加罗尔信息产业集群研究 [J]. 商业研究，2007 (11).

外，大多通过本地完善的教育培训体系培养。具体有三条途径：一是公立学校培养，主要是当地大学的理工学院和研究机构；二是民办或私营的各类商业性软件人才培训机构；三是企业自己建立培训机构，计算机职业教育培训机构遍布整个城市，形成了产业化的信息技术职业教育体系。

第四，高质量的社会资本积累。社会资本就是实际或潜在资源的集合，这些资源与有相互默认或承认的关系所组成的持久网络有关，而且这些关系或多或少是制度化的，具体包括社会网络、信任和规范、认同的文化等。众多研究表明，高新技术企业集群中社会资本对集群内知识创造、知识转移和知识保护的重要作用。班加罗尔园区内由于大部分为软件企业，为了更好地发挥园区产业集聚效应，促进同类企业之间互相合作，扩大企业自身能力，合作完成企业独自所无法完成的项目，诚信守约则是起码规则。这些非强制因素被班加罗尔的软件工程师奉若神明，引导他们精益求精，并为中小企业的发展提供了新的契机。

园区集群中的企业不是分散的，而是一个建立在信任基础上的合作网络。首先，组织之间存在着产业内部的配套关系，即所谓的产业价值链，各种形式的产业链构成集群内部相互联系的纽带。其次，产业链中的物流过程伴随着复杂的资金流、信息流、技术流、人力流等，形成各种立体的社会关系网络，如途径和机会的网络、权力和影响的网络，以及生产和创新的网络等。合作网络的形成大大促进了集群内的互动从而推动创新。

班加罗尔的行业组织从一定程度上保证了信任机制的建立和信任文化的形成。如印度国家软件与服务公司协会、信息技术产品制造者协会等，这些行业组织是集群内企业沟通的桥梁和纽带，在软件产业中起到了沟通联系、协调矛盾、扩大宣传、组织研讨、向有关部门反映企业呼声和促进企业发展等作用，而且还成为企业之间的信托代理人，从而使信任机制得到保障。企业之间相互熟识和信任，如果哪个企业破坏行业规范，不遵守承诺，将受到行业协会的惩戒和集体制裁。

另外，良好的人脉关系网络也为当地企业集群化发展提供了给养。依靠大量赴美留学或工作或移民的本国人员，印度培养和储备了大量的科学技术人才。据统计，自 20 世纪 60 年代以来，累计有 40 多万人。同时，这也为在印度和美国之间建立科技产业的"桥梁"和"纽带"奠定了基础①。这种师徒相承的"人脉关系"网络，使印度和欧美，尤其是和美国之间在高技术产业方面的市场联系非常密切。在印度软件产业界具有启蒙性质的那些印度软件专业的留学生，大多数曾在美国硅谷工作过；而硅谷作为世界信息技术产业的发源地，也一直是印度信息技术留学生毕业后工作的首选地。在完成了资本和技术的原始积累之后，同时随着印度软件产业发展环境的改善，在硅谷的印度软件企业家开始回国自主投资开办软件公司，或者受跨国公司（多数位于硅谷）的委派，回印度开设软件加工基地或软件研发中心。这些"海归派"一方面具备了从事软件开发和服务的卓越技能和丰富经验，使印度信息产业的后发优势得以迅速形成；另一方面又与海外同行保持密切的业务关系，出口信息灵、渠道畅，从而促进了印度信息产业出口的迅速增长。

第五，注重知识产权保护。20 世纪 90 年代以前，印度的信息产业和其他发展中国家一样，备受盗版猖獗及知识产权保护不力两大问题困扰。1994 年印度议会对 1957 年的《版权法》进行了彻底的修订，于 1995 年 5 月 10 日正式生效。新《版权法》对于印度的版权行业来说具有里程碑意义。该法对电脑软件给予更多保护，侵权者将受到严惩和重罚。从内容上来看，该法是世界上最严格和最接近国际惯例的版权法之一。印度政府十分注重对软件业和电子商务领域的知识产权保护，制订了一系列保护政策。对版权者的权利、软件的出租、用户备份的权利、侵权的惩处和罚款等都作了明确的规定。同时，印度政府还严厉打击盗版活动，维护软件创作者的权益。特别自加入世贸组织之后，为切实履行成员国义务，确保本国法律与世贸组织规则相一致，印度通过一系列立法改革和司法改革，大幅修改知识产权法律法规，强化知识产权保护工作，也已取得一定成效。印度于 1999 年、2002 年、2003 年、2004 年连续对《1970 年专利法》进行了修订，强有力地刺激了印度国内和国际资本在这些领域内对新产品的投资。印度政府还改进了专利申请审批的程序。现在审批一项专利不到 3 年，

---

① 陆履平，杨建梅. 硅谷、班加罗尔 IT 产业成功之启示［J］. 科技管理研究，2005（1）.

而以前则要 5~7 年。在良好的知识产权保护制度之下，印度的信息技术产业实现了快速增长。数据显示，1999~2002 年印度软件出口年均增长 48%，而之前 5 年的累计增长幅度只有 35%[①]。

为了推动电子商务的发展，2000 年 10 月 18 日，印度政府颁布的《信息技术法》正式生效。该法律对过去的《印度证据法》《印度储蓄银行法》《银行背书证据法》《印度刑法》中的有关条文进行了修订，确立了认可电子合同、电子文书、数字签字的法律依据，为电子商务的发展提供了法律保障，使电子商务"有法可依"。经过立法与执法的不懈努力，印度软件的盗版率显著降低，不仅使印度软件产品免受美国 301 条款的制裁，源源出口美国，更大大提高了以美国软件厂商为首的西方跨国软件企业到包括班加罗尔的印度新兴高科技产业城市投资设厂及建立软件研发机构的意愿。

3. 班加罗尔信息技术的集群效应

班加罗尔信息技术集群形成了一种围绕知识聚集资本、围绕技术组织生产要素的系统。在这个系统内，中央及地方政府、风险资本家、专业技术人员和研究机构、外围服务机构，为企业提供了机制保证与环境条件。而处于核心地位的企业不断地创造发明，推出新技术，从而推动整个集群系统的更新与升级。该系统的内在联系和集群效应发挥表现在以下几个方面。

第一，普遍的资源共享提高了集群整体效益。首先，班加罗尔高技术园区首先实现了公共资源共享。公共资源、基础设施是企业赖以生存和发展的必要条件，但其投资规模大、投资回报期长，需要政府力量的介入才能很好地解决。自 1991 年班加罗尔建立印度第一个计算机软件技术园以来，卡纳塔克邦政府就致力基础设施的建设，自行融资增建了发电厂和供水系统，扩建电力设施、推出综合网络服务，加强对外通信交流；还为建设信息技术科技园区提供了大量财务优惠。在班加罗尔信息技术企业集群

---

① 惠宁. 产业集群的区域经济效应研究［D］. 西安：西北大学，2006.

中，产业相对集中，各个企业关联性强，大量企业可以共享上述共资源，由此克服了单个企业在公共资源使用方面的不经济现象。其次是市场资源共享。市场资源通常包括企业形象、产品销售渠道、客户资源等。企业形象属于企业的无形资产，不仅可以给本企业带来更多收益，而且还可能惠及集群内关联企业。同时，同一产品或相关产业的众多企业聚集在一起本身就具有扩大声誉的趋势，易于获得政府的支持。印度信息产业著名的民间组织电子及计算机软件出口促进会（ESC）是印度商业部领导下的非营利性组织，吸引了 2000 多家在印度投资的信息技术企业参加，其中在班加罗尔的就达数百家。ESC 的重要职能包括：搜集国内外信息产业最新信息并向会员提供，达到信息共享；组织会员企业到国外开展会，利用印度信息产业的整体优势，为会员企业提供商机；与国外跨国公司进行多渠道的联络，根据它们的需求介绍会员企业与之合作，成为两者间的桥梁。

第二，畅通的就业渠道促进了人力资源合理配置。班加罗尔信息企业集群拥有丰富的人才储备，包括印度科学院在内的数十所教育科研机构为其提供了持续不断的高科技人才供给。以班加罗尔信息技术学院为例，该学院坐落于班加罗尔国际高科技园内，是全印度最好的培养软件人才的学院，校内设有 IBM、微软、甲骨文、英特尔、思科、SUN 等大公司的办事处。这些公司除了为学院直接提供国际上最先进的信息和技术以外，更为这里的毕业生提供就业的机会。再有，班加罗尔信息技术集群中存在大量的专门职业中介机构。它们利用自己掌握的信息网络，沟通雇主和求职者之间的联系，消除因信息不对称而造成的就业障碍，降低主体的雇佣成本，增加求职者的就业机会。此外，相对于正式的就业渠道，在集群内，非正式团体的存在也便利了人力资源的流动，空缺的职位和合适的人选可以在一种类似"硅谷文化"的轻松氛围中顺畅地实现对接。

第三，活跃的技术创新促进了集群升级。班加罗尔信息技术集群是一个由相互独立的、非正式联盟的公司和机构组成的集群。各种大小不一的企业通过协作形成企业体系，这样既克服了垄断性产业组织缺乏效率、损害社会福利的弊端，同时又拥有自由竞争的灵活高效性和互补性，使得集群中单个主体在相互作用中对人才、高科技成果、资金、政策等进行重新组合，提高集群整体的创新能力。集群在地理上聚集的特性使集群内部信息沟通便利、快捷，易于实现集群内企业之间的频繁联系，通过各种形式的参观、研讨或合作，消除智力外溢的障碍，使得先进经验、技术在集群内部得以传播。以前文提到的韦普罗公司为例，就分别与英特尔、惠普、SUN 等跨国巨头建立了战略联盟关系，在不同领域实现业务扩展。2001 年 8 月 4 日，韦普罗和英特尔宣布在电子商务领域建立战略伙伴关系，以充分利用英特尔在资金、硬件设施等方面的优势和韦普罗的人力资源优势；2001 年 8 月 23 日，韦普罗、惠普宣布成立全球战略联盟，结合韦普罗的人才优势、技术优势以及惠普品牌、客户资源优势，针对电信服务商的需求，研究、开发网络管理措施。此外，韦普罗还与 SUN 联合开发共享的桌面环境，以便利产品的销售和市场定位。

另外，由于集群内企业间在其他方面的竞争优势差异很小，迫使企业通过持续不断地创新，来获取竞争优势。在集群内，企业进行创新的可见度较高，创新者的领先效益和示范效应突出，无形中给其他企业以更大压力，推动所有企业重视技术升级和技术创新。因此，集群这种组织形式使得班加罗尔的公司能够对市场做出更快的反应，更迅速地推出新产品。同时，人员流动也会导致技术溢出。班加罗尔信息技术企业集群内的企业在培训管理人员、技术人员上的投入很大，当这些人员在集群内流动时，就会把技术、营销、管理知识扩散出去，实现集群内的技术创新与交流。

第四，国际市场导向带动了相关产品的出口。随着美国信息产业的兴起，印度的信息产业就开始与美国市场接轨，因而班加罗尔的信息技术公司，其主要客源大都在国外。以 Infosys 公司为例，该公司主要为通信、银行、保险、零售业提供软件和咨询顾问服务，85% 的软件在印度国内开发，美国客户占公司业务总量的 73%，欧洲客户占 18%，其他多为亚太地区的客户，而印度本国的客户只占 1%[①]。正是由于客源主要来自海外，终端产品市场容量很大，班加罗尔信息企业集群由此克服了国内经济发展程度低和市场容量小的制约，能持续开发、出口信息技术及相关产品。近年

---

① 陈平. 印度班加罗尔信息产业集群研究 [J]. 商业研究，2007 (11).

来，美国经济增长率明显下降，包括康柏、英特尔、思科等众多企业大批裁员，印度软件企业在此情况下一方面尽力保住美国市场，另一方面则努力开拓欧洲市场。

7.2.3　对我国的经验与启示

剑桥和班加罗尔企业集群的崛起是当代高新技术企业集群发展的缩影，虽然二者出现在不同国家，面临不同的经济发展水平，发展道路也存在着差异，但其企业集群成功形成并发展的一些共性经验还是非常值得我们借鉴的。

第一，要促进创新型中小企业的衍生和集聚发展。科技型中小企业衍生和集聚能力高低直接决定着高新技术企业集群的竞争能力，所以各国政府在促进高新技术企业集群发展方面都是不遗余力的。同时，那种建立在共同基础科学之上的不同产业在同一地点的集聚所形成的交叉性企业集群是地方可持续发展和形成更强竞争优势的根本所在。所以，政府应当采取有效措施，通过有效的集群政策等手段，引导和推动那些受益于互补资源的产业和中小企业在地理上集中布局，从而获取更高的创新生产率，带动我国高新技术产业的升级。而且，要加快创新型科技企业的孵化，提高其成活率。

第二，要加强高技术人才培养并促进人才资源的合理配置。科技创业人才集聚功能开发是高技术企业集群竞争力不断提升的关键。与印度同属于人力资源丰富、而资本和技术方面处于相对弱势的发展中大国的我国，也具备发展人才密集型的高新技术产业的优势。我国发展高新技术产业，要进一步加强高新技术人才的培养规模和质量水平，通过数量优势逐渐形成集聚优势。此外，班加罗尔信息企业集群内的非正式团体所带来的就业效应促进了当地企业之间良好的人才流动，并内化为班加罗尔的一种生活方式，这也很值得我国的高技术企业集群学习参考。

第三，要完善区域创新体系，促进官、产、学、研四方面的密切协作。在发展中国家要提高新技术企业集群的地方创新能力，建立和完善官产学研合作机制和途径显得格外重要。这是因为：（1）大多数高新技术企业集群都是政府干预或引导的产物。如印度由于政府政策扶持到位，印度科技园软件产业在全球按客户要求设计的软件开发市场上，已经成为仅次于美国的世界第二大软件王国。（2）没有大学和科研机构对高新技术企业集群的功能扩展和延伸，集群内的发展既不名副其实，也不具备比较优势。（3）产业界的参与是高新技术企业集群发展壮大的重要力量。

成功的高科技企业集群所具有的竞争力和创新精神来源于具有领先水平的科研成果。然而，如果这些成果不能有效地转化到市场活动中去，其对当地经济的推动作用就非常有限。这里的"技术转让"是指通过技术授权或者直接生产新产品的形式，将某项知识产权投入商业应用中去。具体而言，一种情况是通过科研人员直接创立的高科技企业将科研成果转化为实际技术和产品，另一种情况则是通过专门的技术转让机构来协调科研成果的"供"与"需"。可以从以下三方面建立有效的技术转让机制：一是强化技术转让机构的职能。这类机构通常由高校组建，具有独立的管理权限和较为扁平化的组织机构，并且引进熟悉市场需求的专业人才，以应对创新型研究项目的管理和市场开发。二是扩大现有技术转让机构职能范围，建立一揽子支持性服务体系，包括总体和特定项目的管理运作直至筹集政府和私人投资。这些服务活动一直要到签订技术授权协议书或者创建新的高科技企业为止。三是为科研成果供需双方牵线搭桥。一方面帮助科研人员更好地了解市场需求，推动科研活动向商业应用靠拢，另一方面也帮助集群企业了解有商业潜力的科研项目和成果，拓宽其产品创新的空间。

第四，建立健全风险投资机制，提高金融服务水平。高新技术企业的高风险性质使其不易获得大量的商业贷款，特别对于创业期的企业来说尤其如此，因此风险投资的作用尤其重要。风险投资是高技术产业和新经济发展的有利条件，也是高新技术企业创业的催化剂。要强化前期投资，一方面为潜在的创业者提供有效的前期支持，帮助他们拿出有价值的商业计划；另一方面要建立高科技风险投资机制，吸引国内外有经验的风险投资的注入，通过其专业化的服务提高新兴企业的成活率。此外，要完善投资退出机制。无论私人还是政府，投资的目的都是经过一定投资期获得盈利和收回资金。常见的途径是将股权出售给其他投资者，但最有效的投资退出机制还是通过股票上市。我国已经推出的二板市场固然可以为高技术企业融资提供有利的融资环境，但建立成熟的资本市场还需要政府与金融界的通力协作。

第五，加快知识创造与扩散，加强互信、合作的区域创新网络建设。首先应该重视政府与非政府部门的互动，构建区域创新网络。在创新网络的形成过程中，网络成员间的相互信任与合作至关重要，其中政府的作用是为创新提供必要的政策支持和财政支持，并发挥政府在区域整合中的管理和协调作用。其次建立良好的鼓励创新机制。建立良好的鼓励创新的机制包括实施优惠的税收政策、颁布支持创新的法律法规以及创造良好的市场发展环境。最后应该积极培育和利用社会资本。社会资本是影响区域发展与创新的关键要素之一，决定着区域的凝聚力、创新能力和运作效率。在我国的区域发展与创新的实践中，尽管社会资本问题还没有得到足够的重视，但在一些快速发展地区已经显现出社会资本对经济发展的作用，特别表现为政府与企业间的正向的互动关系。社会资本应主要通过区域制度环境的改善而逐渐形成，其中政府具有关键作用，即一方面政府应清正自律、高效廉洁，另一方面应运用政府权威制定规则、加强管理，以增强区域内作为社会资本核心的信任关系。

要构建有效的集群外部人脉关系网络。一方面地方化的智力资本是高新技术企业发展的关键所在；另一方面也说明了知识流动的外部性一般只存在于这些核心智力资本所居住的区域。这就为发展中国家如何谋求高新技术企业集群的国际竞争能力提供了一个明确的思路，即构建起一个有效的通达国际核心智力资源所在的外部网络关系，该网络关系对集群的创新能力至关重要。

第六，要加强知识产权的保护。作为发展中国家，中国的法制体系有很多的不完善之处。而高新技术产业的产品和技术必须得到国家的有效保护，才能形成一种真正的鼓励创新的机制。作为同是发展中国家的印度，在知识产权保护上能够与国际接轨，并坚持不懈地加以落实，从而为本国的高新技术产业的发展提供了一个好的平台和背景。中国也必须在这方面付出更多的努力。

7.3 本章小结

本章详细回顾了我国高新产业开发区发展的历史、现状及集群化发展中存在的问题，并在对比分析英国剑桥工业园和印度班加罗尔软件业集群的发展历史和成功经验的基础上，指明了我国高新技术园区集群化发展的可行方案，包括通过政策引导高科技中小企业的衍生和集聚、加快知识创造与扩散、完善区域创新体系、健全风险投资机制、培育社会资本以及加强知识产权保护等等。当然，集群的形成和发展不是一蹴而就的，也不是凭主观愿望就可以实现的。但有了一个适当的环境和产业、科技、市场基础，就为企业集群的形成发展创造了必要的条件——特别是对于嵌入式企业集群，这一点显得尤其重要。

自 2007 年以来发展到今天，长春高新区又经历了 15 年的发展历程，已经形成了汽车零部件、生物医药、光学信息、新材料产业等产业格局。其中医药产业继续作为高新区的主要产业发挥着龙头引领作用。特别是在基因工程、生物疫苗、现代中药三大产业平台的发展方面，集聚了一批如金赛药业、百克生物、华康药业等有竞争力的代表性企业，充分证明了企业集聚带来的良好效果。生物医药企业达到 400 余户，产值超过 200 亿元，是亚洲最大的疫苗生产基地和全国最大的基因药物生产基地。特别是自长春新区 2016 年成立以来，长春市政府颁布了《长春新区发展总体规划（2016－2030）》，明确了包括生物医药产业园在内的 10 大产业园区的规划方案，重点发展生物医药业等 5 个先进制造业以及现代服务业和现代农业，并且在基础设施建设、低碳环保、宜居宜业等更全面的维度进行了总体部署①。

---

① 资料来源：长春高新技术产业开发区网站。

第 **8** 章

结论与展望

8.1 结论

集群的因素支配着当今世界经济版图，它是每个国家国民经济、区域经济甚至城市经济的一个显著特征，在经济发达国家尤其，集群现象已经成为世界经济的典型特征之一。集群是各个领域竞争成功的临界规模，区域之间的竞争已经演变为企业集群之间的竞争。在我国，企业集群导致的经济集群已经成为中国经济发展的重要源泉和发动机。为了应对知识经济时代的挑战，我国从 20 世纪 80 年代中期开始了建立高新区的理论与实践探索，也取得了一定的成果，但也面临很大的困难。因此，本书基于 21 世纪初我国高新技术产业快速发展的时间背景，选择了嵌入式企业集群成长演化这一主题，对嵌入式企业集群的形成发展规律进行了研究，主要结论如下。

（1）重新界定了嵌入式企业集群的内涵。嵌入更强调的是人为因素的作用而形成的企业集群，其对应于内生型企业集群，强调的是集群形成的原因和机制。本书认为嵌入式企业集群是以政府政策为依托，以不同企业在一定地理区域的集合为前提，靠政策支持和产业关联建立起来的企业集聚有机体，这种有机体一般存在于高新技术开发区、经济开发区、产业园区等政策规划区域内。

（2）本书在实证分析的基础上认为，嵌入式企业集群是在一定的制度背景下发展起来的，嵌入式企业集群的形成是一个受内外因素制约的过程，地方政府政策等外部因素对集群形成有重要的影响；嵌入式企业集群形成发展过程中，显性规则和隐性规则会发挥关键作用。

（3）基于对企业集群生命周期的分析，本书认为嵌入式企业集群同样也存在着生命周期现象，有其发展演化的独特规律；社会资本、合作竞争、集群治理等因素在很大程度上决定着集群发展状态和生命周期。

（4）集群创新是嵌入式企业集群成长的重要动力来源。分析了嵌入式企业集群创新的一般制度，建立了嵌入式企业集群创新的新模型，并深入阐述了集群创新的动力机制和资源保证；最后通过对集群创新的重要因素——知识溢出的机制和效应的论述，阐明了嵌入式企业集群政府及政策、文化等对知识溢出机制和知识溢出效应发挥的作用。

（5）通过对中外嵌入式企业集群发展的实证分析显示，上述结论符合嵌入式企业集群成长演化的一般规律；结合我国嵌入式企业集群发展现状，给出了我国高新开发区等高技术企业集聚区域的发展策略。

8.2 局限及展望

本书尽管有其理论和现实意义，但由于受制于主观上的能力限制及客观上的资料约束，研究局限也是明显存在的。比如对企业集群的选择上，本书研究对象是高技术企业集群，但由于数据获取难度，只是对一个地域的企业集群进行实证分析，所得结论是否符合其他行业、其他国家或地区的高技术企业集群，还需要进一步深入研究。具体来讲，以下几个方向还有待进一步深入研究。

（1）嵌入式企业集群形成机理的进一步研究。由于笔者本人能力的限制，对嵌入式企业集群的形成规律只是做了初步探讨，特别对于政策因素，由于各地方政府的政策有很大的差别，怎样把这种地域差别考虑进去，以及怎样更科学地对政策因素进行分类和量化的问题还有待进一步研究。

（2）对转型经济下规则对嵌入式企业集群作用的深入研究。制度经济学理论强调规则对经济发展和企业发展的作用，规则对企业集群的发展影响有多大，这种影响发挥作用的机制是什么？以上问题在本书中没有解决，需要后续研究深入。

（3）文化转型对嵌入式企业集群发展的作用。文化对人们的行为和企业的行为有直接的影响作用，本书从基本面上探讨了这种影响对嵌入式企业集群发展的作用，但缺乏结构化的系统研究，对此，还需要进一步深化。

参 考 文 献

一、中文参考文献

［1］［美］A. 萨克森宁. 地区优势：硅谷和 128 公路地区的文化与竞争［M］. 上海：上海远东出版社，1999.

［2］［美］E. 斯蒂格利茨. 政府为什么干预经济［M］. 北京：中国物资出版社，1998.

［3］［德］阿尔弗雷德·A. 韦伯. 工业区位论［M］. 李刚剑，等译. 北京：商务印书馆，1997：118.

［4］［美］艾伯特·赫希曼. 经济发展战略［M］. 曹征海，潘照东，译. 北京：经济科学出版社，1991.

［5］安同良. 企业技术能力发展论——经济转型过程中中国企业技术能力实证研究（经济转型与经济发展前沿文丛）［M］. 北京：人民出版社，2004.

［6］包惠. 美国产业研发的空间结构与科技政策研究［D］. 上海：华东师范大学，2005.

［7］［法］保德威尔. 区域规划问题［M］. 1966 年英国爱丁堡大学版. 转引自王缉慈. 增长极概念、理论及战略探究［J］. 经济科学，1989（3）.

［8］波特. 竞争论［M］. 北京：中信出版社，2003：267.

［9］蔡宁，吴结兵. 企业集群的竞争优势：资源的结构性整合［J］. 中国工业经济，2002（7）.

［10］蔡宁，吴结兵. 企业集群的竞争优势：资源的结构性整合［M］. 北京：中国工业经济出版社，2002：45－50.

［11］陈剑锋，唐振鹏. 国外产业集群研究综述［J］. 外国经济与管

理，2002 (8)：22 -27.

[12] 陈平，盛亚. 集群发展的国际经验：提升我国产业集群竞争力 [M]. 杭州：浙江大学出版社，2007.

[13] 陈平. 印度班加罗尔信息产业集群研究 [J]. 商业研究，2007 (11).

[14] 陈雪松. 产业集群的形成及其可持续发展 [D]. 广州：暨南大学，2003.

[15] 程学童，王祖强，李涛. 集群式民营企业成长模式分析 [M]. 北京：中国经济出版社，2005.

[16] 池仁勇，葛传斌. 英国生物技术企业集群发展支撑体系及影响因素分析 [J]. 科学学与科学技术管理，2004 (9).

[17] 池仁勇. 意大利中小企业集群的形成条件与特征 [J]. 外国经济与管理，2001 (8)：27 -31.

[18] 储小平. 中小企业集群研究述评 [J]. 学术研究，2002 (4).

[19] 戴双兴 .21 世纪我国高新区产业集群发展的战略思考 [J]. 中国地质大学学报（社会科学版），2004 (1).

[20] 丁福浩. 中国经济技术开发区的管理模式研究 [D]. 武汉：华中科技大学，2004.

[21] 董丹红. 开发区产业集群的理论与实证研究 [D]. 武汉：武汉理工大学，2007：16 -17.

[22] 樊圣君，张旭亮，张振宇. 论区域集群的独特社会资本优势及对区域和国家持续竞争优势的意义 [J]. 经济评论，2001 (4)：64 -67.

[23] 方民生. 波特的"簇群理论"与浙江产业组织 [J]. 浙江经济，2001 (7)：29 -30.

[24] [波] 费德罗维奇，等. 转型经济和政治环境下的公司治理：制度变革的路径 [M]. 罗培新，译. 北京：北京大学出版社，2007.

[25] 封凯栋，薛澜，沈群红. 社会资本在区域经济发展中的作用 [A]. 产业聚群与中国区域创新发展研讨会会议论文 [C] //中国软科学研究会，2002 年 11 月.

［26］冯德显．产业集群及其对河南经济发展影响研究［J］．地域研究与开发，2003（3）．

［27］符正平，等．中小企业集群生成机制研究［M］．广州：中山大学出版社，2004：53－57．

［28］符正平．论企业集群的产生条件与形成机制［J］．中国工业经济，2002（10）．

［29］傅家骥．技术创新学［M］．北京：清华大学出版社，2001．

［30］盖文启，王缉慈．从硅谷的成功看中国高新区的发展［J］．中国工业经济，1999（12）．

［31］盖文启．国际典型高技术产业集群的比较分析与经验启示［J］．中国软科学，2004（2）：102－108．

［32］高沫丽．北京市高新技术产业集群创新模式研究［D］．北京：中国地质大学，2007．

［33］顾强，王缉慈．产业集群、工业园区与新型工业化［A］．国家经贸委．我国走新型工业化道路研究［C］．2003．

［34］顾志刚，吴晓波．基于产业集群共享性资源的集群企业技术创新研究［J］．技术经济，2007，26（12）．

［35］郭韧，曾国祥．产业集群的知识溢出效应研究［J］．中国市场，2007（40）．

［36］郭兴方．论我国高新技术企业创新的模式提升：集群创新［J］．中州学刊，2005（5）：66－67．

［37］郭旭新．经济转型中的秩序［M］．北京：社会科学文献出版社，2007．

［38］韩伯棠，朱美光，李强，张彩波．基于知识溢出的高新区"二次创业"对策研究［J］．武汉理工大学学报（社会科学版），2004，17（5）．

［39］洪银生．以制度和秩序驾驭市场经济——经济转型阶段的市场秩序建设［M］．北京：人民出版社，2005．

［40］侯汉平，王浣尘．R&D知识溢出效应模型分析［J］．系统工程

理论与实践，2001（9）：29－32.

［41］胡恩华，刘洪.集群创新理论研究动态及启示［J］.预测，2006（5）.

［42］胡恩华.企业集群创新行为的理论与实证研究：基于复杂适应系统理论的视角［M］.北京：科学出版社，2007.

［43］黄洁.企业成长与网络演化：基于浙江集群企业的实证研究［M］.杭州：浙江大学出版社，2007.

［44］黄守坤.产业网络的组织结构分析［D］.济南：山东大学，2006.

［45］黄铁钢.浙江高新技术产业发展研究及其对策分析［D］.杭州：浙江工业大学，2004.

［46］惠宁.产业集群的区域经济效应研究［D］.西安：西北大学，2006.

［47］贾明江.企业集群演化的行为特征研究［D］.成都：西南交通大学，2006.

［48］蒋东仁.产业集群创新的政府行为透析［J］.科学学与科学技术管理，2006（12）.

［49］蒋自然，朱华友.企业集群研究新趋向——集群政策［J］.高职论丛，2007（3）.

［50］靳辉.高新技术产业集聚［D］.西安：西北大学，2006.

［51］鞠永春.产业集群与地区发展政策分析［D］.上海：复旦大学，2004.

［52］匡致远.论高新技术产业开发区的产业聚群导向发展［J］.学术研究，2000（10）.

［53］雷德森.对科学园认识的演进和发展趋势［J］.科研管理，2004（3）.

［54］雷德森.知识经济与高新区的建设［J］.科学学与科学技术管理，1999（8）.

［55］李长贵.集成化供应链成本管理理论与方法研究［D］.天津：天津大学，2005.

［56］李海婴，等．城市企业集群的机理分析与政策安排［J］．现代管理科学，2004（3）：3-6.

［57］李世杰．产业集群的组织分析［D］．沈阳：东北大学，2006.

［58］李文博，许秀玲．中小企业集群式创新的内涵、动因及发展路径［J］．宜宾学院学报，2005（9）.

［59］李向东，孙建军，洪雁平．从硅谷成功看我国高新区发展的问题与对策［J］．经济体制改革，2002（2）.

［60］李小建，李庆春．克鲁格曼的主要经济地理学观点分析［J］．地理科学进展，1999（2）.

［61］李新春．高新技术创新网络：美国硅谷与128号公路的比较［J］．中外科技信息，2000（1）.

［62］李兴华，蓝海林．高新技术企业集群自组织机制与条件研究［M］．北京：经济科学出版社，2004.

［63］李燕燕．文化与经济转型：基于中原发展经验的分析［M］．北京：社会科学文献出版社，2007.

［64］李亦亮．企业集群发展的框架分析［M］．北京：中国经济出版社，2006：31-33，182.

［65］李永刚，祝青．浙江小企业群落式发展初探［J］．财经论丛，2000（9）.

［66］李永刚．中小企业群落式生成演化研究的文献综述［J］．工业经济，2004（12）.

［67］李煜华，胡运权，孙凯．产业集群规模与集群效应的关联性分析［J］．研究与发展管理，2007（2）.

［68］李志刚．基于网络结构的产业集群创新机制和创新绩效研究［D］．合肥：中国科学技术大学，2007.

［69］林润辉．网络组织与企业高成长［M］．天津：南开大学出版社，2004.

［70］刘春芝．集群式创新：以辽宁装备制造业发展为例［M］．北京：中国社会科学出版社，2005：18.

[71] 刘巨钦. 企业集群成长机理与竞争优势培育 [M]. 北京: 中国经济出版社, 2007.

[72] 刘柯杰. 知识外溢、产业聚集与地区高科技产业政策选择 [J]. 生产力研究, 2002 (1): 97 - 98.

[73] 刘丽萍. 解构东北区域文化振兴东北区域经济 [J]. 商业研究, 2005 (14).

[74] 刘友金, 郭新. 集群式创新形成与演化机理研究 [J]. 中国软科学, 2003 (2).

[75] 刘友金, 黄鲁成. 产业群集的区域创新优势与我国高新区的发展 [J]. 中国工业经济, 2001 (2).

[76] 刘友金. 论集群式创新的组织模式 [J]. 中国软科学, 2002 (2): 71 - 75.

[77] 刘志彪, 等. 现代产业经济分析 [M]. 南京: 南京大学出版社, 2001.

[78] 卢福财, 胡大立. 产业集群与网络组织 [M]. 北京: 经济管理出版社, 2004.

[79] 路平. "簇群" (专业镇) 经济的蓬勃发展加快了广东的经济发展和现代化、城市化的进程 [A]. "产业集群与中国区域创新发展" 研讨会会议资料汇编 [C]. 中国软科学研究会, 2002: 129 - 135.

[80] 罗发友. 企业创新集群行为的演化动态与激励机制研究 [J]. 生产力研究, 2007 (3).

[81] 罗国轩. 论高技术企业 "导动式" 学习型组织的建立与实施 [D]. 武汉: 华中科技大学, 2004.

[82] 罗良忠, 史占中. 从硅谷小企业集群看我国高科技园区的发展 [J]. 佛山科学技术学院学报 (社会科学版), 2003 (2).

[83] 罗卫东. 企业家创新精神与浙江经济发展 [J]. 浙江社会科学, 2000 (2).

[84] 马建会. 产业集群成长机理研究 [M]. 北京: 中国社会科学出版社, 2007.

［85］马宪民．科技创新给广东省簇群经济插上腾飞的翅膀［Z］．"产业集群与中国区域创新发展"研讨会发言演示稿，中国软科学研究会，2002．

［86］［英］马歇尔．经济学原理［M］．朱志泰，译．北京：商务印书馆，1965，上卷：281－284．

［87］［美］麦金农（McKinnon，R. I.）．麦金农经济学说论文集［M］．北京：中国金融出版社，2006．

［88］［瑞典］缪尔达尔．经济理论与不发达地区［M］．1957年伦敦麦林恩版：23－28．转引自王缉慈．增长极概念、理论及战略探究［J］．经济科学，1989（3）．

［89］宁德军．技术创新与产业群升级［D］．苏州：苏州大学，2006．

［90］潘慧明，李荣化，李必强．产业集群竞争力综合评价模型的设计［J］．当代经济，2006（3）：44－45．

［91］潘雄峰．高技术产业集群创新机理研究——基于创新网络与技术学习的视角［D］．大连：大连理工大学，2007．

［92］祁红梅，庞世俊，王惠东．基于合作的主动知识外溢策略研究［J］．科学管理研究，2004（8）：70－73．

［93］钱平凡．我国产业集群的发展状况、特点与问题［J］．经济理论与经济管理，2003（12）．

［94］青木昌彦．比较制度分析［M］．上海：上海远东出版社，2001．

［95］仇保兴．发展小企业集群要避免的陷阱——过度竞争所致的"柠檬市场"［J］．北京大学学报（哲学社会科学版），1999（1）．

［96］仇保兴．小企业集群研究［M］．上海：复旦大学出版社，1999．

［97］申恩平．企业群落与厂商行为［M］．杭州：浙江大学出版社，2006．

［98］史及传．中国高新技术产业发展规律研究［M］．北京：人民出版社，2007．

［99］孙颖，王缉慈．硅谷和128公路的对比看高技术产业创新力的保持［J］．中外科技政策与管理，1996（9）：60－64．

[100] 孙兆刚. 知识溢出的发生机制与路径研究 [D]. 大连: 大连理工大学, 2005: 24-26.

[101] 佟玲. 产业集群模式应用于高技术产业的理论与实践研究 [D]. 长春: 吉林大学, 2004.

[102] 童昕, 王缉慈. 论全球化背景下的本地创新网络 [J]. 中国软科学, 2000 (9): 80-84.

[103] 童昕, 王缉慈. 论全球商品链中的地方产业群——以东莞的"商圈"现象为例 [J]. 地域研究与开发, 2002 (6).

[104] 童昕, 王缉慈. 全球化——本地化: 透视中国三大 IT 产业群的形成与演化 [J]. 经济地理, 2002 (6).

[105] 汪佩伟, 李帆. 当代美国产学研合作的发展趋势及其启示 [J]. 科技进步与对策, 2000 (7).

[106] 王成勇. 基于产业集群的区域经济发展战略研究 [D]. 兰州: 兰州大学, 2007.

[107] 王春梅, 袁继祖. 高新技术产业集群创新体系框架模型实证分析 [J]. 科技进步与对策, 2006 (7).

[108] 王缉慈, 宋向辉, 李光宇. 关于中关村新技术企业的集聚与扩散 [J]. 地理学报, 1996, 51 (6): 483-488.

[109] 王缉慈, 王可. 区域创新环境和企业根植性——兼论我国高新技术企业开发区的发展 [J]. 地理研究, 1999 (4).

[110] 王缉慈. 创新的空间: 企业集群与区域发展 [M]. 北京: 北京大学出版社, 2001.

[111] 王缉慈. 从意大利产业区模式看浙江专业化产业区发展前景 [J]. 浙江经济, 2000 (7): 10-12.

[112] 王缉慈. 地方产业群战略 [J]. 中国工业经济, 2002 (3): 47-54.

[113] 王缉慈. 东莞和苏州 PC 产业群的比较分析 [J]. 中国地质大学学报 (社会科学版), 2003 (2): 6-10.

[114] 王缉慈. 关于北京发展高新技术产业的政策思考 [A]. 北京经

济形势分析与预测——1998年经济蓝皮书,首都师范大学出版社,1998.

[115] 王缉慈. 关于高新技术产业开发区对区域经济发展影响的分析构架 [J]. 中国工业经济,1998 (3):54 - 57.

[116] 王缉慈. 关于在外向型区域发展本地企业集群的一点思考——墨西哥和我国台湾外向型加工区域的对比分析 [J]. 世界地理研究,2001 (3).

[117] 王缉慈. 关于中关村发展模式的深层思考 [J]. 北京联合大学学报,2000 (1).

[118] 王缉慈. 关于中关村新技术区域发展问题的深层思考 [A]. 1997年经济蓝皮书 [M]. 北京:首都师范大学出版社,1997.

[119] 王缉慈. 集群战略的公共政策及其对中国的意义 [J]. 中外科技信息,2001 (4):3 - 6.

[120] 王缉慈. 简评新产业区的国际学术讨论 [J]. 地理科学进展,1998 (3).

[121] 王缉慈. 知识创新和区域创新环境 [J]. 经济地理,1999 (1):11 - 15.

[122] 王缉慈. 中关村高新技术区域发展的危机和对策 [A]. 北京经济形势分析与预测——1999年经济蓝皮书,首都师范大学出版社,1999.

[123] 王立军. 创新集聚与区域发展 [M]. 北京:中国经济出版社,2007.

[124] 王小玉. "核心—边缘"理论的国内外研究述评 [J]. 湖北经济学院学报 (人文社会科学版),2007 (10).

[125] 王一江,等. 国家与经济:关于转型中的中国市场经济改革 [M]. 张旱平,王义高,编译. 北京:北京大学出版社,2007.

[126] 王兆萍. 转型经济发展中的文化断裂与贫困研究 [M]. 北京:中国社会科学出版社,2007.

[127] [美] 威廉·阿朗索 (William Alonso). 区位和土地利用 [M]. 梁进社,李平,王大伟,译. 北京:商务印书馆,2007.

[128] 魏后凯. 对产业集群与竞争力关系的考察 [J]. 经济管理,

2003（6）.

[129] 魏守华，石碧华．论企业集群的竞争优势 [J]．中国工业经济，2002（1）.

[130] 魏守华，王缉慈，赵雅沁．产业集群：新型区域经济发展理论 [J]．经济经纬，2002（2）：18－21.

[131] 魏守华，王缉慈．论专业化区域经济发展中地方政府的作用——以浙江嵊州市为例 [J]．生产力研究，2001（6）：88－90.

[132] 魏守华．产业群的动态研究以及实证分析 [J]．世界地理研究，2002（3）.

[133] 魏守华．企业集群中的公共政策问题研究 [J]．当代经济科学，2001（6）.

[134] 文先明．高新技术产业评价体系与发展战略研究 [M]．北京：中国财经出版社，2006.

[135] 邬爱其．集群企业网络化成长机制：理论分析与浙江经验 [M]．北京：中国社会科学出版社，2007.

[136] 邬爱其．企业成长的知识结构模型及其启示 [J]．科研管理，2003（2）.

[137] 邬爱其．全球竞争、本地网络与企业集群化成长：理论分析与浙江经验 [M]．杭州：浙江大学出版社，2008.

[138] 吴德进．产业集群论 [M]．社会科学文献出版社，2006：250－251.

[139] 吴林海，范从来．中国科技园区评价指标体系研究 [J]．社会科学家，2001（2）.

[140] 吴翔阳．产业自组织集群化及集群经济研究 [M]．北京：中共中央党校出版社，2006.

[141] 吴向鹏．产业集群：一个文献综述 [J]．当代财经，2003（9）.

[142] 吴晓军．产业集群与工业园区建设 [M]．南昌：江西人民出版社，2005.

[143] 吴学花. 中国产业集聚分析 [D]. 济南：山东大学，2006.

[144] 吴越. 经济宪法学导论——转型中国经济权利与权力之博弈 [M]. 北京：法律出版社，2007.

[145] 伍长南. 福建产业集群发展研究 [M]. 北京：中国经济出版社，2006.

[146] 伍装. 中国经济转型分析导论 [M]. 上海：上海财经大学出版社，2005：78-81.

[147] 谢冰. 软件产业集群创新网络研究 [D]. 武汉：华中师范大学，2007.

[148] 谢富纪，徐恒敏. 知识、知识流与知识溢出的经济学分析 [J]. 同济大学学报（社会科学报），2001（2）：54-57.

[149] 邢战坤. 高新技术园区发展规律与管理模式研究 [D]. 大连：大连理工大学，2004.

[150] 徐康宁. 当代西方产业集群理论的兴起、发展和启示 [J]. 经济学动态，2003（3）.

[151] 徐强. 中国产业集聚形成机理与发展对策研究 [D]. 厦门：厦门大学，2003.

[152] [英] 亚当·斯密. 国民财富的性质和原因的研究 [M]. 北京：商务印书馆，1997.

[153] 杨光斌. 中国经济转型中的国家权力 [M]. 北京：当代世界出版社，2003.

[154] 杨洵. 企业集群的生成及其技术创新能力培育研究 [D]. 西安：西北大学，2006.

[155] 叶建亮. 知识溢出与企业集群 [J]. 经济科学，2001（3）.

[156] 于秀婷，史占中. 产业集群的演化和阶段性成因探讨 [J]. 上海管理科学，2005（1）.

[157] 于永达，陈琳. 产业集群治理机制研究 [J]. 现代管理科学，2008（8）.

[158] 袁春雨. 企业集群创新能力的构建 [J]. 合肥工业大学学报

（社会科学版），2004，18（6）.

　　［159］［美］约瑟夫·熊彼特. 经济发展理论［M］. 何畏，译. 北京：商务印书馆，1990.

　　［160］张聪群，产业集群治理的逻辑与机制［J］. 经济地理，2008（5）.

　　［161］张聪群. 产业集群互动机理研究［M］. 北京：经济科学出版社，2007.

　　［162］张东风. 基于复杂性理论的企业集群成长与创新系统研究［M］. 北京：中国社会科学出版社，2007.

　　［163］张杰，刘东. 我国地方产业集群内创新行为模式与创新动力的获得路径探析［J］. 经济管理，2007（14）.

　　［164］张明国. 试论文化对技术发明的作用和影响［J］. 哈尔滨学院学报，2001（1）.

　　［165］张明龙. 产业聚集的溢出效应分析［J］. 经济学家，2004（3）：77－80.

　　［166］张巍. 我国大学科技园发展模式研究［D］. 哈尔滨：哈尔滨工程大学，2006.

　　［167］张伟，顾朝林，陈田，邱友良. 中国高新技术区的综合评价［J］. 地理研究，1998（3）.

　　［168］张新年，达庆利. 基于集群创新的政策创新与设计研究［J］. 科学学与科学技术管理，2008（1）.

　　［169］张馨月. 中国产业集群发展演化规律研究［D］. 南京：南京理工大学，2007.

　　［170］郑春芳. 政府在提升高新技术产业集群创新能力中的作用［J］. 兰州学刊，2005（2）.

　　［171］郑道文. 佩鲁的经济空间理论［J］. 中南财经大学学报，2001（5）.

　　［172］郑文智. 集群演化与区域产业的根植性［J］. 产业经济研究，2006（1）.

［173］朱华晟，盖文启. 产业的柔性集聚及其区域竞争力实证分析——以浙江大唐袜业柔性集聚体为例［J］. 经济理论与经济管理，2001（11）.

［174］朱华晟，王缉慈. 大唐袜业产业区分析——我国"意大利式产业区"产生和发展的一个实例［J］. 中外科技信息，2001（4）：25-29.

［175］朱华晟，王缉慈. 论产业群内的地方联系——以东莞电子产业群为例［J］. 经济地理，2002（2）.

［176］朱康对. 经济转型期的产业群落演进［J］. 中国农村观察，1999（3）.

［177］朱秀梅，蔡莉，张危宁. 基于高技术产业集群的知识溢出传导机制研究［J］. 工业技术经济，2006（5）.

［178］朱永华. 中小企业集群发展与创新［M］. 北京：中国经济出版社，2006.

［179］［美］邹至庄. 中国经济转型［M］. 曹祖平，等译. 北京：中国人民大学出版社，2005.

二、英文参考文献

［1］Ahokangas, P., Hyry, M. and Räsänen, P. Small Technology - based Firms in Fast - growing Regional CLuster［J］. New England Journal of Entrepreneurship, 1999（2）.

［2］Altenburg, L. and Meyer - Stamer, J. How to Promote Clusters: Policy Experiences from Latin America［R］. World Development, 27（9）: 1693 - 1713.

［3］Amesse, F., Cohendet, P. Technology transfer revisited from the perspective of the knowledge - based economy［J］. Research Policy, 2001（30）: 1459 - 1478.

［4］Amin A. Thrift NJ. Neo - marshallian nodes in global networks［J］. International Journal of Urbanand Regional Research, 1992, 16（4）: 571 - 587.

［5］Amin, A., K. Robins. These are not Marshallian times［A］. In

Innovation Networks: Spatial Perspectives, edited by R. Camagni, Belhaven Press, London: 1991: 105 – 108.

[6] Anderson, G. Industry clustering for economic development [J]. Economic Development Review, 1994, Spring, 26 – 32.

[7] Asheim, B. T. Industrial districts as "learning regions": A condition for prosperity [A]. European Planning Studies, 1997, 4 (4): 379 – 400.

[8] Baptasta R. Geographical clusters and innovation diffusion [J]. Technological Forecasting and Social Change, 2001, 66 (1): 31 – 46.

[9] Baptista R., Swann G. M. P. Do firms in clusters innovate more? [J]. Research Policy, 1998 (27).

[10] Barry R. Weingast. The Economic Role of Political Institutions: Market – preserving Federalism and Economic Development [J]. Journal of Law, Economics, and Organization, April 1995.

[11] Bassett, K. and Griths, R. and Smith, I. Cultural industries, cultural clusters and the city: the example of natural history [OL]. Geoforum 33, 2002: 165 – 177, elsevier. com/locate/geoforum.

[12] Becattini, G. Industrial Sectors and Industrial Districts: Tools for Industrial Analysis [J]. European Planning Studies, 2000, 10 (4): 483 – 493.

[13] Bellandi, M. On entrepreneurship, region, and the constitution of scale and scope economies [J]. European Planning Studies, 1996, 4 (4): 421 – 438.

[14] Bellini, N. Italian industrial districts: Evolution and change [J]. European Planning Studies, 1996, 4 (1): 3 – 4.

[15] Bergman, E. M., and E. J. Feser. Industrial, Regional or Spatial Clustering? [A]. OECD Workshop Position Paper on Cluster Analyses and Cluster – based Policies [C]. (Amsterdam, 10 – 11. 10. 97). Paris: OECD Industrial Cluster Focus Group. 1997.

[16] Brusco, S. Small firms and industrial districts: The experience of

Italy [A]. In New Firms and Regional Development in Europe [C]. 1986: 184 – 202.

[17] Brusco, S. The Emilian model: Productive decentralisation and social integration [J]. Cambridge Journal of Economics, 1982 (6): 167 – 184.

[18] Carter, A. P. Knowhow Trading as Economic Exchange [J]. Reserch Policy, 1989 (18): 155 – 163.

[19] Claus Steinle, Holger Schiele. When do industries cluster? A proposal on how to assess an industry's propensity to concentrate at a single region or nation [M]. Research Policy, 2002 (31).

[20] Coase, R. H. The nature of the firm [J]. Economica, 1937 (4): 386 – 405.

[21] Cohendet P. , F Meyer, Krahmer. The theoretical and Policy implications of knowledge condification, Research Policy, 2001 (30): 1563 – 1591.

[22] Cook. P, Uranga. MG, Etxebarria. G. Regional innovation systems: institutional and organizational dimensions [J]. Research Policy, 1997 (26).

[23] Coraggio, J. L. Towards a Revision of the Growth Pole Theory [J]. Viertel Jahres Berichte, 53, 1974: 283 – 308.

[24] David Learmonth, Alison Munro and J. Kim Swales. Multi – sectoral Cluster Modelling: The Evaluation of Scottish Enterprise Cluster Policy [J]. European Planning Studies, 2003, 11 (5).

[25] Fallah M. H. Ibrahim S. Knowledge Spillover and Innovation in Technological Clusters [C]. IAMOT 2004 Conference, Washington, D. C, 2004, 3 – 5.

[26] FeldmanM. P. The geography of innovation [M]. Kluwer Academic Publishes, London, Dordrecht: 1994.

[27] Feser, E. J. Enterprises, external economies, and economic development [J]. Journal of Planning Literature , 1998, 12 (3): 283 – 302.

[28] Feser, E. J. Old and new theories of industry clusters [A]. Clus-

ters and Regional Specialisation, edited by M. Steiner [C]. London, Pion Limited, 1998: 18 - 40.

[29] Freeman C. Networks of innovators: a synthesis of research issues, Research Policy , 1991 (20): 499 - 514.

[30] Garofoli. In Benko G. The Italian Model of Spatial Development in the 1970s and 1980s [eds]. London Belhaven, 1991.

[31] Gibbs, R and Bernat, G. Rural Industry Clusters Raise Local Earnings [J]. Rural Development Perspectives, 1998, 12 (3): 18 - 25.

[32] Giovana, C. & Dini, M. Small Enterprises Cluster and Network Development in Developing Countries: The Experience of UNIDO [J]. Issues Paper of UNIDO, 1999.

[33] Grabher, G. The embedded firm: On the socioeconomics of industrial networks [C]. London: Routledge, 1993: 255 - 277.

[34] Gray. M. , E. Golob, and A. Markusen. Big firms, long arms, wide shoulders: The "Hub - and - Spoke" industrial district in the Seattle region [J]. Regional Studies 1996 (30): 651 - 666.

[35] Griliches, Z. Issues in assessing the contribution of research and development to productivity growth [J]. Bell Journal of Economics, 1979, 10 (1): 92 - 116.

[36] G. M. Peter Swann. Towards a Model of Clustering in High - Technology Industries, In G. M. Peier Swann, Martha Prevezer and David Scout (eds), The Dynamics of Industrial Clustering - International Comparisons In Computing and Biotechnology, Oxford University Press, 1998.

[37] Harrison, B. Industrial districts: Old wine in new bottles? [J]. Regional Studies, 1992, 26 (5): 469 - 483.

[38] Hofstede G. Culture's consequences: International differences in woke related values [M]. Beverly Hills, Sage Publications, 1980.

[39] Hubert Schmitz. Collective Efficiency and Increasing Returns [C]. IDS Working Paper 50, March 1997.

［40］Humphre, J. and Schmitz, H. Principles for romoting clusters & networks of SMEs［C］. by the Small and Medium Enterprises Branch, UNIDO, 1995.

［41］Jaffe A, Trajternberg M, Henderson R. Geographic Localization of knowledge spillovers as Evidenced by Patent citations［C］. NBER Working Papers Series, 1993 (3993): 11 – 18.

［42］Kaldor. N. The Role of Increasing Returns, Technical Progress and Cumulative Causation in the Theory of International Trade and Economic Growth ［M］. New York: Holmes and Meier, 1989.

［43］Keeble. ,Lawson. , Moore. , Wilkinson. , Collective learning processes, networking and institutional thickness in the Cambrid geregion［J］. Regional Studies, 1999, 33 (4).

［44］Krugman P. Increasine Returns and Economic Geography［J］. Journal of Political Economy, 1991.

［45］Krugman, P. Geography and Trade［M］. Cambridge: MIT Press, 1991.

［46］Krugman, P. Rethinking International Trade［M］. Cambridge, MA: MIT Press, 1990.

［47］Lissoni, F. Knowledge codification and the geography of innovation: the case of Brescia mechanical cluster［J］. Research Policy , 2001 (30): 1479 – 1500.

［48］Lorenzen, M. Information cost, learning, and trust, Lessons from co – operation and higher – order capabilities amongst geographically proximate firms［A］. Danish Research Unit for Industrial Dynamics (DRUID) Working paper［C］. 1998: 98 – 121.

［49］Low M B, Abrahamson E. Movements, bandwagons, and clones: Industry evolution and the entre – preneurial process［J］. Journal of Business Venturing, 1997, 12 (6): 435 – 457.

［50］Markusen, A. Sticky places in slippery space: A typology of industrial districts [J]. Economic Geography, 1996 (72): 293 – 313.

[51] Marshall A. Principles of Economics [M]. London: Macmillan, 1920.

[52] Marshall, A. Principles of Economics: An Introductory Volume [M]. London: Macmillan, Ninth (Variorum) Edition, 1961.

[53] Martin, R. Flexible futures and post – Fordist places [J]. Environment and Planning A 1990 (22): 1276 – 1280.

[54] Matin, R. and Sunley, P. Deconstructing clusters: chaotic concept or policy panacea? Journal of Economic Geography, 2003: 3 – 35.

[55] Mc Fertidge, D. G., E. S. Sartzetakis. Emissnois Permits Trading and market structure, in Environmental Regulation and Market Power [M]. Edward Elgar Publishing, 1999.

[56] Meyer – Stamer, J. Path dependence and regional development: Persistence and change in three industrial clusters in Santa Catarina, Brazil [M]. World Development, 1998 (26): 1495 – 1511.

[57] Moses, Leon. Location and the Theory of Production [J]. Quarterly Journal of Economics , 1958 (72): 72 – 259.

[58] Nelson, R. R. National Innovation Systems: A Comparative Study [M]. New York: Oxford University Press, 1993.

[59] Paul Krugman, Geography and Trade [M]. MIT Press, 1991.

[60] Penrose E. The Theory of the Growth of the Firm [M]. New York: Oxford University Press, 1995: 129 – 130.

[61] Philip McCann, Tomokazu Arita, Ian R. Gordon. Industrial clusters, transactions costs and the institutional determinants of MNE location behaviour [J]. International Business Review, 2002 (11): 647 – 663.

[62] Pieter, M. 1999: Experiences of local economic development in clusters in the Netherlands and west Africa, A contribution to the Strademed Studies Cycle in Milan, (Economic Faculty of the Erasmus University, Department Regional economics and urban research department).

[63] Porter M. E. Clusters and the new economics of competition [J].

Harvard Business Review, 1998, November – December: 77 – 90.

[64] Porter, M. E. Competitive advantage, agglomeration economies, and regional policy [J]. International Regional Science Review 1996 (9): 85 – 90.

[65] Rakesh B. Knowledge flows and industrial clusters: an analytical review of literature [EB/OL] [M]. Http: //deas repec. org/p/ewc/wpaper/wp40. html. , 2002.

[66] Rantisi, N. The Local Innovation System as a Source of 'Variety': Openness and Adaptability in New York City's Garment District [J]. Regional Studies, 2002, 36 (6): 587 – 602.

[67] Romer P M. Endogenous Technological Change [J]. Journal of Political Economy, 1990 (2): 71 – 102.

[68] Russo, F. and Clara, M. and Gulati, M. Cluster development and promotion of business development services [C]. UNIDO's experience in India, UNIDO, 2000.

[69] Saxenian A. Regional advantage: Culture and competition in Silicon Valley and Route 128 [M]. Cambridge, MA: Harvard University Press, 1994.

[70] Saxenian, A. Regional Advantage: Culture and Competition in Silicon Valley and Route 128 [M]. Cambridge MA: Harvard University Press, 1994.

[71] Saxenian. L. Regional advantage: Culture and Competition in SiliconValley and Route 128 [M]. Harvard university, Press, Cambridge, 1994.

[72] Schumpeter. The Theory of Economic Development [M]. Havard University Press, Cambridge, 1934.

[73] Scott, A. J. Industrial organization and location: Division of labor, the firm, and spatial process [J]. Economic Geography , 1986 (63): 215 – 231.

[74] Scott, A. J. The collective order of flexible production agglomerations: Lessons for local economic development policy and strategic choice [J].

Economic Geography, 1992 (68): 219 –233.

[75] Scott, A. J., and A. S. Paul. Collective order and economic coordination in industrial agglomerations: The technopoles of Southern California. Environment and Planning C [J]. Government and Policy, 1990 (8): 179 – 193.

[76] Segal, A. and Thun, E. Thinking Globally, Acting Locally: Local Governments, Industrial Sectors, and Development in China [J]. Politics & Society, 2001, 29 (4): 557 –588.

[77] Stamer, J. Meyer. Path Dependence in Regional Development: Persistence and Change in Three Industrial Clusters in Sanata Catarina, Brail [J]. World Development, 1998, 26 (8).

[78] Steiner, M. Clusters and Regional Specialisation [M]. London, Pion Ltd, 1998.

[79] Storper M. The transition to flexible specialization in industry [J]. Cambridge Journal of Economics, 1989 (13): 273 – 305.

[80] Storper, M., and B. Harrison. Flexibility, hierarchy and regional development: The changing structure of industrial production systems and their forms of governance in the 1990s [M]. Research Policy, 1991 (20): 407 –422.

[81] S. Brusco. The idea of Industrial districts: Its genesis [A]. In Pyke F. and Sengenberger W. (ed), Industrial districts and cooperation, ILO, Geneva, 1990: 10 – 19.

[82] Thomas Brenner; Simulating the evolution of localized industrial clusters – an identification of the basic mechanisms [M]. Journal of Artificial Societies and Social Simulation, 2001.

[83] Tichy G. Clusters, less dispensable and more risky than ever [A]. M Steiner. Clusters and Regional Specializa – tion [C]. London: Pion Limited, 1998: 226 –236.

[84] Tong, X. and Wang, J. Global – local Networking of PC manufacturing in Dongguan, China [A]. Knowledge, Industry and Environment: In-

stitutions and Innovation in Territorial Perspective [C]. Edited by Hayter, M and Heron R. New York, Ashgate, 2002: 67 – 86.

[85] Ulrich Kaiser. Measuring knowledge spillovers in manufacturing and services: an empirical assessment of alternative approaches [J]. Research Policy, 2002, 31 (1): 125 – 144.

[86] Utterback, James M. Innovation in industry and the diffusion of technology [J]. Science, reprinted in Readings in the Management of Technological Innovation, eds. Tushman and Moore, New York: Harper Collins, 1988, 183: 620 – 626.

[87] Wade. Robert. Governing the Market: Economic Theory and the Role of Government in East Asian [J]. Industrialization, New Jersey, Princeton University Press, 1990.

[88] Wang J. C. , Wang J. X. An analysis of New – tech Agglomeration in Beijing: A New Industrial District In the Making? [C]. Environment and Planning A, 1998, 30 (4): 681 – 701.

[89] Williamson, O. The Economic Institutions of Capitalism [M]. New York: The Free Press, 1985.

[90] Young, A. Increasing Returns and Economic Progress [M]. Economic Journal, 1928.

[91] Zhou, Y. and Tong, X. Between MNCs and the market: Local firms in China's high – tech cluster in Beijing [J]. Economic Geography, 2003, 79 (2).

附　录

附录1　嵌入式企业集群竞争力影响因素调查问卷

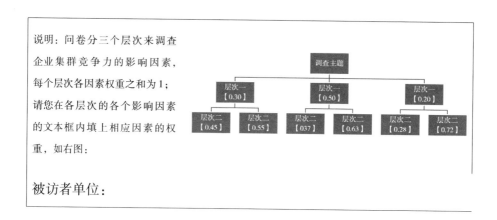

说明：问卷分三个层次来调查企业集群竞争力的影响因素，每个层次各因素权重之和为1；请您在各层次的各个影响因素的文本框内填上相应因素的权重，如右图：

被访者单位：

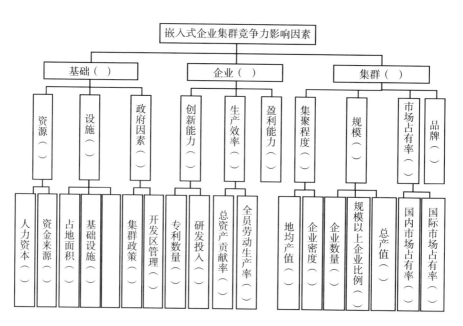

附录2　长春高新区医药集群竞争力调查问卷

尊敬的女士/先生：

您好！

非常感谢您在百忙之中抽出时间填写这份问卷。这份问卷是笔者本人一个研究课题的重要组成部分，目的是收集有关医药企业集群竞争力方面的一些数据和信息，希望能得到您的支持和帮助，并对您的热情帮助表示衷心的感谢！

吉林大学商学院　　高勇

受访者单位：

填表说明：本调查是根据贵单位所在集群的状况，与我国国家级高新开发区/企业总体发展的状况进行对比并对相关条目打分，并把您认为合理的对比打分结果序号填写在相应题号前的括号内。

1	2	3	4	5	6	7
极落后	比较落后	稍微落后	类似	稍微好	比较好	非常好

与其他地区相比较：

（　　）1. 本地政府对于贵公司所在产业的政策支持程度。

（　　）2. 本地政府科技部门或研究机构提供的技术信息和技术支持。

（　　）3. 本地政府向贵公司提供的资金支持。

（　　）4. 本地政府帮助贵公司引进技术和设备。

（　　）5. 政府为产学研合作的牵线搭桥。

（　　）6. 政府制定的集群发展远景规划。

（　　）7. 政府对企业开拓国际市场的帮助。

（　　）8. 政府为企业提供的土地和税收优惠。

（　　）9. 政府对外宣传开发区医药企业品牌的重视程度。

（　　）10. 政府对专业市场建设的引导。

（　　）11. 管理部门办事程序的公开性。

（　　）12. 开发区内收费行为的规范性

（　　）13. 政府对于企业用地用电给予的优先。

（　　）14. 开发区管理部门在管理过程中公正、公平性。

（　　）15. 政府制定的人才引进政策和规划。

（　　）16. 本地政府对园区的总体规划的合理程度。

（　　）17. 政府对厂商之间行动的协调。

（　　）18. 政府对市场秩序的规范。

（　　）19. 政府对投资者合法权益的保护。

（　　）20. 开发区内社会治安状况。

后　记

　　本书是在我的博士论文基础上修改完成的。经过几年的学习，当我的博士论文终于敲完了最后一个字，涌上心头的既有历尽艰辛、夜以继日的如释重负，更有不尽的感激！

　　首先感谢恩师吕有晨教授，当年是您的倾心教诲和提携才使我由一个懵懂少年变成一名稍谙世事的青年，也是您把我领进了学术的大门并送了我尽量远。您那师长般的严厉、亲人般的呵护、朋友般的宽容令我感动，您高尚的人格、敏锐的思维还有如年轻人般蓬勃跳动的心是我一生的财富。

　　同样还要感谢吉林大学商学院领导以及所有同事，是你们培养了我、塑造了我。多年来你们付出了很多，而我的回报却寥寥。特别要感谢邹国庆教授，虽然不是您的学生，但论文从开始到结束都有您的智慧和心血；感谢于洪彦教授、孙乃纪教授、沈颂东教授、金晓彤教授、刘东昌教授，你们的点拨让我离科学与真理更近一步；感谢田虹老师、蔡玉程老师，没有你们的支持和帮助我的论文不可能完成；感谢企业管理系所有老师，是你们给了我一个融洽的环境，让我置身学术的海洋而不觉得枯燥！

　　感谢我的博士同学和朋友，特别要感谢刘苹苹博士、东北亚研究院的于潇博士和清华大学管理学院的白涛同学，感谢你们无私的帮助！此外，本书的完成参阅了大量学者的相关研究成果，在此一并表示感谢。

　　最后还要感谢我的家人。父亲虽然远隔千里，但仍以70岁高龄无时无刻不在关心着我的论文写作，并时时督促我，是他的关心和督促时时激励着我；还有我15岁侄子，是他的盲目崇拜让我不敢有丝毫懈怠。特别要感谢我的妻子李娜，她的乐观、朴实、坚强是我生命的给养；攻读博士期间儿子刚好出生，虽然不得不花费更多时间陪伴他，但每当想到自己因写作疲倦而悄然入睡之时他在一旁的小心守候，心中就倍感安慰。

本书的完成意味着一段学习生涯的结束，但我知道这也是一个新的开始。另外，由于学识有限，文中必有不足，敬请各位师长和学友批评指正。